2016-2017年中国工业和信息化发展系列蓝皮书

U0574953

The Blue Book on the Development of
World Industry (2016-2017)

2016-2017年
世界工业发展
蓝皮书

中国电子信息产业发展研究院　编著

主　编／樊会文

副主编／赵树峰　任　宇

人民出版社

责任编辑：邵永忠　刘志江

封面设计：黄桂月

责任校对：吕　飞

图书在版编目（CIP）数据

2016－2017 年世界工业发展蓝皮书／樊会文 主编；

中国电子信息产业发展研究院 编著 . —北京：人民出版社，2017. 8

ISBN 978－7－01－018037－3

Ⅰ. ①2… Ⅱ. ①樊… ②中… Ⅲ. ①工业发展—研究报告—世界—2016－2017

Ⅳ. ①F414

中国版本图书馆 CIP 数据核字（2017）第 194730 号

2016－2017 年世界工业发展蓝皮书

2016－2017 NIAN SHIJIE GONGYE FAZHAN LANPISHU

中国电子信息产业发展研究院 编著

樊会文 主编

人 民 出 版 社 出版发行

（100706　北京市东城区隆福寺街 99 号）

三河市钰丰印装有限公司印刷　新华书店经销

2017 年 8 月第 1 版　2017 年 8 月北京第 1 次印刷

开本：710 毫米×1000 毫米 1/16　印张：16. 25

字数：270 千字

ISBN 978－7－01－018037－3　定价：85. 00 元

邮购地址　100706　北京市东城区隆福寺街 99 号

人民东方图书销售中心　电话（010）65250042　65289539

前 言

工业是国民经济的基石，是建设经济强国的重中之重。自工业文明以来，世界强国的发展史就是一部制造强国的奋斗史。一国只有拥有实力强劲的制造业，才有国家和民族的强盛。后国际金融危机时代，全球经济复苏进程缓慢，金融市场动荡不安，贸易形势不断恶化，深层次的制度性和结构性问题更加突出。在此背景下，发达国家和新兴经济体纷纷出台一系列政策措施加快本国制造业发展，以期实现经济持续稳定增长。

2016 年，全球经济复苏乏力，发达国家工业复苏势头微弱，发展中国家经济缓中趋稳，世界工业发展整体保持低速增长态势。受英国"脱欧"、美国大选、大宗商品价格持续下跌、地缘政治危机等因素影响，主要能源出口国工业增长乏力，新兴经济体融资成本上升，主要经济体贸易额大幅下滑。

当前，我国正在大力推进供给侧结构性改革，着力落实"去产能、去库存、去杠杆、降成本、补短板"重点任务。随着《中国制造 2025》和"互联网＋"行动计划的实施，我国制造业创新能力将得到不断提升，实现制造强国的宏伟目标正在不断积累中变为现实。为跟踪研究世界工业发展的最新态势，借鉴主要国家工业发展的经验教训，赛迪智库世界工业研究所组织编撰了《2016—2017 年世界工业发展蓝皮书》。本书全面梳理和总结了 2016 年世界工业的发展情况，从区域、行业、企业、热点等角度入手，对 2016 年世界工业总体情况、主要经济体发展状况、重点行业发展态势、典型企业市场表现以及年度热点事件等进行了全面阐述，分析了世界工业领域存在的重点和难点问题，并对 2017 年世界工业的发展趋势进行了展望。其中：

"综合篇"，重点介绍了世界工业发展的总体情况，分析了当前世界工业发展的主要特点。按照发达经济体、新兴经济体和最不发达经济体的分类方式，分别阐述了世界各地区工业发展的总体情况，并对全球原材料、装备制造、消费品、电子信息等重点工业领域的发展进行了总体概述。

"区域篇",重点介绍了主要经济体的工业发展情况。针对全球产业格局,选取了美国、欧盟、日本、金砖国家、拉美国家、韩国以及中国台湾地区等经济体进行了重点研究。总结了主要经济体工业发展的最新特点,分析了产业布局总体情况和调整趋势,梳理了主要经济体推动工业发展的最新政策措施,并对重大政策进行了解析。结合各方面影响因素,对主要经济体工业发展趋势进行了预测。此外,还重点研究了主要经济体内的跨国企业及中小企业最新发展状况。

"行业篇",重点介绍了原材料、装备制造、消费品、电子信息等行业的发展情况,分析了全球原材料行业的总体情况,并对全球石化、钢铁、有色金属、建材、稀土等重点行业的发展态势进行了总结。分析了装备制造行业的产业发展现状,对主要国家和地区装备制造行业的发展情况进行了概括,分析了全球装备制造行业的发展趋势。分析了消费品行业的总体态势,对发达经济体和新兴经济体消费品行业的发展情况进行了总结,并对纺织服装、食品和医药工业的发展进行了重点阐述。分析了全球电子信息产业的总体发展态势,并对计算机、智能手机、家用视听、集成电路、LED 产业、光伏产业和锂电池等领域的发展现状进行梳理,最后分析了全球电子信息产业的主要特点。

"热点篇",重点介绍了 2016 年世界工业领域的十大热点事件,这些事件涉及宏观经济、全球贸易、重大政策、产业动态、跨国并购等世界工业领域的多个方面。通过对事件背景、内容和影响的深入阐述,进一步明确了这些事件对全球和中国工业发展带来的机遇与挑战。

"展望篇",重点对 2017 年世界工业发展趋势进行了展望。结合全球经济形势、各国政策措施、新兴产业发展、投资与贸易以及重点领域创新进展等,分析世界工业发展的有利和不利因素,并对 2017 年世界工业发展的总体特点进行预测。

本书选题独特、内容充实,具有较强的参考价值。相信本书的出版能够为我国行业主管部门和相关领域的专家提供重要参考。同时,囿于时间和自身水平,本书还有很多不足之处需要继续完善,希望广大读者给予批评和指正。

赛迪智库世界工业研究所

目　　录

行业篇

热 点 篇

展　望　篇

综 合 篇

第一章　世界工业发展状况

2016 年，全球经济复苏依然乏力，全球工业发展进入低速增长阶段，复苏动能依然不足。全球需求持续低迷，消费品、原材料、装备制造等重点行业生产冷热不均，细分行业增长延续分化。全球外商直接投资及全球贸易量大幅下滑，但全球并购交易依旧持续高涨。受全球经济低迷和投资放缓等因素影响，主要发达国家工业复苏困难，新兴经济体制造业增速稳中趋缓，最不发达经济体工业总体发展较为脆弱，出口增速大幅下滑，吸引外资能力有所下降。另一方面，随着互联网、大数据、云计算等新一代信息技术的快速发展，互联网与制造业深度融合，不断催生出新的业态、新的商业模式和新的经济成分，带动传统制造业转型升级，推动制造业生产方式不断向智能化绿色化方向发展。

第一节　世界工业总体状况

一、全球制造业保持低速增长，复苏动能依然不足

2016 年，全球经济增长 2.2%，是 2009 年以来最低的增速。受全球经济低迷和投资放缓等因素影响，全球工业发展进入低速增长阶段，主要发达国家工业增长呈现微弱复苏态势，而新兴经济体工业增长总体呈现缓中趋稳的态势。2016 年，全球制造业 PMI 值虽一直处于 50 的景气荣枯分界线以上，连续 12 个月实现温和扩张，但全年 PMI 平均值为 51，低于前两年全球制造业 PMI 均值，扩张幅度明显收窄，显示全球制造业复苏动能依然不足。2016 年 12 月，全球制造业 PMI 指数由 11 月的 52.1 升至 52.7，为全年最高水平，制

造业略显复苏势头。联合国工业发展组织发布的《2016 年第四季度全球制造业增长报告》显示，2016 年四个季度，全球制造业产值同比分别增长 2.1%、2.3%、2.4%、2.7%，四季度制造业增速有所提升，但全年增长相对疲弱。受英国"脱欧"、美国大选及全球地缘政治等因素影响，全球经济增长还将面临着一系列不确定性，未来全球制造业增长前景堪忧。

图 1-1　全球制造业产值季度同比增速

资料来源：联合国工发组织，2017 年 1 月。

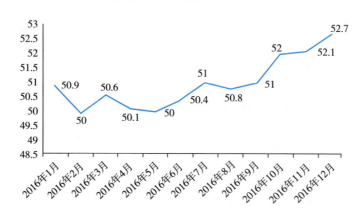

图 1-2　2016 年 1—12 月全球制造业 PMI 值

资料来源：摩根大通，2017 年 1 月。

二、发达经济体制造业复苏困难，新兴经济体制造业增速稳中趋缓

欧美日等主要发达经济体自 2016 年以来，工业复苏势头日趋微弱。美国工业生产受美元升值和民间消费支出等因素影响，总体表现良好。美国供应管理协会（ISM）公布的数据显示，美国制造业 2016 年 12 月的 PMI 值从 11 月的 53.2 升至 54.7，创 2014 年 12 月以来最高。2016 年，美国全年非农就业人数增加 216 万，创下 1999 年以来最高纪录；而欧元区受英国"脱欧"、财政状况低迷等因素的共同作用，制造业整体增速缓慢，2016 年欧元区工业 PPI 均值同比下降 2.3%，欧盟工业 PPI 均值下降 1.9%。欧元区制造业 PMI 值一直处于扩张状态，全年 PMI 均值达到 52.4，比上年上升 0.2，显示欧元区制造业处于温和复苏态势。在九州岛地震、实施负利率、加码财政刺激措施等因素的叠加影响下，日本制造业增长依然低迷。2016 年，日本制造业 PMI 均值为 49.98，制造业整体处于萎缩态势；反映制造业活动的领先性指标——日本大型制造业信心指数，2016 年四季度为 7.5，低于三季度的 12.7，表明日本大型制造企业的乐观程度有所下滑。新兴经济体制造业的整体发展趋势呈低速增长，稳中趋缓。金砖国家中，仅有印度一国的制造业处于扩张状态，其他国家的制造业增速正不断下滑。其中，巴西和俄罗斯 2015 年以来工业增长一直处于下滑状态；2016 年中国规模以上工业增加值同比仅增长 6.0%，2015 年该数值为 6.1%，2014 年为 8.5%，增速下滑态势明显。

图 1-3　2016 年 1—12 月全球主要经济体制造业 PMI 值

资料来源：Wind 数据库，2017 年 1 月。

三、互联网和制造业深度融合，智能制造引领全球

随着互联网、大数据、云计算等新一代信息技术的快速发展，互联网与制造业深度融合形成的叠加效应、聚合效应、倍增效应不断催生出新的业态、新的商业模式和新的经济成分，推动制造业生产方式向智能制造发展。例如，在3D打印领域，根据 Future Market Insights 的报告显示，2016年全球3D打印医疗器械市场规模约为2.796亿美元，未来10年复合年增长率将有望达到17.5%；在智能可穿戴领域，据 IDC 发布的研究报告显示，2016年全球智能手机发货量达到14.7亿部，同比增长2.3%；全球可穿戴设备的出货量达到1.019亿台，到2020年之前，将达到2.136亿台。同时，VR/AR 设备、智能家居设备、无人机等智能硬件产品异军突起，推动着整个行业维持较高的增长速度。IDC 还预计全球 VR/AR 行业收入将从2016年的52亿美元，增长到2020年的1620亿美元，年复合增长率高达136%。随着德国"工业4.0"、美国"工业互联网"以及"中国制造2025"的加速推进，智能制造正引领新一轮制造业革命，成为全球工业发展的焦点。

四、全球需求持续低迷，重点行业产能过剩问题严重

国际金融危机爆发以来，全球经济复苏乏力，全球贸易增速不断下滑，造成全球制造业整体有效需求严重不足，原油、页岩油气、铁矿石、电解铝、太阳能光伏等行业产能过剩问题严重。2016年，全球粗钢平均产能利用率为69.3%，比2015年下降0.4个百分点。2016年第四季度，全球消费者信心指数为97，相比第三季度下降了两个点。全球大宗商品价格低位徘徊，2016年全球国际油价均价仍处于历史较低位，40—50美元/桶是全年油价主流运行区间，这使得巴西、俄罗斯、委内瑞拉、中东等资源能源国家外部需求大幅下滑，企业效益严重恶化，对外投资意愿减弱，这些因素共同制约了全球工业投资的增长。

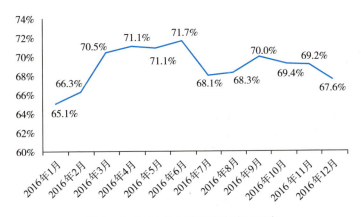

图 1 – 4　2016 年全球粗钢产能利用率

资料来源：国际钢铁协会，2017 年 1 月。

五、全球跨国企业并购交易活动持续活跃

在世界经济低迷及低廉融资成本的驱动下，2016 年全球并购交易依旧持续高涨。彭博统计显示，2016 年全球并购交易总数约为 2.81 万宗，总交易额约为 4.4 万亿美元。其中，并购交易额超过 100 亿美元的有 55 宗，累计规模达到 1.6 万亿美元。分行业看，生物医药、消费品、半导体等行业的并购表现十分活跃。在生物医药领域，制药巨头 Shire 以 320 亿美元的价格收购 Baxalta，成为 2016 年第一单大型并购交易；在消费品领域，英美烟草公司（BAT）以 494 亿美元收购美国雷诺兹烟草，成为全球最大的上市烟草公司；在半导体领域，高通以约 470 亿美元的价格收购高性能、混合信号半导体供应商 NXP，成为史上最大的芯片收购交易；日本软银集团以 314 亿美元的价格收购英国芯片设计公司 ARM，创下公司史上对欧洲科技公司的最大收购交易。据汤森路透统计，中国企业是 2016 年全球跨境并购的主要力量，企业跨境并购交易额达 2210 亿美元，几乎是上年的两倍多，再创历史新高；美国公司的并购交易总额为 1.65 万亿美元，同比下降了 18%。

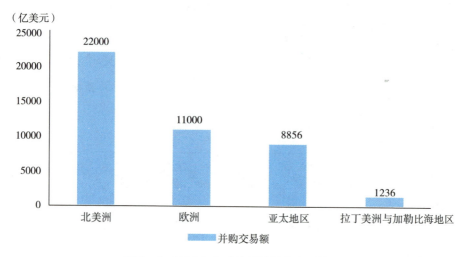

图1-5　2016年全球分区域并购交易情况

资料来源：Bloomberg，2017年1月。

六、新商业模式带动传统制造业转型升级

近年来，随着物联网、云计算、虚拟现实、大数据、人工智能等技术的交叉融合多点爆发，平台经济、数字经济和共享经济等新的商业模式正成为全球经济发展的主要内容。2016年我国数字经济规模达到22.4万亿元，GDP占比达30.1%。这些新的商业模式将通过对传统产业进行供应链流程的再造、流程的整合、流程的创新来实现传统产业的升级改造。Uber、Airbnb、滴滴、摩拜、ofo、eBay等企业正借助于互联网、移动支付、大数据等手段实现供需两端的对接，在全球掀起"共享"潮流，带动了钢铁、化工、玻璃等传统产业的发展及转型。

七、全球外国直接投资大幅下滑

受全球经济复苏乏力、贸易保护主义抬头及地缘政治风险等因素的影响，全球外国直接投资呈现大幅下滑态势。2016年，全球FDI流量约为1.52万亿美元，同比下降了13%。联合国贸易和发展会议2017年2月1日发布的《全球投资趋势监测报告》显示，2016年流入发达经济体的外国直接投资下降了9%，约为8720亿美元。其中，流入美国的外国直接投资从2015年的3480亿

美元增加到 2016 年的 3850 亿美元，同比增长 11%；流入英国的外国直接投资达到 1790 亿美元，同比增长了 6 倍；流入欧洲的外国直接投资则大幅下降了 29%，约为 3850 亿美元。与此同时，流入发展中经济体外国直接投资同比下降了 20%，约为 6000 亿美元。中国、新加坡、巴西和印度等国家位居全球前十大外国直接投资目的国之列。

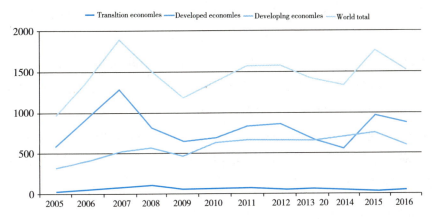

图 1−6　2005—2016 年全球和集团经济体外国直接投资流入量（单位：十亿美元）

注：不包括加勒比地区的离岸金融中心

资料来源：联合国贸易和发展会议：《全球投资趋势监测报告》，2017 年 1 月。

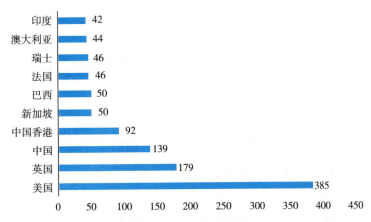

图 1−7　2016 年全球前十大外商直接投资经济体（单位：十亿美元）

资料来源：联合国贸易和发展会议：《全球投资趋势监测报告》，2017 年 1 月。

八、全球贸易量大幅下滑，新兴国家贸易下滑剧烈

2016 年全球贸易形势异常严峻。荷兰经济政策研究局于 2017 年 2 月 24 日公布的数据显示，2016 年全球商品进出口同比增长 1.2%，增速低于 2015 年的 2%，为 2009 年进出口大幅下降以来的最低增速。发达经济体的进出口创 2013 年以来最低增速，一些新兴经济体的进出口也在萎缩。世界贸易组织（WTO）公布的数据显示，全球进出口贸易额占 GDP 比重从 2008 年的 52% 下降至 2015 年的 45%，下降了 7 个百分点，相当于倒退回本世纪初的水平，并将 2017 年全球贸易增长由 2.8% 下调至 1.7%。长期以来一直被视为全球贸易增长引擎的新兴经济体贸易下滑剧烈。2016 年，巴西、俄罗斯全年贸易进出口增速均呈现萎缩态势，中国货物进出口总值同比下降 0.9%，其中，中国出口 13.84 万亿元，下降 2%；进口 10.49 万亿元，增长 0.6%；贸易顺差 3.35 万亿元，收窄 9.1%。

第二节　区域发展总体情况

一、发达经济体

步入 2016 年，发达经济体整体温和复苏，但复苏动能不足。受就业增加、国内消费者需求提振等因素拉动，美国经济呈现持续性缓慢复苏；日本经济在民间消费增长停滞的情况下保持低迷态势，而由于政治不确定性增加及全球贸易更为疲软等因素影响，欧盟国家经济处于低速增长阶段。

（一）制造业生产呈现微弱复苏态势

受海外市场需求乏力、难民潮、英国"脱欧"公投、美国总统大选等多因素影响，2016 年发达经济体的制造业增加值增长（MVA）不足 1%，工业生产呈现微弱复苏态势。美元走强及油气行业投资低迷一定程度上抑制了美国制造业的扩张，2016 年美国工业生产总值同比增长 0.33%，比上年回落 0.63 个百分点。2016 年欧盟制造业保持平稳增长，全年制造业 PMI 值一直处

于 50 枯荣线以上。欧盟统计局发布的数据显示，2016 年欧元区和欧盟就业人数同比分别上升 1.3% 和 1.2%，表明欧盟制造业呈现微弱复苏态势；日本在国内外消费低迷的作用下，2016 年制造业 PMI 值整体处于萎缩态势，2016 年 5 月，制造业 PMI 值下滑到 47.7，制造业萎缩速度为 2013 年 1 月来最快。但得益于出口状况改善及国内消费需求提振等利好因素影响，2016 年 12 月，日本制造业 PMI 达到 52.4，创 2015 年 12 月以来新高，日本大型制造业企业信心指数实现 6 个季度以来的首次增长，显示日本制造业整体产出在复苏。

（二）贸易出口额不断下滑

2016 年，受到全球经济增速放缓、美元走强、需求下降等因素的影响，发达国家贸易出口呈现出疲软态势。美国商务部（DOC）2017 年 3 月公布的数据显示，2016 年，美国对外贸易大幅下滑，与 2015 年相比，进口贸易额减少了 499 亿美元，出口贸易额减少了 517 亿美元，美国经常项目逆差上升 3.9%，达到 4812 亿美元，是 2008 年以来最高的年度数据。日本财务省公布的数据显示，2016 年 8 月，日本出口贸易额下滑 9.6%，9 月出口贸易额同比进一步下滑 6.9%，这已是日本连续第 12 个月出现下滑。2016 年 4—9 月，日本出口额同比减少 9.9%，为 2009 上半年度下滑 36.4% 以来近 7 年最大降幅。据欧盟统计局数据显示，2016 年 1—11 月，欧元区货物出口额为 18690 亿欧元，同比几乎持平，进口 16208 亿欧元，同比下降 2%。欧元区内部贸易额为 15690 亿欧元，同比增长 1%。欧盟出口额为 15812 亿欧元，同比下降 3%，进口额为 15610 亿欧元，同比下降 2%。

（三）失业率缓慢下降，就业出现明显改善

2016 年美国的就业状况大幅改善，全年就业市场表现创 1999 年以来次高水平。美国劳工部公布的数据显示，2016 年 1—11 月，美国就业岗位平均每月增长 18 万个，就业市场接近充分就业。此外，美国 11 月就业市场状况指数（LMCI）为 1.5，大幅超过预期值 -0.2。欧盟就业情况也明显改善。根据欧盟统计局公布的数字，2016 年，欧元区就业人数上升 1.3%，欧盟就业人数上升 1.2%。其中，2016 年第四季度，欧元区就业人数环比和同比分别上升 0.3% 和 1.1%；欧盟就业人数环比和同比分别上升 0.2% 和 1%。日本失业率由于制造业新增岗位增加而不断下降，日本总务省发表的统计数据显示，

2016 年日本失业率为 3.1%，为 1994 年以来的最低水平，完全失业者人数为 208 万，比上年减少 14 万。

二、新兴经济体

受经济结构调整、改善民生、中国和印度经济企稳等因素影响，2016 年新兴经济体经济增长总体呈献缓中趋稳态势，各经济体经济增长分化收窄，但普遍出现经济增长动力不足、工业增速放缓、就业与收入分化加大，国际贸易持续低迷，债务持续攀升等现象。各国为积极面对各种风险和挑战，已经采取了加大政府投资、积极扩大内需、促进工业快速发展、推动产业转型升级和广泛开展经贸合作和等一系列刺激经济发展的有力措施。

（一）通胀影响未来工业发展

金砖五国一直以来都在工业发展过程中受高通胀的侵扰，参照 2001—2010 年的 CPI 平均值来计算，最高通胀水平为俄罗斯，年均通胀速度达到 12.6%；最低通胀水平为中国，年均通胀速度约为 2.20%；其余三国年均通胀速度均在约 6% 的水平。

2016 年，印度、韩国、墨西哥、沙特阿拉伯、土耳其等国通货膨胀率普遍较 2015 年有所上升。根据 IMF 的统计，中国通货膨胀率较 2015 年增加 0.6%，为 2.0%；2016 年南非通货膨胀率较 2015 年增长了 1.7 个百分点，为 6.3%；俄罗斯、巴西等国的通胀率虽于 2016 年有所降低，但依然保持在较高水平上。据巴西中央银行预测，2016 年巴西通胀率约为 6.38%，低于 2015 年的 10.67%。2016 年俄罗斯的通货膨胀率为 5.4%，创近年来历史新低。通货膨胀将提高企业生产经营成本，缩减利润空间，最直接的影响就是企业生产经营所需要的能源、原材料和人力成本等生产资料的价格涨幅高于企业销售商品的价格涨幅，影响其未来工业增长。

（二）全球贸易日趋严峻，贸易增速大幅下滑

受贸易保护主义抬头、地缘政治危机和市场需求低迷等因素的影响，新兴经济体的经济贸易增速处于下滑趋势。2016 年，巴西外贸总额为 3227.96 亿美元，其中，出口额为 1852.44 亿美元，进口额为 1375.52 亿美元。出口方面，巴西基本产品出口比 2015 年下降 9.6%，半制成品和制成品分别增长

5.2%和1.2%。根据韩国产业通商资源部发布的数据，2016年韩国出口额自过去58年来第一次出现连续两年下降，为4955亿美元，同比下降5.9%。2015—2016财年，印度出口总额跌至2620亿美元，同比下降15.5%。据中国海关总署数据，2016年，中国货物贸易进出口总值24.33万亿元人民币，同比下降0.9%。其中，出口13.84万亿元，下降2%；进口10.49万亿元，增长0.6%。

（三）绿色产业发展迅猛

新兴经济体的工业发展正顺应由传统模式向绿色工业转型的趋势，各国政府已为发展绿色工业出台了一系列鼓励措施。巴西正利用自身的独特优势，积极发展绿色工业，利用新技术和新能源实现节能减排，借助新技术以降低原有工业发展对传统能源的依赖。为缓解电力供应短缺的困难，巴西政府计划到2024年将其光伏发电装机规模增至7吉瓦，约占总发电量的3.3%，到2050年，这个比例有望升至18%。同时，巴西政府设立专项信贷资金，进而又推出关于信贷的优惠政策，各类金融政策的陆续颁布推动着新能源产业的蓬勃发展。俄罗斯政府也大力支持新能源汽车产业，推广与使用新能源汽车以减少柴油、汽油等传统能源汽车造成的城市污染。南非政府正积极吸引私人投资注入可再生能源领域，而且还为促进可再生能源发展颁布了可再生能源独立发电商采购规划。南非政府宣布，自2016年4月1日起，可加速折旧满足条件的大型可再生能源项目的基础设施。未来十年内，绿色清洁能源将成为南非能源发展的主要趋势。

三、最不发达经济体

进入2016年以来，受粮食价格、汇率、通货膨胀、国际油价下跌等一系列不利因素影响，非洲大部分资源输出型国家经济增长放缓，持续多年的跃进发展开始降速；但由于非洲地区拥有丰富的能源矿产，又同时受外部投资和基础设施建设拉动的积极影响，非洲经济仍处于高速增长趋势之下。据国际货币基金组织预测，2016年撒哈拉以南非洲增长率仍将维持在3%的低位，较2015年减少0.5个百分点，较2015年10月的预测减少1.3个百分点。但地区经济发展不平衡态势加剧，南非和尼日利亚两大经济体表现不佳，东非大部分地区及部分法语经济体，如象牙海岸和塞内加尔，都保持了 6% 以上的强劲增长。发达国家和发展中国家也在不断加强同非洲各国之间的经济合作，在贸易、交通运输、援助、电力和其他基础设施的建设等领域不断加大投资力度。随着国际合作水平的不断提升及自身中产阶级队伍的不断壮大，非洲各国国内居民消费能力不断提高，市场潜力慢慢显现，地区经济增长后劲将会越发充足。

（一）工业总体发展较为脆弱，工业制成品主要依赖进口

大多数非洲国家目前还处于前工业化阶段。非洲国家的出口产品主要集中在原油、天然气、矿产等初级产品，制造业结构单一，工业基础薄弱。其中，汽车、机械设备、电子产品等工业制成品产品严重依靠进口。随着非洲自身发展潜力的不断释放，非洲制造业将有望迎来较快发展。联合国工业发展组织发布的《2017 国际工业统计年鉴》显示，非洲最不发达国家制造业在国内生产总值（GDP）中所占份额持续下降。而拥有较低的劳动力成本、灵活的制造能力和日益扩大的市场，马来西亚、泰国、印度尼西亚、越南等东盟国家制造业正在崛起，有望在 2020 年跻身全球 15 个最具制造业竞争力的国家。

（二）出口增速大幅下滑，吸引外资能力有所下降

由于国际大宗商品价格持续下跌、美元加息及地区冲突升级等不利因素影响，2016 年非洲地区的出口出现大幅下滑态势。根据阿尔及利亚国家信息和海关统计中心公布的数据，2016 年上半年，阿出口额为 126.8 亿美元，同比减少 62.5 亿美元，跌幅为 33.02%，进口额为 235.1 亿美元，同比减少 39.3 亿美元。肯尼亚中央银行公布的数据显示，2016 年 1—10 月，肯尼亚对外贸易出口总额为 58 亿美元，为连续第 3 年下降。在吸引外资方面，国际知名财务咨询机构安永发布的《2015 年非洲吸引力调查报告》显示，2015 年非洲吸引外商直接投资（FDI）项目数量同比增长 7%。中国作为非洲最大的贸易伙伴国，2016 年中非双边贸易额大幅下降。中国海关统计数据显示，中非进出口总额 1491.2 亿美元，同比下滑 16.6%，超出中国同期外贸总体降幅 9.8 个百分点。其中，中国对非出口 922.2 亿美元，下滑 15.0%，自非进口 569.0 亿美元，下滑 19.0%。

（三） 新兴产业发展较快，新能源市场潜力巨大

随着非洲地区社会逐渐变得稳定，以及当地政府对新兴产业发展的高度重视，非洲的新兴产业在 2016 年迎来较快的发展。毕马威最新报告显示，在撒哈拉以南的 7 个国家中，电子商务占国内生产总值的 1%—3%，预计在未来 10 年内每年增长 40%，到 2025 年，它将占据主要市场零售总额的 10%。2012 年，几内亚通信部推出了"几内亚宽带网计划"，专门成立了 1 家"几内亚宽带网公司"，该公司专门负责推进、管理几内亚的宽带网。几内亚目前的宽带网是接入非洲—欧盟海底光缆 ACE（Africa Coast to Europa），宽带网计划推出 4 年来成效显著，几内亚互联网用户数量增加 330%，上网速度明显提高。在新能源领域，尼日利亚政府长期致力于将创新太阳能产品加入到如远程医疗办公室、写字楼、救援中心和零售中心等先进的经济体系中。尼日利亚对于可再生能源的不懈追求，也代表了非洲能源的未来发展方向。

第三节　重点行业发展情况

一、原材料工业

2016 年，全球经济较 2015 年有所放缓，国际贸易持续低迷，主要经济体走势分化。一年来，全球化学品产量增速放缓，同比增长 2.2%，较 2015 年增速下降 0.5 个百分点。全球炼油能力增长缓慢，乙烯新增产能大幅减少。2016 年，美国化学工业产值增长 4.8%，欧洲增长 0.7%，巴西下降 4.4%，加拿大化工销售额下降 10.3%。

分区域来看，2016 年 1—11 月，全球粗钢产量略有下降，纳入统计的 66 个国家粗钢产量为 14.7 亿吨，同比增长 0.4%。除欧盟、美洲和非洲粗钢产量略有下降以外，其他地区粗钢产量均出现不同程度的增长，其中中东粗钢产量同比增幅最大，同比增长 6.7%。

从重点行业发展来看，2016 年，国际油价触底反弹，大庆、布伦特、WTI 原油价格分别由年初的 23.68 美元/桶、30.7 美元/桶和 31.51 美元/桶上涨到年底的 49.65 美元/桶、53.59 美元/桶和 52.17 美元/桶。在钢铁行业，2016 年钢材价格呈现"上行—回调盘整—再上行"的态势。从国际钢铁价格指数（CRU）看，钢材综合指数由 1 月初的年内低点 117.7 点上涨至 5 月 6 日的 157.6 点，提高了 39.9 点，增幅高达 33.9%；随后价格开始出现小幅回调，6—10 月价格始终在 145—150 点震荡盘整，进入 11 月份，价格再次出现上涨，并在 12 月达到年内高点 178.4 点，较年初增长 51.6%。在有色金属领域，2016 年 1—11 月，全球锌市场供应短缺 19 万吨，而上年同期为供应过剩 8.7 万吨；2016 年 1—11 月，全球铅市场供应短缺 6.6 万吨，而上年同期为供应过剩 8.8 万吨；2016 年，全球建材行业随着化解过剩产能成效初显、经济缓慢复苏，产品价格继续小幅弱势震荡上升。以 5mm 厚度平板玻璃期货价格为例，2016 年初价格为 851 元/吨，随后出现小幅震荡上升的趋势，至 2016 年底价格已经上涨至 1287 元/吨。

二、装备制造业

2016 年，世界装备工业生产冷热不均，细分行业增长延续分化。机器人领域，2016 年，全球工业机器人市场需求仍加速增长，据测算，2014 年全球销售的工业机器人达到 23 万台，带动机器人产业的强势增长；增材制造领域，2015 年全球增材制造产业产值已接近 51.65 亿美元，同比增长 24.9%，是继 2014 年后连续第二年增长达 10 亿美元。在过去 27 年中，全球增材制造产业的年复合增长率（CAGR）为 26.2%，其中，2012—2014 年的 CAGR 高达 33.8%。据 Wohlers Associates 预计，2016 年增材制造的行业规模将超过 70 亿美元，2018 年将达到 125 亿美元，发展潜力巨大；全球车市冷热不均，中国为最大市场。LMC 发布的数据显示，全球轻型车新车 2016 年上半年受到冠军市场中国销量增长的拉动影响，总体销量为 4591.2 万辆，较 2015 年同期销量 4432.3 万辆增长 3.6%；6 月份新车销量为 796.8 万辆，较 2015 年同期的 755.2 万辆同比增长 5.5%。2016 年纯电动车、插电式混合动力车和燃料电池车为代表的新能源车迎来大爆发，中国新能源汽车产量有望占全球的 40%。由于在造船领域的航运业发展持续低迷，船东的造船意愿明显不足。相关统计数据显示，目前全球有效产能利用率（仍拥有手持订单企业的产能）尚未达到70%；全球产能利用率考虑到实际停产的产能，甚至无法达到50%。全球造船业2016年10月有42艘新签订单，共计1912924载重吨。

三、消费品工业

2016年，大宗商品价格下降、全球需求疲软、投资环境不确定性增加很大程度上影响了全球经济增长，全球制造业增速放缓。2016年3季度，整体制造业仅同比增长2.4%，低于2015年同期0.3个百分点。在此背景下，消费品工业整体增长疲软。

消费品行业增长呈现分化态势。2016年3季度，消费品各子行业中，仅食品与饮料、纺织、木材加工（不含家具）、基本药物产品和医疗器械增速高于整体制造业，增速分别为3.3%、3.1%、2.9%、3.4%和4.6%。烟草、服装、皮革与鞋帽、造纸、橡胶与塑料、家具、印刷与出版和其他制造业的增速均低于制造业整体的比率，特别是烟草、印刷与出版两个行业，增速为负，分别同比下降8.0%和1.0%。

表1-1 2015年至2016年前3季度全球主要消费品行业产出同比增速

行业	2015Q1	2015Q2	2015Q3	2015Q4	2016Q1	2016Q2	2016Q3
食品和饮料	2.4%	3.0%	3.6%	3.1%	2.4%	2.3%	3.3%
烟草	1.0%	3.5%	−1.5%	8.9%	−3.4%	−2.6%	−8.0%
纺织	2.9%	3.0%	2.6%	2.8%	4.9%	3.8%	3.1%
服装	2.7%	3.0%	3.6%	1.8%	2.1%	1.9%	0.8%
皮革与鞋帽	1.4%	1.0%	0.3%	0.9%	1.3%	1.4%	1.5%
木材加工（不含家具）	1.9%	1.6%	2.2%	2.9%	3.7%	3.5%	2.9%
造纸	0.1%	1.2%	1.7%	1.5%	1.8%	0.7%	1.0%
印刷与出版	−0.5%	−0.8%	−0.8%	−0.6%	0.6%	−0.1%	−1.0%
橡胶与塑料	2.8%	2.9%	3.4%	2.8%	2.6%	2.0%	1.7%
基本药物产品	5.7%	4.4%	5.0%	4.5%	4.8%	4.3%	3.4%
医疗器械	3.4%	4.5%	3.2%	0.9%	3.9%	3.0%	4.6%
家具及其他制造业	4.6%	4.5%	5.4%	3.9%	3.9%	1.9%	1.6%
整个制造业	2.8%	2.5%	2.7%	1.9%	2.1%	2.2%	2.4%

资料来源：UNIDO，2017年1月。

相比于1、2季度，消费品行业增速变化趋势亦整体呈现分化态势。与1季度相比，3季度除食品与饮料、皮革与鞋帽、医疗器械行业增速上升，分别增加0.9个、0.2个和0.7个百分点，其他行业增速均逐步下滑，特别是烟草、纺织、印刷与出版、分别同比下降4.6个、1.8个、1.6个百分点。

与上年相比，2016年3季度除纺织、皮革与鞋帽、木材加工（不含家具）、医疗器械四个行业增速分别高于上年同期0.5个、1.2个、0.7个和1.4个百分点外，其他行业增速均低于去年同期。

四、电子信息产业

受全球经济和世界各国经济发展态势对世界电子信息制造业的影响，2016年世界电子信息产业市场规模约为2.3万亿美元，同比增长2.9%。从区域发展格局看，亚洲和其他新兴经济体市场将成为带动全球电子信息制造业发展的新动力来源，美国、欧盟、日本等发达国家和区域的产业增速有所放缓，各国经济增长差异化的走势将使全球电子信息产业的主体动力来源发生改变。从整体发展情况来看，世界电子信息产业发展特点可以概括为以下几个方面。一是消费电子产品市场持续萎缩，国内外企业均面临压力；二是技术创新浪潮不断涌现，产业发展出现新契机；三是电子信息产品推陈出新，人工智能和VR/AR成为主旋律；四是投融资并购依旧火爆，企业竞争格局不断演变。

表1-2　2016年第四季度全球PC厂商单位出货量估算值

（千台）

厂商	2016Q4 出货量	2016Q4 市场占有率（%）	2015年Q4 出货量	2015年Q4 市场占有率（%）	2016年Q42015Q4 增长率（%）
联想	15781	21.7	15535	20.6	1.6
惠普	14808	20.4	14204	18.8	4.3
戴尔	10723	14.8	10175	13.5	5.4
华硕	5452	7.5	5960	7.9	−8.5
苹果	5440	7.5	5321	7.0	2.4
宏基	4999	6.9	5228	6.9	−4.4
其他	15408	21.2	18970	25.2	−18.8
总计	72611	100.0	75384	100.0	−3.7

注：以上数据包含笔记本电脑、台式机和例如Microsoft Surface等顶级ultramobile机型，但不包括Chromebook和iPad。本统计数据以从销售渠道的出货量为准。所有数值均根据初步研究结果所推算出，最终估计值可能有所变动。

资料来源：Gartner，赛迪智库整理，2017年1月。

从各细分领域情况来看，在计算机领域，全球 PC 出货量自 2012 年开始便呈现逐年下滑的局面。2016 年，受第一季度存货量高、Win10 免费升级政策延续等问题影响，出货量依然不理想；在智能手机领域，全球手机市场 2016 年全年的出货量为 15 亿部，较 2015 年下滑 1.6%，但其中智能手机市场增长了 4.5%。IDC 数据显示，全球智能手机市场 2016 年出货量总计 14.7 亿部，较 2015 年的 14.4 亿部仅提升了 2.3%，也创下历史出货量最高的纪录；在家用视听领域，TrendForce 集邦科技旗下光电研究品牌 WitsView 最新研究显示，2016 年全球液晶电视总出货量达 2.19 亿台，年增长率为 1.6%；在集成电路领域，2016 年，全球半导体行业市场规模整体呈增长趋势。根据世界半导体贸易统计协会统计，2015 年，全球半导体产业销售额为 3352 亿美元，2016 年全球半导体行业市场规模继续保持增长，增长率为 0.3%；在 LED 产业，全球 LED 产业在遭遇了 2015 年的"寒冬"之后，整体面貌发生较大改观。2016 年，飞利浦、欧司朗、GE 照明、东芝等国际传统 LED 巨头势头下降，纷纷开始调整产品线，而木林森、三安光电、华灿光电等本土照明企业则强势崛起，不断加快海外扩张步伐；在光伏产业，2016 年，全球光伏市场强劲增长，新增装机容量预计超过 65GW，同比增长 22.6%，累计光伏容量达到 295GW；在锂电子电池，新能源产业随着各国政府的环保意识不断加强而备受关注，各国政府不断出台相关的配套政策扶持产业发展，比如，美国政府作为引领全球新能源经济发展的代表，持续推出政策推动新能源汽车产业的发展。新能源汽车、平板电脑、可穿戴式智能设备、电动自行车、智能手机、移动电源及储能电站的应用和普及将为锂离子电池产业带来史无前例的发展契机，全球锂离子电池隔膜市场将借着新能源概念的便车继续稳步发展。

区域篇

第二章 美 国

2016 年美国工业呈现如下状况：一是传统工业部门的增长出现明显分化，钢铁和能源行业衰退，汽车行业增长。二是新兴工业部门投资出现放缓，并购交易出现下滑。三是技术创新力度持续加大。四是全年贸易逆差扩大至自 2012 年以来最高水平。五是就业大幅改善但问题仍存。在政策方面，白宫科技政策办公室成立了国家科学技术委员会机器学习与人工智能小组委员会和网络与信息技术研发人工智能专门工作组，并发布 3 份报告，旨在确保美国在人工智能的创造和使用中的领导地位。由于油价下滑、美元走强及库存过剩风险消退刺激了制造业复苏，加之特朗普政府减税和放松监管等措施，预计 2017 年美国制造业将实现增长。由于特朗普政府重启"拱心石"XL 输油管线及达科他通路管线的建设，预计 2017 年美国国内油气产业机会将会更大。

第一节 发展概况

美国是当今世界上规模最大的工业化国家，工业门类齐全，体系完整，既包括钢铁、汽车、化工、石油、飞机、机械、造船、电力、采矿、冶金、制药、食品等传统工业部门，也包括微电子、计算机、宇航、新能源、新材料等新兴工业部门，其中电子电器、光电、宇航、清洁能源、生物制药等居世界领先水平。

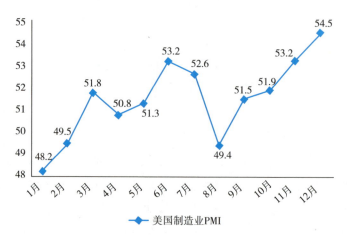

图 2-1 2016 年 1—12 月美国 ISM 制造业 PMI 值

资料来源：美国供应管理协会（ISM），2017 年 3 月。

受制造业新订单、生产和雇佣指数全面上升带动，2016 年 12 月美国 ISM 的 PMI 从 11 月的 53.2 升至 54.7（后调整为 54.5），高于预期的 53.7，创 2014 年 12 月以来新高。制造业新订单指数上升 7.2 个点至 60.2；生产指数上升 4.3 个点至 60.3；雇佣指数上升 0.8 个点至 53.1；新出口订单指数上升 4 个点至 56。分行业看，受调查行业中有 11 个行业实现扩张，6 个行业出现萎缩。计算机和电子产品、金属制品、机械、塑料与橡胶制品等行业有较高的需求。PMI 创两年来新高，意味着过去一年多美元升值和油价走低对美国制造业的负面影响正逐步消退，2017 年美国制造业活动有望稳步改善。

一、传统工业增长分化明显

2016 年，美国传统工业部门的增长出现明显分化，钢铁和能源行业衰退，汽车行业增长。2016 年，美国粗钢产量下降 0.3% 至 7862 万吨。从 2016 年全年来看，美国钢铁公司净销售收入为 102.61 亿美元，同比下滑 11.3%；营业利润方面持续亏损，亏损额由 2015 年的 3.02 亿美元减少至 0.59 亿美元；税息折旧及摊销前利润（EBITDA）由 2015 年的 2.02 亿美元激增 152.5% 至 5.10 亿美元；归属上市公司股东净利润由 2015 年的亏损 16.42 亿美元减少至亏损 4.40 亿美元。2016 年全年，美国钢铁公司钢材发货量为 1499 万短吨，同比小幅减少 3.6%。2016 年，美国煤炭产量预计为 7.43 亿短吨（6.74 亿吨），较 2015 年下降 17%，跌至 1978 年以来最低。美国石油产量已经从 2015 年底时的 920 万桶/天减少至 2016 年底时的 880 万桶/天。但是石油库存则从 4.51 亿桶上升至 4.79 亿桶。2016 年美国原油进口量比 2015 年增加。2016 年，美国汽车产量为 1219.81 万辆，微增 0.8%。2016 年，美国汽车销量为 1786.58 万辆，微增 0.1%。2016 年美国车市大力优惠、刺激销售，另外轻卡需求旺盛，轻型车销量连续 7 年实现增长。

二、新兴工业投资放缓并购下滑

2016 年美国新兴工业部门投资出现放缓，并购交易出现下滑。2016 年，美国的清洁能源投资下降 7%，仅为 586 亿美元，投资放缓主要是受到美国国会在 2015 年 12 月决定延长投资税减免政策的影响。在利好政策延期的背景之下，开发商没有理由继续赶建风电和光伏项目。2016 年，包括谷歌、Facebook、亚马逊、苹果、eBay 等在内的 10 家互联网巨头的并购活动增长了 7%，但是远低于 2013 年和 2014 年的水平。2016 年这 10 家互联网巨头并购活动和 2014 年比减少了 35%。在 10 家企业中，谷歌是最活跃的并购者，自 2012 年共收购超过 105 家企业。但是，2015 年和 2016 年谷歌的并购活动就已经从 2014 年的 35 宗下降至不足 20 宗。Facebook 在 2012 年和 2014 年收购的企业数量都超过 10 家，但是 2015 年和 2016 年则分别收购了 7 家和 8 家企业。

三、技术创新力度持续加大

制造业为美国提供了接近 17% 的就业机会，对美国的经济振兴具有举足轻重的作用。自 2008 年以来，美国先后通过加大资助制造业扩展伙伴关系（MEP）、建立先进制造伙伴（AMP）等计划不断增加对美国制造业的投资。美国白宫科技政策办公室（OSTP）于 2016 年 5 月和 6 月相继成立了美国国家科学技术委员会（NSTC）机器学习与人工智能小组委员会（MLAI）和网络与信息技术研发（NITRD）人工智能专门工作组，并于 2016 年 10 月重磅推出这两个新领导部门分别完成的《为未来人工智能做好准备》报告和《国家人工智能研发战略规划》。2016 年 12 月，又跟进发布了一份关于人工智能的报告——《人工智能、自动化与经济》。据统计，从 2011 年到 2014 年，美国联邦政府的制造业研发投资由 14 亿美元增至 19 亿美元，增长 35%。高端制造业技术创新成为推动美国制造业复兴的关键，而以国家制造业创新网络（NNMI）为代表的公私合作成为制造业复兴的驱动力。

四、贸易逆差达到 4 年最高水平

出口在美国经济复苏中具有关键的作用。2016 年，美国出口总额为 2.2094 万亿美元，较 2015 年减少 517 亿美元。美国进口总额为 2.7117 万亿美元，较 2015 年减少 499 亿美元。2016 年全年，美国贸易逆差上升 0.4% 至 5023 亿美元，贸易逆差扩大至自 2012 年以来最高水平，其中服务贸易顺差 2470.82 亿美元，货物贸易逆差 7500.07 亿美元。美墨年度贸易逆差扩大，美中贸易逆差增幅次之。月均贸易逆差下降了 3.2%，至 443 亿美元。货物贸易中，最大逆差仍然来自中国，不过数量减少到 3470 亿美元（12 月环比降低 9%）。此外与日本、德国、墨西哥也存在数额较大的逆差。2016 年全年，经常项目逆差上升 3.9%，达到 4812 亿美元，是 2008 年以来最高的年度数据。

五、就业大幅改善但问题仍存

2016 年美国的就业状况大幅改善。美国劳工部（DOL）2017 年 1 月公布的数据显示，美国 2016 年 12 月季调后就业人数增加 15.6 万，远低于预期值 17.5 万，但是薪资增速创 7 年来最快，暗示美国劳动力市场持续走强，美国经济有望继续走强，且美联储在 2017 年可以进一步加息。美国劳工部指出，12 月新增就业人数主要出现在医疗领域以及社会援助领域，过去三个月，平均新增非农就业人数为 16.5 万；2016 整年的新增就业人数为 220 万，低于 2015 年的 270 万；社会援助领域的增加反映了个人和家庭服务行业就业人数的增长。受到美国新任总统特朗普加大基础设施建设投资并大幅减税计划的鼓舞，美国企业有望增加雇佣人数，有助于美国经济增速在未来几年进一步加速。

第二节　产业布局

美国工业的分布大体上分为三大地区。在东北部，所属 14 个州的面积仅

占国土面积的 8%，却集中了 50% 的制造业，80% 的钢产量和 90% 的汽车产量。在西部，航空、造船、电子和导弹等工业部门工业产值占全国工业产值的 10%。在南部，石油、化工、造船和军工等工业部门工业产值占全国工业产值的 20%。

美国工业的分布呈现出由东向西向南发展的趋势。西起密西西比河，东至大西洋沿岸，南起俄亥俄河和波托马克河，北至密歇根湖、伊利湖和安大略湖岸以南，以及新英格兰南部的东西狭长地带被称为美国的制造业带，是美国工业发展最早的地区。战后，在西部太平洋沿岸的加利福尼亚州，一些与军事有关的新兴工业部门，如造船、飞机、导弹、电子、汽车装配等得到巨大发展。南部得克萨斯等州的产油区，逐步发展成为重要的石油化工中心。20 世纪 70 年代以来，经济和人口出现南移现象。被称为阳光地带的南部和西部工业发展较快，其速度大大超过东北部地区。近年来，越来越多的传统制造业开始向成本更低的美国南部地区集聚，美国南部地区制造业呈现快速发展势头。

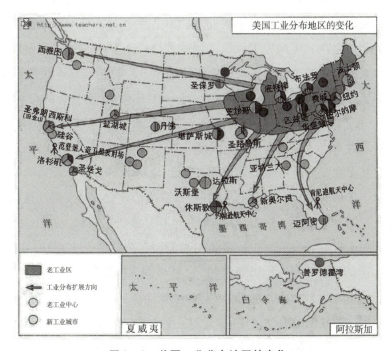

图 2-2　美国工业分布地区的变化

资料来源：赛迪智库整理，2017 年 3 月。

第三节 政策动向

一、政策概述

2008年，金融危机之后，为促进经济复苏，美国政府把重点放在重振制造业上，推出了一系列政策措施。2009年4月，时任总统奥巴马首次提出重振制造业的战略构想；11月，提出美国"再工业化"战略；12月，发布《重振美国制造业框架》，美国重振制造业战略正式开始实施。2010年8月，发布《制造业促进法案》，从7个方面破解制造业发展难题。2011年2月，发布《美国创新战略：确保经济增长与繁荣》，提出了未来一段时期推动美国创新的战略规划和措施；6月，提出"先进制造伙伴计划"，加强对新兴制造技术的投资，提高美国制造业的全球竞争力。2012年2月，美国总统执行办公室国家科技委员会在"美国先进制造业国家战略计划"中围绕中小企业、劳动力、伙伴关系、联邦投资以及研发投资等提出五大目标和具体建议。2013年2月，奥巴马表示计划建设一个包含15个制造业创新中心的全国性网络（NNMI），专注于3D打印和基因图谱等各种新兴技术；3月，美国白宫科技政策办公室发布了《机器人技术路线图：从互联网到机器人》，总结了机器人和自动化技术在美国经济中的战略重要性，勾勒出一个富有远见的研究和开发路线图。2014年10月，美国先进制造业联盟指导委员会发布《振兴美国先进制造业》报告2.0版，该报告为2011年6月报告的延续，指出加快创新、保证人才输送管道、改善商业环境是振兴美国制造业的3大支柱；11月，通过《振兴美国制造业和创新法案2014》，对《国家标准与技术研究院（NIST）法案》进行修改，授权商务部部长在NIST框架下实施制造业创新网络计划，在全国范围内建立制造业创新中心。2015年7月，奥巴马授权创建名为"国家战略计算项目"（NSCI）的超级计算机研究项目。该项目旨在将美国的能源部（DOE）、国防部（DOD）和国家科学基金会（NSF）在内的多个部门的科研资源结合起来，开发首台百亿亿次超级计算机；10月，美国国家经济委员会和科技政策办公室联合发布了新版《美国国家创新战略》。该战略于 2009 年首次发布，2011 年进行过修订，2015 年的新版战略提出了维持美国创新生态系统的新政策。2016 年 5 月和 6 月，美国白宫科技政策办公室（OSTP）相继成立了美国国家科学技术委员会（NSTC）机器学习与人工智能小组委员会（MLAI）和网络与信息技术研发（NITRD）人工智能专门工作组，并于 2016 年 10 月重磅推出这两个新领导部门分别完成的《为未来人工智能做好准备》报告和《国家人工智能研发战略规划》。2016 年 12 月，又跟进发布了一份关于人工智能的报告——《人工智能、自动化与经济》。

表 2 - 1　2009—2016 年美国重振制造业的重要政策

时间	标题	主要内容	对制造业重要影响
2016.10	美国国家人工智能研发战略规划	规定了一个高水平框架，该框架可用于确定人工智能所需的科学和技术并追踪研发投入的进度并最大化投入的影响。确定了联邦资金资助的人工智能研发的优先顺序，该顺序考虑了对于人工智能对社会和全世界的长期转型的影响的人工智能近期的能力	推动人工智能发展并释放企业和工人的创造潜力，确保美国在人工智能的创造和使用中的领导地位
2015.10	美国创新战略（2015 版）	包括三大创新要素和三大战略举措。三大创新要素是投资创新生态环境基础要素、推动私营部门创新、打造创新者国家，三大战略举措旨在创造高质量就业岗位和持续经济增长、推动国家优先领域突破、建设创新型政府	重点聚焦先进制造、精准医疗、脑计划、先进汽车、智慧城市、清洁能源和节能技术、教育技术、太空探索、计算机新领域等 9 大战略领域
2014.11	振兴美国制造业和创新法案	实施制造业创新网络计划，在全国范围内建立制造业创新中心	加快美国制造业的技术创新及商业应用的步伐
2014.10	振兴美国先进制造业 2.0 版	为美国的先进制造业发展总结了 3 大支柱：加快创新、保证人才输送管道及改善商业环境	保证美国先进制造业良好的发展势头
2014.4	美国学徒计划	资助社区学院和雇主合作，设立适应未来工作需要的培训项目，投入学徒培训扩大计划	培训包括高级制造、信息技术和医疗等行业所需的高级技术工人

续表

时间	标题	主要内容	对制造业重要影响
2013.3	美国机器人路线图	强调机器人技术在美国制造业和卫生保健领域的重要作用	提出了未来5—15年制造业机器人所要解决的关键能力
2012.3	美国制造业创新网络计划	计划建设一个包含15个制造创新中心的全国性网络，专注于3D打印和基因图谱等新兴技术	利用高科技全面提升美国制造业，将美国转变成全球的高科技中心
2012.2	美国先进制造业国家战略计划	围绕中小企业、劳动力、伙伴关系、联邦投资以及研发投资等提出五大目标和具体建议	促进美国先进制造业的发展
2011.11	美国制造业复兴计划	从投资、贸易、劳动力和创新等方面提出了促进美国制造业复兴的四大目标及相应的对策措施	确定美国保持制造业全球竞争力的路径
2011.6	美国先进制造业伙伴关系计划	创造高品质制造业工作机会以及对新兴技术进行投资	提高美国制造业全球竞争力
2011.2	美国创新战略（2011版）	新的创新战略提出了五个新的行动计划	在美国重点优先领域实现突破
2010.8	美国制造业促进法案	大规模投资清洁能源、道路交通、改善宽带服务，削减企业部分关税	破解制造业发展难题
2009.11	美国"再工业化"战略	促进制造业增长，让美国回归实体经济	推动美国制造业回归
2009.9	美国创新战略（2009版）	注重国家创新基础架构建设，鼓励有效创业的竞争市场，推动国家重点项目取得突破	充分发挥创新潜力，促进新就业、新企业和新产业

资料来源：赛迪智库整理，2017年3月。

二、重大政策简析

（一）重振美国制造业框架

2009年12月，美国政府发布《重振美国制造业框架》，从7个方面设计了重振制造业的政策框架。第一，为工人提供更多提高劳动技能的机会，提高劳动生产率。第二，为新技术研发进行大规模投资，创造有利于技术扩散的商业环境。第三，为制造业投资建立稳定而有效的资本市场。第四，发挥制造业和社区之间的良性互动作用，促进社区集聚和创新，为大规模制造业特别是汽车制造业的发展建立良好的基础。第五，投资于先进交通基础设施，改善电力、网络、通信等基础设施。第六，打开国外市场，为制造业产品创造更大规模的需求。第七，改善制造业所处的税收、金融等商业环境。

重振美国《制造业框架》从理论出发，结合制造业发展的特点，提出了具有针对性的政策措施，是美国重振制造业政策措施的纲领性文件。

（二）美国制造业促进法案

2010 年 8 月，美国政府发布《制造业促进法案》，从 7 个方面破解制造业发展难题，即：改善培训教育系统，使工人获得必要的劳动技能；为创造新技术和新的商业操作规范而进行投资，鼓励不能立即投入商业运营的基础性研究，保护知识产权；为商业投资提供稳定而有效的资本市场，资助中小企业，加强金融监管，使金融业服务实体经济；建设产业集群，完善产业结构，帮助相关地区和工人实现转型；投资于包括交通电池、高速铁路和下一代信息和通信技术在内的先进交通和信息基础设施；确保美国商品在国内和国际市场上拥有销路和公平的竞争环境；改善商业环境，使法律、税收和监管机制利于美国制造业的发展。

《制造业促进法案》使《重振美国制造业框架》成为正式法律条文，对大型和小型制造企业的发展都起到推动作用，进而带动美国经济的复苏。

（三）美国创新战略（2011 版）

2011 年 2 月，美国政府发布《美国创新战略：确保经济增长与繁荣》，提出了未来一段时期推动美国创新的战略规划和措施。新的创新战略对 2009 年发布的《美国创新战略：推动可持续发展，创造高水平就业》进行了深化与升级。从"创造就业"到"确保经济增长和繁荣"这一措辞上的变化体现了美国政府对创新的重视和实施创新战略的决心。

美国创新战略的实施，以及知识产权政策的变革，将直接推动技术的进步，确保美国继续处于技术革命的前沿，这为美国继续占领制造业的高端领域提供了重要的技术支撑。

（四）美国制造业创新网络计划

2012年4月，美国时任总统奥巴马建议设立全美制造业创新网络（NNMI），包括投资10亿美元建立15家制造业创新研究所（IMI），通过加强研究机构与制造企业之间的合作，为美国创造更多的就业机会，从而提振美国经济。截至2015年12月，美国已经建成了7家制造业创新研究所，正在建设中的有2家。

研究机构的研究重点放在大规模制造技术、降低成本和商业化风险上，已经确立的研究领域包括：一是开发碳纤维复合材料等轻质材料，提高下一代汽车、飞机、火车和轮船等的燃料效率、性能以及抗腐蚀性。二是完善3D印刷技术相关标准、材料和设备，以实现利用数字化设计进行低成本小批量的产品生产。三是创造智能制造的框架和方法，允许生产运营者实时掌握来自全数字化工厂的"大数据流"，以提高生产效率、优化供应链，并提高能源、水和材料的使用效率等。

（五）美国机器人路线图

2013年3月，白宫科技政策办公室（STPO）发布《机器人技术路线图：从互联网到机器人》。路线图强调了机器人技术在美国制造业和卫生保健领域的重要作用，同时也描绘了机器人技术在创造新市场、新就业岗位和改善人们生活方面的潜力。

路线图是对2009年路线图的修订，主要包括五部分，分别是制造业机器人路线图、医疗机器人路线图、服务机器人路线图、空间机器人路线图以及国防机器人路线图。

其中制造业机器人路线图提出，未来5—15年要解决的关键能力包括重构装配、自主导航、绿色制造、灵巧操作、供应链整合与设计、纳米制造、非结构化环境感知、本质安全、教育和培训等。为了取得这些关键能力，制造业机器人需要加强学习和适应、控制和计划、感知、人机交互、建模与陈述以及"云"机器人与自动化制造等方面的技术研发。

（六）振兴美国先进制造业2.0版

2014年10月，美国先进制造业联盟（AMP）指导委员会发布《振兴美国先进制造业》报告2.0版，提出了加快创新、保证人才输送管道、改善商业环境 3 大战略。

在促进创新方面，将在增加美国竞争力的新型制造技术领域大量增加投资。国防部、能源部、农业部及航空航天总局等政府部门将向报告所建议的复合材料、生物材料等先进材料、制造业所需先进传感器及数字制造业方面加大投资，总额超过 3 亿美元。以政府提供先进设备、部门与科研机构、高校联动，设立联合技术测试平台等方式促进创新发展。

在确保人才梯队方面，美国劳工部设立 1 亿美元"美国学徒奖金竞赛"，以促进新的学徒模式发展，在先进制造业等领域产生规模效应。先进制造业指导委员会的成员已经开始进行学徒制试点，并为参加学徒制培训战略项目的雇员发放指导手册。

在改善商业环境方面，政府决定推出新工具及一项 5 年的初始投资，促进供应链上的小型制造企业的创新。商务部的制造业扩展联盟项目每年为 3000 个以上美国制造商服务，该项目将于未来 5 年内投资 1.3 亿美元资金，帮助小型制造企业发展新技术，推广新产品。

（七）振兴制造业和创新法案

2014 年 11 月，经由美国众议院修改通过了《振兴美国制造业和创新法案 2014》，将对《国家标准与技术研究院（NIST）法案》进行修改，授权商务部部长在 NIST 框架下实施制造业创新网络计划，在全国范围内建立制造业创新中心。

法案明确了制造业创新中心重点关注纳米技术、先进陶瓷、光子及光学器件、复合材料、生物基和先进材料、混动技术、微电子器件工具开发等领域。2014—2024 财年商务部和能源部资助金额分别不超过 0.5 亿和 2.5 亿美元。

法案还授权商务部部长设立国家制造业创新网络计划办公室，职责包括对计划的监管、开发和定期更新战略计划、向公众公开项目情况、作为网络的召集人。该办公室还需将现有的制造业扩展伙伴关系（MEP）计划纳入到制造业创新网络计划中，确保中小企业参与。

（八）美国创新战略（2015 版）

2015 年 10 月，美国国家经济委员会（NEC）与白宫科技政策办公室

（STPO）发布新版《美国创新战略》。此前，美国政府先后分别于 2009 年、2011 年发布《美国创新战略》。在 2015 版《美国创新战略》中，政府已经确定了新的政策，以支撑创新生态系统，给所有美国人提供好处。

2015 版《美国创新战略》承认联邦政府在投资美国创新基本要素、激发私营部门创新、赋予全国创新者权利方面的重要作用。此外，该战略描述了如何通过三套战略计划扩建这些重要的创新要素。这三个战略计划重点为创造高质量就业岗位和持续经济增长、推动国家优先领域突破及建设创新型政府服务大众。

（九）国家人工智能研发战略规划

2016 年 10 月，美国时任总统奥巴马在白宫前沿峰会上发布报告《国家人工智能研发战略规划》。这是全球首份国家层面的 AI 发展战略计划。作为对该报告的补充和延续，12 月，美国白宫又跟进发布了一份关于人工智能的报告——《人工智能、自动化与经济》。这份最新的报告认为：应对人工智能驱动的自动化经济，是后续政府将要面临的重大政策挑战。下一届政府应该制定政策，推动人工智能发展并释放企业和工人的创造潜力，确保美国在人工智能的创造和使用中的领导地位。

奥巴马称人工智能战略规划将成为美国新的"阿波罗登月计划"。该"计划"旨在运用联邦基金的资助不断深化对 AI 的认识和研究，从而使得该技术为社会提供更加积极的影响，减少其消极影响。

第四节　发展趋势

从 2016 年主要经济指标来看，美国经济增长已回到稳步复苏的轨道，财政赤字和失业率大幅下降，制造业迎来较强复苏势头。根据 2017 年 2 月高盛的预计，美国 GDP 在 2017 年增长 2.2%，核心 PCE 物价指数升至 2%。预计 2017 年美国的经济复苏将逐步加快，制造业也将增长。

一、制造业将实现增长

制造业占美国经济比重为 12%。国际金融危机以来，美国政府出台了多项举措振兴本土的制造业。彭博数据显示，2017年2月美国制造业产出月率增长0.5%，好于预期的增长0.4%，前值为增长0.2%。2月产能利用率为75.4%，不及预期的75.5%，好于前值75.3%；2月制造业产能力利用率75.6%，前值为75.1%。美国制造业产出连续6个月增长，暗示受大宗商品价格上涨推动对机器和其他设备需求，美国制造业复苏进程加快。近几个月来油价下滑、美元走强及库存过剩风险消退刺激了制造业复苏。特朗普政府减税和放松监管等措施也是制造业复苏的推动力之一。因此，预计2017年美国制造业将实现增长。

二、工业互联网大发展

国际金融危机以来，美国提出了"再工业化"（Reindustrialization）的战略。这一次的工业革命以智能机器为主要工具，融合了互联网技术、移动互联网技术、大数据、智能分析技术。2012年2月，通用电气（GE）提出了"工业互联网"（Industrial Internet）的概念，并在医疗和航空等领域迅速推出9个工业互联网项目。2014年3月，思科、IBM、英特尔、AT&T等企业同通用电气一同组建了工业互联网联盟（IIC）。IIC由对象管理组织（OMG）管理，其中参考架构、测试床、应用案例是IIC关键工作的抓手。当前，IIC正以参考架构为引领，通过企业自主设立的应用案例组织垂直领域应用探索，支持建立测试床提供验证支撑，并借助其他标准组织力量，推动工业互联网加快落地。预计2017年，通用电气将在全球开展更多的工业互联网落地项目。预计到2020年，将有超过500亿台机器连入工业互联网。

三、汽车业生态大变革

汽车业是美国制造业的重要支柱。国际金融危机以后，美国汽车业经过业务整合、资产重组，整个行业的效率大有改观。预计2017年美国新车销量约为1720万辆，较2016年销量下滑2%左右，但是年轻成年人（18岁到35岁之间）的汽车需求依然强劲。届时，美国将连续三年新车销量超过1700万辆。在电动汽车领域，美国通过《美国复兴和再投资法案》《美国清洁能源与安全法案》、新的燃油经济性标准（CAFE）以及调整各类电动汽车的税收优惠等措施，引导汽车工业更加关注插电式混合动力汽车和纯电动汽车（BEV）。预计 2017 年美国政府将出台税费方面的奖励鼓励电动汽车的推广。此外，美国早在多年前即已启动无人驾驶汽车研究。2016 年 1 月，美国交通部（DOT）宣布了在 10 年内投资 40 亿美元的无人驾驶汽车推动项目提案。2017 年 3 月，美国加利福尼亚州 DMV 最新发布的一系列草案，不再要求测试时车上必须有驾驶员。并且，制造商们无须再在车上安装方向盘与踏板，只要它们并不是必要的。预计 2017 年美国无人驾驶汽车将迎来进一步的发展。

四、传统能源迎来契机

美国新任总统特朗普从来不讳言其对传统化石能源的青睐。传统能源产业与共和党有着长久的利益瓜葛，多年来一直是其坚定支持者。早在竞选阶段，特朗普就声言要让美国能源走向独立，要大力发展传统能源产业。白宫网站披露的"美国优先能源计划"中指出，美国拥有价值 50 万亿美元的未开发油气储备，美国要充分利用这些资源，减轻对外国石油的依赖。实际上，近几年美国国内的油气产量已在显著增长。美国智库新美国安全中心的报告显示，美国国内原油日产量 2010 年为 540 万桶，2015 年增至 940 万桶；天然气年产量则由 21.3 万亿立方英尺增至 27 万亿立方英尺。2017 年 1 月，在特朗普走进白宫后的第一周就签署行政命令，重启此前被奥巴马否决的"拱心石"XL 输油管线及被联邦法院暂停的达科他通路管线的建设，预计 2017 年，美国国内油气产业的机会将会更大。

第五节　企业动态

2016 年 7 月发布的《财富》世界 500 强显示，美国上榜公司数量相比 2015 年增加，目前为 134 家，仍位居全球第一位。营业收入合计 84670.53 亿美元，利润合计 6816.38 亿美元。

中小企业一直是美国经济发展与创造就业的引擎，对于美国的经济与社会发展发挥着决定性作用。在过去的 20 多年里，小企业创造了美国超过三分之二的新增就业岗位，2800 万家小企业雇佣了 6000 万美国人，占私人部门劳动力的 50%。

1953 年，美国政府出台了《小企业法》，并依法成立了美国联邦小企业署（SBA），SBA 为美国小企业提供了大量的投融资服务、政府采购服务、商业咨询服务以及其他多种形式的服务等。针对科技型中小微企业技术创新市场化支持不足等问题，美国推出了一系列政府公共财政专项资金，其中最为著名的是美国 SBA 小企业创新研究计划（SBIR）和小企业技术转移计划（STTR），它们促进了美国在前沿学科的领先地位，成为全世界效仿的成功典范。

近年来，美国出台多项小企业减税法案和小企业融资扶助政策。2010 年 9 月，美国国会通过了《2010 年小企业就业法案》。该法案强化了美国联邦小企业署（SBA）的传统贷款项目，并推出两个新的融资项目：各州小企业信贷计划（SSBCI）和小企业贷款基金（SBLF）。2011 年 2 月，美国联邦小企业署（SBA）发布了《2011—2016 年度战略》，出台可操作的政策评估指标体系，并且在绩效评估工作和运行机制上下功夫，真正推动中小企业迅速发展。2011 年 9 月，美国推出的就业促进法案提出要对中小企业的工资所得税进行减免。2012 年 4 月，美国出台了《2012 年促进创业企业融资法》，该法案旨在通过放宽金融监管要求来鼓励美国小微企业融资，扶植企业成长并创造就业机会，为美国中小企业的成长提供了更加宽松的市场空间。2015 年 10 月，美国证券交易委员会（SEC）通过了《就业法案第三章》（JOBS ACT Title III），作为一项旨在鼓励创新融资的众筹股权投资法案，首次允许普通投资者通过股权投资创业公司，并下调了股权融资企业的信息披露要求。

全美独立企业联盟（NFIB）调查显示，2017 年 1 月，美国 NFIB 小型企业信心指数连升四个月，由 2016 年 12 月的 105.8 续升至 105.9，再创 2004 年 12 月以来新高。

第三章 欧 盟

2016 年欧盟经济保持了平稳复苏的态势，各国对工业发展的重视程度有所提升，多项数据显示，欧元区制造业处于扩张阶段，未来发展前景较好。欧盟特别在研发创新领域不断加大投入，瑞士、德国、芬兰等成员国创新实力均处全球领先。由于此前受金融危机、债务危机影响，欧盟企业盈利能力需进一步恢复，兼并重组的调整步伐不断加快，未来全球大型企业也会成为欧盟企业并购的重要参与者。目前欧盟整体就业水平虽然有所改善，但失业率问题仍然成为了困扰欧洲经济的因素，加之英国脱欧公投结果影响不断发酵，增加了欧洲经济复苏的不确定性影响。欧盟和各成员国正试图通过在数字经济和工业智能化等方面的刺激和改革进一步拉动欧盟经济和工业发展。

第一节 发展概况

欧盟是世界上最具影响的区域一体化组织，它集政治实体和经济实体于一身。欧盟工业占国民经济比重较大，主要工业部门包括钢铁、机械、化工、汽车、船舶、飞机、电子等。2016 年，欧盟经济延续了之前平稳复苏的状态，逐渐摆脱债务危机带来的不利影响，经济增速预期向好，本章将介绍欧盟在 2016 年的经济发展总体特征、企业发展情况和重点国家的经济发展情况。

一、现状特点

（一）经济保持稳定复苏

在经历国际金融危机后，欧盟经济持续复苏，2016 年经济增长延续上年趋势向好。2016 年增速是自 2010 年以来新高，特别是罗马尼亚、葡萄牙、保加利亚、荷兰等国的增速较快。与此同时，欧盟仍面临着一系列的不确定因素，为经济增长未来趋势预测增添了更大难度。

欧盟统计局数据显示，2016年第四季度欧元区19国GDP环比增长0.5%，同比增长1.8%；欧盟28国环比增长0.6%，同比增长1.9%。2015年，该增速分别为1.7%和1.9%。2017年2月，欧洲统计局将2017年欧元区经济增长预期上调0.1%，由原来的1.5%调至1.6%，同时预期通货膨胀率由1.4%上调至1.7%。欧盟鼓励各国加大财政刺激，以应对2017年由英国"脱欧"等问题带来的负面影响因素，继续推动欧盟经济复苏。由于被认为企业税率过低，为打击企业避税行为，欧委会将对欧洲企业进行更为严格的利润报告方式审查。

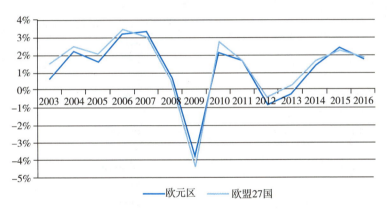

图 3-1 欧盟 27 国、欧元区 19 国的 GDP 增长率

资料来源：欧盟统计局，2017年3月。

分国家看，2016年第三季度，欧盟全体成员国的国内生产总值都实现增长，各国经济稳定上升的趋势明显，与第二季度相比，欧盟各成员国的GDP增长处在0.1%到0.8%之间。其中保加利亚、葡萄牙增速最快，达到0.8%，荷兰、塞浦路斯、斯洛文尼亚和西班牙为0.7%，德国和法国仅为0.2%。罗马尼亚2016全年的GDP增长接近5%，连续两年成为欧盟经济增速最快的国家。欧洲央行多年的大规模货币刺激政策以及持续低迷的原材料价格为欧盟经济复苏创造了条件，然而欧洲经济日益加剧的不平等，居高不下的失业率数据，以及生产率方面优势逐渐被赶超等也同时伴随。英国"脱欧"公投之后已经表示将启动"脱欧"程序，对于欧盟以及英国经济将添加更大的波动因素，而欧洲难民危机以及由此带来的恐怖袭击阴霾也给处于复苏期的欧洲经济带来了沉重打击。

　　尽管经济有所回暖，但专家认为欧盟投资水平仍未恢复到国际金融危机之前水平，针对欧盟财政刺激计划使投资更多地流向了经济发展较好的德国，目前德国投资增速已经超过欧元区平均水平。欧委会预测受到欧盟基金的资助，波兰公共和私人投资额也将有所增加，未来将成为影响欧元区发展的主要动力。

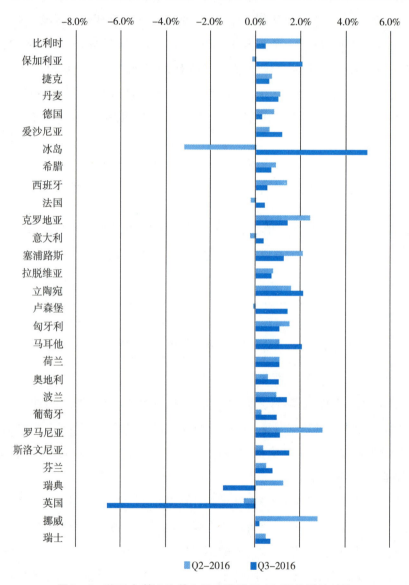

图 3 - 2　2016 年第 2 和第 3 季度欧盟 29 国 GDP 增速对比

资料来源：欧盟统计局，2017 年 3 月。

（二）工业发展水平处在回升阶段

欧盟工业在经历多年"去工业化"发展后，近年来随着传统工业在新技术的推动下转型提升，工业发展已然成为拉动经济的重要部门。欧盟各国重新重视工业发展，试图使工业和技术创新成为经济社会发展的新动力，继续保持欧洲在全球的竞争力。欧洲统计局数据显示，从产出角度看，欧盟最大的经济部门仍是工业，工业占总价值增值（GVA）的19.3%，其次是公共管理、防务、教育、健康等（19.1%），批发零售、交通、旅店和食品（18.9%），以及房地产（11.2%）、专业科技服务（10.9%）。经过20年的发展，不同行业的贡献度变化明显，专业科技服务占比增加了2.4个百分点，公共管理、防务、教育、健康以及房地产分别增加1.1个和1个百分点，工业占比降低4个百分点，农业、渔业和林业降低1.1个百分点。在就业方面，工业行业就业比重从1995年的20.9%下降到2015年的15.4%。多年来欧盟制造业工艺和技术水平都令欧盟工业处于全球顶端，欧盟各国在新的工业政策推动下，竞争力将迎来更大提高。根据Markit公布的数据，进入2016年以来，欧元区制造业扩张明显，特别是在2016年末制造业PMI达到54.9，1月到12月平均值为52.45，高于2015年的52.1。

图 3 − 3　欧元区制造业 PMI 指数（2015 年 1 月到 2016 年 12 月）

资料来源：Markit，2017 年 3 月。

分国家看，德国、意大利、爱尔兰等国制造业景气程度均处在较高水平，其中意大利机械制造业、西班牙、法国制造业均好于预期，未来发展前景较好。与此同时，欧盟制造业产能利用率水平也高于上年同期，平均产能利用率达到81.5%的水平。

图 3 - 4 2012—2016 年欧元区主要国家制造业 PMI 指数

资料来源：Markit，2017 年 3 月。

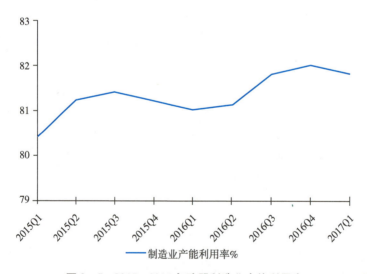

图 3 - 5 2015—2016 年欧盟制造业产能利用率

资料来源：欧盟统计局，2017 年 3 月。

（三）创新实力居全球领先位置

国际金融危机对欧盟经济造成了一定冲击，但是未能撼动其世界第一大经济体的地位。欧盟占据着全球产业分工上游，德国、英国、法国、荷兰等核心国家在技术、人才、管理、品牌等方面优势突出。《2014—2015 年全球竞争力报告》表明，欧盟核心国家的国际竞争力依旧十分强大，瑞士、芬兰、德国、荷兰、英国和瑞典 6 个欧盟国家都位列 2015 年全球国家竞争力排名前10，其中瑞士更是连续 6 年位居榜首。

在欧委会发布的"2016 全球企业研发投入排行榜"中，德国大众位于首位，韩国三星电子、美国英特尔以及中国华为分别位于第 2、第 3 和第 8 位。此项研究调查了 2015/2016 财年全球 2500 家企业投入的研发（R&D）费用，其中包括欧盟 590 家和瑞士的 58 家企业。此外，欧委会还发布了《欧盟创新评分板报告 2016》。该报告对欧盟整体及各成员国的 8 个领域 25 个创新指标进行了评估并计算出分数，报告指出，从全球范围看，欧盟的创新程度仍然领先于许多国家。从欧盟成员国看，按创新程度分成四类：瑞典、丹麦、芬兰、德国和荷兰平均创新绩效远高于欧盟平均水平，是欧盟创新的引领者；爱尔兰、比利时、英国、卢森堡、奥地利、法国和斯洛文尼亚也具有很强的创新能力与创新绩效，为第二类；塞浦路斯、爱沙尼亚、马耳他、捷克、意大利、葡萄牙、希腊、西班牙、匈牙利、斯洛伐克、波兰、立陶宛、拉脱维亚和克罗地亚创新绩效低于欧盟平均水平，为第三类；保加利亚和罗马尼亚创新绩效远低于欧盟的平均水平，其中罗马尼亚仅为欧盟平均水平的 34.4%，为第四类。相较于 2015 年报告，拉脱维亚由第四类上升至第三类国别，荷兰由第二类上升至第一类国别。[①]

（四）欧洲企业迎来并购热潮

欧盟是全球优质企业的聚集地。在国际金融危机和债务危机的阴影之下，2012 年到 2014 年，欧盟企业整体实力有一定下滑，但伴随经济形势的好转，2015 年，欧盟企业实力体现出一定恢复。从《财富》杂志对世界 500 强的企业的排名情况看，2012 年到 2015 年，欧盟上榜企业的数量逐渐减少，上榜企

---

① 《欧盟创新评分板报告 2016》。

业的整体排名有所后移。目前，欧洲市场企业参与到兼并收购的案例越来越多，并购涉及的行业覆盖了从食品、个人商品到石油服务等各个领域和范围。由于融资成本和金融资源的优势，中国企业也成为欧洲市场并购交易的重要参与方。

（五）就业情况有所改善

主权债务危机给欧盟各成员国带来巨大就业压力，2008 年到 2013 年，欧盟失业率不断上升，对区域经济发展和社会稳定造成一定威胁。2014 年，伴随经济形势的好转，欧盟失业率有所下降，2015 年这一趋势更为明显。2015 年 3 季度的"欧盟就业和社会状况季度报告"显示，2015 年，欧盟多数国家的失业率都在持续下降，长期的全职雇佣合同数量有所增加，并且出现了国际金融危机以来年轻人失业率的首次下降。2016 年，欧盟统计局数据显示，欧元区和欧盟 28 国失业率分别为 10% 和 8.5% 。欧盟委员会预计欧元区 2017 年的失业率将从 10% 降至 9.6% ，2018 年将继续下降至 9.1% ，持续改善就业情况，并预计欧盟今年的失业率将从 2016 年的 8.5% 降至 8.1% ，2018 年将继续下降至 7.8% 。

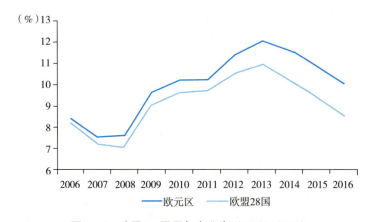

图 3 - 6　欧盟 28 国历年失业率（2006—2016）

资料来源：欧盟统计局，2017 年 3 月。

虽然失业率增加的形势得到一定逆转，但和全球其他地区相比，欧盟失业率的总体水平依旧较高，2016 年美国失业率为 4.9% ，俄罗斯为 5.3% ，日本为 3.1% 。捷克、德国、马耳他、英国和挪威的失业率均低于 5% ，上年仅有两个国家低于 5%。多数国家失业率在 7% 到 14% 之间，西班牙的失业率好于上年，为 19.6%，而希腊则仍处于高于 20% 的水平，高达 23.5%。此外，欧盟内部各国就业形势的差距逐渐缩小，多数国家的失业率均有所下降，仅挪威、奥地利、爱沙尼亚失业率出现小幅上升。

二、政策动向

1990 年的"开放与竞争环境下的工业政策：共同体行动的指导方针"是欧盟制定的第 1 个欧盟层面的工业发展政策。自此之后，欧盟出台了大量的工业发展政策和工业发展战略。欧盟在世界工业中的领导地位得益于其工业政策和战略，一方面，这些策略为欧盟各国创造良好工业发展环境，极好地促进了创新、人才流动、行业标准制定等；另一方面，在激烈的国际经济竞争中，降低了各成员国独自建设工业体系的难度和风险，有效提升了整个区域的协同发展能力。近些年，欧盟各国加强了对工业尤其是制造业的重视程度，进一步制定了一系列促进工业发展的政策和战略。2016 年，欧盟并未出台重大的经济及工业政策，而更多的工作侧重于推动自由贸易及贸易战略伙伴以及能源合作上。欧盟正在着手与日本和美国签署新的贸易协定，以推动其贸易伙伴关系。与此同时，欧盟与阿塞拜疆合作的"南部天然气走廊"项目，将更有利于欧洲实现能源安全和多元化其能源来源。

（一）总体战略

进入 21 世纪，欧盟制定了三个具有战略意义的中长期工业发展规划。

1. 里斯本战略

2000 年，欧盟通过了 2000—2010 年的经济发展规划，由于会议在葡萄牙首都里斯本举行，所以被称作"里斯本战略"。"里斯本战略"的目的是通过创新和信息通信技术发展，推动"创新 2.0"，让欧盟在 2010 年成为世界上最有竞争力的经济体。"里斯本战略"总共制定了 28 个主目标和 120 个次目标，内容涵盖经济发展、就业、科研、教育、社会福利、社会稳定等多个方面，其中以促进经济增长、提升就业率和提高创新能力为核心目标。为了实现最初制定的"把年经济增长速度提高到 3%、争取在 2010 年实现 70% 的就业率"的目标。欧盟着力向知识经济时代全面过渡，并积极探索"创新 2.0"

模式，提高各国的科研投入，力争将科研投入占国内生产总值的比从2000年的1.9%提高到2010年的3%。2005年2月初，欧盟在其"增长与就业伙伴计划"中对"里斯本战略"的目标进行了一定调整，但依旧保持以促进经济增长、提高就业率和提高创新能力为首要目标。同年3月，经过调整的"里斯本战略"开始实施，欧盟各国则根据国情设置"里斯本战略"在本国的实施方案。欧盟委员会2007年的研究结果显示，"里斯本战略"已经对欧盟的发展产生了一定的积极效果，尤其在创新方面，欧盟和美国的创新能力差距有明显缩小。

2. 欧洲2020战略

继"里斯本战略"之后，欧盟加快了统一发展战略的制定。2010年，欧盟委员会发布了第二份十年经济发展规划，即"欧洲2020战略"，提出欧盟未来十年的发展重点和具体目标。将智能型增长、可持续增长和包容性增长作为欧盟发展的重点，提出提高就业比例、提高研发投资、降低碳排放、提高民众教育程度和减少贫困五个方面的具体目标，并制定了一系列的旗舰计划，辅助"欧洲2020战略"的有效实施，全方位提升欧盟竞争力。此后，欧盟于同年制定了"全球化时代的统一工业政策"，从改善工业发展环境、强化欧盟内部的统一市场、新工业创新政策、加强资本国际化、促进工业现代化等方面，确定了欧盟在全球化时代统一的工业发展框架。

表3-1　欧洲2020战略梗概

核心 目标	20—64岁劳动力人口就业比提高到75%
	欧盟GDP的3%投入研发领域
	减少20%二氧化碳排放量，增加20%可再生能源使用，节约20%的能源消费
	未完成基础教育成人比例降低到10%以下，受过高等教育年轻人比例提升到40%
	贫困线以下人口比例减少25%
配套 计划	"创新型联盟"计划
	"流动青年"计划
	"欧洲数字议程"计划
	"欧洲资源能效"计划
	"全球化时代的产业政策"计划
	"新技能和新就业"计划
	"消除欧洲贫困平台"计划

资料来源：赛迪智库整理，2015年。

3. 一个强大的欧盟工业有利于增长和经济复苏战略

2012 年，在国际金融危机和欧洲债务危机带来的经济萧条面前，欧盟各国重新认识到实体经济的重要性，为了促进欧洲经济复苏和进一步的可持续发展，欧盟重新确定了工业在国民经济中的重要地位，并力求用创新和先进技术带动的新型工业革命。

2012 年 10 月，欧盟委员会发布了名为"一个强大的欧盟工业有利于增长和经济复苏"的工业发展政策。提出实现"再工业化"的具体目标，希望通过推行"先进创新技术带动的新型工业革命"，利用创新和技术优势，将工业在欧盟 GDP 中所占的比重从 16% 增至 2020 年的 20%。并拟定通过促进新技术和创新投资、改善市场准入、完善信贷机制以改善中小企业的商业融资环境、明确人力资本的关键作用 4 个主要方面的措施，促进欧盟经济增长、加快经济复苏速度，增强欧盟工业的国际竞争力，实现可持续发展。

（二）最新相关重大政策简析

1. 欧洲公布 5G 行动计划

2016 年 9 月 14 日，欧盟委员会公布了欧洲 5G 行动计划（5G for Europe：An Action Plan），此举标志着欧盟将进入 5G 试验和部署规划阶段，也可看作对此前美国已公布的 5G 计划的呼应。欧洲 5G 行动计划在各个时间节点可分为 5 个步骤，分别是：2017 年 3 月公布具体的测试计划，同时开始测试，2017 年底之前制定完整的 5G 部署路线图，2018 年开始预商用测试，到 2020 年各个成员国至少选择一个城市提供 5G 服务，2025 年各个成员国在城区和主要公路、铁路沿线提供 5G 服务。欧盟在频率使用和划分问题上，也已经公布了粗略时间表，在 2016 年底之前提供临时频率供测试使用，测试频率需要同时包含 1GHz 以下、1—6GHz 和 6GHz 以上。而在 2017 年底之前确定 6GHz 以下和毫米波的频率划分以支持高低频融合的 5G 部署。在标准致制定上，欧盟提出要建立统一标准体系支持不同的应用场景，在 2017 年底前找到适当的垂直行业合作伙伴共同推动标准制定以支持跨行业应用。此外，计划还建议 5G 网络设计和部署时降低市场准入，从而吸引更多的初创型公司参与构建新的生态环境。

此前，在 2013 年 12 月，欧盟已经签署了"5G Infrastructure Association"

并建立5G合作项目框架——5G PPP。其中欧盟出资7亿欧元，由工业界至少配套出资30亿欧元，共同推动5G的研发和部署。

2. 欧盟网络与信息系统安全指令

为加强欧盟各成员国在网络与信息安全方面的合作，提高欧盟应对处理网络信息技术故障的能力，加大欧盟打击黑客恶意攻击特别是跨国网络犯罪的力度，2016年7月6日，欧洲议会全体会议通过《欧盟网络与信息系统安全指令》。欧盟网络与信息系统安全指令是欧盟首个关于网络与信息安全的指导性法规。主要内容包括，要求欧盟各成员国加强跨境管理与合作，制定本国的网络信息安全战略，建立事故应急机制，对各自在能源、银行、交通运输和饮用水供应等公共服务重点领域的企业进行梳理，强制这些企业加强其网络信息系统的安全，增强防范风险和处理事故的能力。

指令同时还要求在线市场、搜索引擎和云计算等数字服务提供商必须采取确保其设施安全的必要措施，在发现和发生重大事故后，及时向本国相关管理机构汇报。相关统计显示，网络信息故障和网络犯罪给欧盟企业及个人造成的损失已经高达2600亿—3400亿欧元/每年。欧盟各成员国需在指令生效21个月内将指令内容纳入国家法律，并在27个月内完成对指令涉及公共服务重点领域企业的梳理。[①]

3. 欧盟有色金属生产最佳可利用技术目录

欧盟历来重视工业环保问题，在重金属、有色金属的开发和利用方面，不断出台标准政策来推动行业的绿色环保发展，维护欧洲的环境免受过度污染和开发。欧委会公布了有色金属行业最佳可利用技术（BAT）目录。目录由欧洲联合研究中心综合污染防治和控制研究所依照2010年欧委会制定的工业排放指令（IED）完成。共列出188项最佳可利用技术，其中55项与有色金属行业的排放有关。全部技术既涵盖有色金属生产的一般方法和流程，同时包括铝、镉、铜、铁合金、铅、镍、贵金属、锡和锌等特定金属的制备工艺。由于碳和石墨的生产与铝的生产过程相似，目录也包含了相关生产技术。通过使用该技术，有色金属行业能更好地解决生产过程中涉及生产装备方面的环境问题，在能源回收、过程控制、废气排放和收集、废水处理和异味与

---

① 《欧盟网络与信息系统安全指令》。

噪声控制等方面实现环保成果。

4. 欧盟 2016—2017 工作方案

2015 年 10 月 13 日，欧盟委员会通过了"2016—2017 工作方案"，计划在 2016 年到 2017 年期间将 160 亿欧元投资到科研和创新领域，以推动欧盟的再工业化进程，增强欧盟工业的整体竞争力。工业中，制造业将成为投资的重点领域，欧盟计划将计划 10 亿欧元投资于制造业领域，以智能制造带动欧盟制造业的振兴。

事实上，"2016—2017 工作方案"是欧盟"地平线 2020"规划的一部分。"欧洲 2020 战略"包含了 7 个旗舰配套计划，其中第一条即为"创新型联盟"计划。为了推动"创新型联盟"计划的实施，欧盟在 2013 年出台了配套的"地平线 2020"规划，并于 2014 年开始实施。"地平线 2020"规划投资总额达 770 亿欧元，"地平线 2020"规划是欧盟有史以来的第 8 个联合科研框架计划，被欧洲领导人和欧洲议会视为推动经济增长和创造就业机会的手段，是欧盟对未来的投资、智慧型增长、可持续增长、包容性增长以及创造就业机会是欧盟发展蓝图的核心。制造业现代化、自动驾驶技术的研发和标准、物联网、智能和可持续城市领是"地平线 2020"投资的核心。

5. 资本市场联盟计划

欧盟委员会在 2015 年 1 月 28 日启动了"资本市场联盟"计划。"资本市场联盟"计划是为欧委会为刺激欧盟经济增长和就业制定的多个旗舰计划之一，旨在建设 28 个成员国的资本单一市场，消除企业在欧盟内部跨境投资壁垒，降低企业融资成本，为整个欧洲层面的投资计划服务。

资本市场联盟将帮助欧盟企业获得在成员国投资的多种融资渠道，给投资者提供更多的资本升值机会。当前欧盟投资环境不佳，融资渠道过多依赖银行而非资本市场，这令它们容易受到银行业冲击的影响，同时欧洲地区私人资本投资潜力巨大，欧盟在 2008 年至 2013 年的 5 年间总计有 900 亿欧元投资资本未被激活。资本市场联盟将"将成为欧盟商业项目方和投资方的有效对接渠道，通过鼓励高质量的债务证券化等方式，增加股票、债券和其他证券交易，降低企业融资的难度"。

三、发展趋势

（一）工业生产将实现稳步增长

近两年，欧盟工业已经显示出明显的复苏之势，工业生产指数、产能指数、制造业 PMI 指数等多项指标均呈现出扩张趋势。巴克莱银行等多家专业机构预测，短期内欧洲仍会保持宽松的货币政策，以继续刺激经济增长，2018 年以后，将逐步降低量化宽松规模，提高利率，以形成更为温和可持续的金融政策。随着全球经济环境逐渐好转，欧洲企业也将从中获得更多收益。尽管欧元区危机依然存在，然而更多观点倾向于认为欧洲经济将朝着更好的方向发展。2017 年，欧盟各国制造业 PMI 以及欧元区整体 PMI 都呈现了更高的扩张态势，制造业就业率也得到了不断改善。在欧盟振兴制造业的一系列举措和政策的推动下，欧盟工业投资、欧盟工业领域兼并收购活动将会得到更大提升，西班牙、荷兰、法国等国工业也将会得到进一步改善。在当前欧洲央行延续量化宽松政策不变的前提下，欧盟各国工业产品和技术创新优势将会得到更好的发挥，欧盟工业将继续实现稳步增长。

（二）制造业加速朝数字化智能化发展

欧盟委员会在 2016 年宣布将会制定有助于欧盟工业企业采用最新数字技术的相关计划，促进企业在数字领域投资。欧委会研究预测指出，产品和服务的数字化今后将以每年超过 1100 亿欧元的速度增加欧洲收入。目前部分欧盟成员国已启动了针对本国的战略推动产业数字化，但欧盟层面迫切需要更加全面的整体战略防止市场碎片化等问题。该计划具体措施包括支持并将工业数字化的国家动议以及所有行业相关服务相连接，以及通过战略伙伴关系和网络促进投资。协调欧盟各成员国和地区的产业数字化规划，利用欧盟公私合作关系吸引投资，投资 5 亿欧元建立泛欧盟数字创新枢纽网络，建立大规模试点项目来加快物联网、先进制造业及相关技术的发展，并健全相关法律。[①] 新计划还将在 5G 通信和网络安全等领域制定统一标准，促进公共服务现代化。"欧洲云"项目也已经列入该计划，初步目标将为欧洲 170 万研究人

---

① 欧盟工业数字化计划。

员以及 7000 万科学和技术专业人员提供一个虚拟环境，进行存储、管理、分析和重复使用大量的研究数据。欧盟委员会将针对工业数字化领域，加强各成员国之间的合作，联合公私领域共同投资，形成资源更为充裕的云基础数字技术创新发展平台。

在数字化领域，英国也将出台《数字经济法案》，推动英国数字化发展，推动经济、社会及政府的转型与变革。该法案主要内容中包括了先进数字基础设施建设、新兴数字产业发展、简化政府公共服务的数据使用方式以及保护公民数字世界等。

（三）绿色能源等项目推动欧盟绿色经济

欧盟工业历来注重绿色发展和节能减排的环保目标，近期谷歌公司与挪威及瑞典两座风力电站达成购电协议，对欧洲数据中心提供电力绿色化的支持。与以上绿色能源项目类似的绿色项目在欧洲还将陆续进行，逐步使欧洲企业通过采用更为绿色的能源来推动绿色经济的整体发展。此外，近期出台的欧洲林业计划也为欧洲绿色经济发展指引了思路。欧洲林业行动计划中要求欧洲各国在 2020 年前必须遵循 3 项原则，包括利用资源，尽量减少废弃物，循环利用资源，通过用可再生的木质产品取代不可再生的产品和燃料等方式降低对气候变化的影响等。

第二节　重点国别

一、德国

（一）发展概况

德国是全球工业化历史最长、工业化水平最高的国家之一，工业在国民经济中的地位十分重要。总体来看，产业结构层次高、创新能力强、产品品质高和外向型是德国工业的核心特点。制造业是德国工业的核心，德国制造业则代表着全球制造业的最高水平，以机械制造业为例，德国机械制造业的 31 个部门有 17 个占据全球领先地位。近些年，工业增加值占经济总量的比重保持在20%左右，高于法国、英国10%左右的水平，德国制造业向全球市场提供的产品技术先进、质量过硬，已形成了巨大的出口规模。

国际金融危机以来，欧盟经济整体形势持续低迷，德国经济也出现了一定波动。2010—2011年，德国经济保持了较快增长，分别为4.2%和3%。2012—2013年，德国经济明显放缓，2012年4季度出现了自2009年国际金融危机以来的最大萎缩，环比下降0.6%。受产出和订单水平的提振，2013年3季度起，德国制造业开始缓慢复苏，到2015年底保持缓慢增长的态势。但受乌克兰危机和亚洲国家经济增速放缓的影响，2014年4季度以来，德国制造业增加值和相关就业数量的增速有一定程度的放缓。在全球经济增长放缓、大众排放丑闻、欧洲移民危机和巴黎恐袭等重大事件面前，德国经济在2015年的表现相对平稳，表明德国作为欧洲最大经济体，具有较强的抗风险性和恢复能力，伴随欧洲央行进一步放宽货币政策，出台经济刺激措施，德国经济还将出现一定反弹。2016年德国经济实现了较快发展，经济增速为1.9%，创下近五年来最高经济增速。

具体而言，2016年德国工业发展情况具有以下几个特征。

1. 工业产品出口再创新高

德国是全球第二大出口国，出口产品以工业制成品为主。汽车、机械和化工是德国工业出口的主要领域，主要商品包括：汽车及配件、机械设备、化工产品、电信技术、办公和数据处理设备等产品。德国工业产品的出口量世界排名较高，在有数据统计的32个细分领域中，德国出口商品量在驱动、传动和农业机械等16个领域中为世界第一，9个领域为世界第三。2016年，德国产品出口再创新高，出口额和进口额分别达到12075亿欧元、9546亿欧元，同比分别增长1.2%和0.6%。其中，欧盟是德国产品出口的最大目的地，德国对欧盟出口增加了2.2%，德国出口历年来保持的良好记录，体现了德国产品在全球市场仍然占据着明显优势。德国出口企业目前已连续三年突破纪录。德国产品在质量上独特优势和技术创新能力是德国企业受到出口市场追捧的原因，凭借这种优势，未来德国企业仍将会在进出口市场上保持领先。

2. 制造业智能化步伐加快

德国政府在汉诺威工业博览会上首次提出"工业4.0"战略，目前全球企业和产业界认为德国"工业4.0"的理念接受度和技术成熟度都相对较高，其全球领先供应商战略目标很可能实现。2016年汉诺威工业博览会的主题是"产业集成——发现解决方案"，展出包括工业自动化、数字化工厂、工业零部件、研发和技术、能源这五大块，其中重点关注工业自动化和IT技术的结合、能源和环境工程、创新的分承包解决方案、研发等话题。发展前沿基本都体现了先进信息技术的广泛渗透和融合。德国实现"工业4.0"战略目标面临三个方面的挑战，一是在企业层面的IT建设和应用比较强，但在整个社会的IT建设和应用方面还较弱，特别是与美国的差距巨大；二是仍然有45%的企业（主要是中小企业）缺少面向数字化时代的解决方案；三是在商业模式创新方面与领先国家差距较大。

3. 就业人数稳定增长

在国际金融危机期间，欧洲英国、法国等国的制造业部门普遍采取了大量裁员的做法，但与其他欧洲国家以资本为主导的发展模式不同，德国政府对就业的重视程度较高。2012年，尽管德国经济增速下降，但就业人数却逆势达到创纪录的4160万，平均失业人数均在290万以下，比2011年减少近8万，就业形势为1991年德国重新统一以来最好状态。2012年以后，欧盟经济形势有所好转，2013年和2014年，德国就业人数实现稳步增长，达4178万和4260万，同比增长分别达到0.6%和0.9%。2015年，德国就业形势进一步趋好，德国失业人数降低到1992年以来的最低值，平均登记失业人数为279.5万，比2014年减少1.04万。

德国联邦统计局公布的数据显示，2016年德国境内就业人数约为4340万，比上年增加42.5万，增长幅度为1%，创下近30年来最高水平。德国失业率从4.3%降至4.0%，德国失业率仅次于捷克，成为欧盟成员国失业率第二低的国家。其中，服务业就业人数增幅最高，达1.3%；林业和渔业部门上年就业人数则下降2.7%。

4. 科技研发投入大幅增加

德国科学基金联合会的调查统计显示，2009年国际金融危机让德国的科研投入一度停滞，这一状况在2012年得到缓解，近年来，德国政府和经济界的研发投入不断增多。2016年，德国联邦政府和州政府联合推出创新型大学资助计划和青年科学家晋升计划，加强德国大学创新实力。这两项举措已经通过了德国科学联席会（GWK），与此前新卓越计划形成互补。德国联邦政府和州政府将在 10 年间为"创新型大学"资助计划提供 5.5 亿欧元资金。2017 年 1 月，经合组织研究报告显示，2015 年德国研发经费首次达到 GDP 的 3%，是全球研发投入最多的 5 个国家之一，在能源、环境等领域，仅次于日本和美国。德国欧洲经济研究中心（ZEW）的研究报告显示，2015 年德国企业研发投入为 1574 亿欧元，比 2014 增加 120 多亿欧元，增长 8.8%，其中约三分之一投入到汽车业，预计 2016 年德企业研发投入将继续年均增长 4% 左右。

（二）产业布局

由于历史发展和资源禀赋的原因，德国各地区的工业区域布局情况存在一定差异。相对而言，西部和南部等原西德地区发展水平较高，但总体区域分布基本上处于相对均衡的水平，这主要归功于德国在实施产业布局政策方面所采取的财政补贴政策，促进了德国产业布局的合理化发展。德国既有由上而下的纵向财政转移支付制度，也有如统一税等由原联邦德国的较富裕的州补助原民主德国较贫穷州的横向财政转移支付制度，纵横两种财政补贴制度对德国产业区域布局的均衡发展起到了重要作用。

1. 汽车和汽车配件工业

宝马、奥迪、保时捷、博世和戴姆勒造就了慕尼黑和斯图加特的汽车产业；沃尔夫斯堡、汉诺威的经济完全取决于大众公司的经营状况；在卡塞尔的大众公司工厂为当地吸引了无数的供应商；黑森州的吕塞尔斯海姆市拥有欧宝公司，科隆市则存在着福特公司；福特、博世等国际汽车企业均在萨尔州设有工厂，汽车及配件制造业是该地区经济发展的动力之一，已经成为该州经济发展的最重要支柱。由于大众公司在东部摩泽尔河畔建厂，茨维考地区已经成为汽车及相关产业集聚地。

2. 电子电气工业

电气行业主要集中在德国南部。西门子公司主要集中在慕尼黑地区和纽伦堡—埃尔朗根地区，也是德国电气工业的重点地区。慕尼黑作为西门子公司总部所在地，集中了公司绝大部分通信设备制造业务；同时也是西门子全资子公司欧司朗（OSRAM）和家电制造商博世—西门子总部所在地。纽伦堡

—埃尔朗根地区则集中了西门子的自动化、医疗设备和能源等业务。由于汽车工业对小型发动机和各种调节器需求的持续增长，大批中间产品制造企业聚集在斯图加特和曼海姆所在的莱茵内卡地区，形成了又一个电气行业产业群。

3. 机械设备制造工业

德国机器及装备制造业企业集中分布在斯图加特周边地区，这个区域集中了德国三分之一的机器制造企业。其中，机床业集聚效应明显。巴登－符腾堡州拥有通快、因代克斯、埃马克等行业巨擘，占全国产值超过50%，首府斯图加特及周边地区共有110多家机床企业。斯图加特展览中心每年举办超过60个专业展览会，包括：斯图加特国际金属加工展览会（AMB），斯图加特国际机器视觉展览会（Vision），斯图加特激光材料加工系统解决方案展览会（Lasys），斯图加特表面处理及涂装技术展览会（O&S），斯图加特国际电池与能源储存技术展览会（BATTERY＋STORAGE）等。另外两个工业大州巴伐利亚州和北威州分别占全国产值的1/6和1/7。

4. 新兴产业

制药业、医疗设备、物流管理、研发和航空航天业在德国许多地区已经呈现良好发展势头。在斯图加特及周边地区汇集了从基础理论研究到应用、从产品生产到物流管理为一体的产业链。法兰克福/达姆斯达特地区是德国制药业的传统地区，图宾根/图特林根地区是德国医疗设备制造业传统地区。传统的法兰克福、汉堡、慕尼黑和柏林等物流中心，主要是依靠航空、铁路、水运中心优势发展起来的。近几年，鲁尔区的多特蒙德市从一个老工业城市发展成为新的物流中心，吸引了众多物流企业，物流业已经成为该市的一个支柱产业。

（三）政策动向

德国采取的是社会市场经济模式，也称为政府引导型市场经济。其主要特点是，自由竞争与政府控制并存、经济杠杆与政府引导并用、经济增长与社会福利并重。德国国家宏观调控政策对其工业的成功有着重要影响。下面是近年来比较重要的德国政府出台的工业相关政策措施。

表 3-2 近年来德国工业相关政策措施

时间	标题	主要内容
2016.10	数字化教育战略2030	德国政府推出了数字型知识社会的教育战略，作为全面促进德国数字化教育的行动框架，内容涉及5个重点行动领域
2016.5	电动汽车补贴计划	德国内阁通过了一项总额为10亿欧元（合11.3亿美元）的补贴计划，为购买新电动汽车和建设全国范围的充电网络提供补贴
2016.3	数字化战略2025	德国经济能源部发布《数字化战略2025》，总结了《数字化行动议程（2014—2017）》框架下实施的一系列重要计划与措施
2015.4	新的德国工业4.0平台	在之前三大行业协会组建的工业4.0平台的基础上，将在更为广泛的包括政治及社会领域在内的基础之上建立一个新平台，并且在研究主题和组织结构上都将有新的定位
2013.4	德国工业4.0	主要分为两大主题，一是"智能工厂"，重点研究智能化生产系统及过程，以及网络化分布式生产设施的实现；二是"智能生产"，主要涉及整个企业的生产物流管理、人机互动以及3D技术在工业生产过程中的应用等
2012.7	生物精练路线图	加强生物技术研发创新，推进传统化学工业的转型
2011.8	第六能源研究计划	第六能源研究计划被命名为"环保、可靠和经济的能源供应研究"，重点资助那些对加快德国能源供应结构调整步伐十分重要的战略优先领域，包括可再生能源、能源效率、能源储存系统、电网技术以及可再生能源在能源供应中的整合
2010.8	国家可再生能源行动计划	目标涵盖温室气体排放、可再生能源、能源效率等方面，其行动计划和措施要点则包括可再生能源开发、能效提升、核电和化石燃料电力处置、电网设施扩充、建筑物能源方式和效率、运输机车能源挑战、能源技术研发、国际合作总计七方面内容
2010.7	德国高技术战略2020	重点关注气候/能源、健康/营养、交通、安全和通信五大需求领域，并着眼于应对各个需求领域的最重要挑战来确定"未来项目"，以开发和引领世界新的未来市场
2009.8	电动汽车国家发展计划	这项计划耗资5亿欧元。德国政府计划投入1.15亿欧元在8个地区试验推广电动汽车，1.7亿欧元研发为电动汽车提供动力的电池并优先研制国内产品
2009.6	低碳经济战略	包含6个方面的内容：环保政策要名副其实；各行业能源有效利用战略；扩大可再生能源使用范围；可持续利用生物质能；汽车行业的改革创新以及执行环保教育、资格认证等方面的措施
2007.9	德国能源与气候一揽子计划（IECP）	该计划包括29项关键事项；另为配合计划推进，2007年12月，德内阁提出14项法规修订建议。

资料来源：赛迪智库整理，2017年3月。

（四）企业动态

2016 年，德国企业依然保持较强竞争力，在 2016 年 7 月发布的《财富》世界 500 强企业排行榜显示，共有 28 家德国的企业入围，所占数量与上年一样。

表 3 - 3　2016 年德国进入世界 500 强的企业

（百万美元）

公司名称	排名	营业额	利润额	公司名称	排名	营业额	利润额
大众公司	7	23659.8	-1519.7	莱茵集团	174	51616.9	-79.9
戴姆勒股份公司	16	165800.2	9344.5	蒂森克虏伯	184	48981.4	353.8
意昂集团	32	129277.3	-7763.8	德国联邦铁路公司	203	44818.1	-1469.8
安联保险集团	34	122947.8	7339	德国大陆集团	213	43519.1	3025.4
宝马集团	51	102247.6	7065	汉莎集团	285	35559	1883.6
西门子	71	87660	8338	Talanx 公司	289	35379.3	814.2
博世公司	87	78322.7	3541.9	采埃孚	320	32339.8	1080.4
巴斯夫公司	88	78147.4	4422.7	德国艾德卡公司	321	32017.7	277.4
德国电信	90	76793	3609.6	德国中央合作银行	334	31195.1	1570.7
麦德龙	101	71265.7	769.4	费森尤斯集团	341	30644.9	1506.4
慕尼黑再保险公司	106	69432.9	3446.5	PHOENIX PHARMAHANDEL 公司	416	25641.5	223.7
德国邮政	108	68358.1	1708.3	巴登 - 符腾堡州能源公司	453	23479.5	138.5
拜耳集团	165	52436.6	4559.1	SAP 公司	462	23065.2	3398.8
德意志银行	166	52422.2	-7536.4	途易	467	22913.6	389.8

资料来源：赛迪智库整理，2015 年。

大众公司（Volkswagen）成立于 1938 年，总部位于德国沃尔夫斯堡，是欧洲最大的汽车公司，也是世界汽车行业中最具实力的跨国公司之一。集团目前拥有 9 大著名汽车品牌：大众汽车（德国）、奥迪（德国）、兰博基尼（意大利）、宾利（英国）、布加迪（法国）、西雅特（西班牙）、斯柯达（捷克）、大众汽车商用车（德国）、保时捷（德国）。大众汽车集团在全球建有 68 家全资和参股企业，业务领域包括汽车的研发、生产、销售、物流、服务、汽车零部件、汽车租赁、金融服务、汽车保险、银行、IT 服务等。2015 年 9 月，大众在美国被报采用"作弊"软件通过美国尾气排放检测，成为大众公司成立 78 年来最大的丑闻，大众公司在美国遭到 180 亿美元罚单和刑事犯罪调查，大众汽车首席执行官马丁·温特科恩宣也因此辞职。2015 年实现营业收入 2685.7 亿美元，利润 145.7 亿美元。

戴姆勒股份公司（Daimler AG）的总部位于德国斯图加特，是全球最大的商用车制造商，也是全球第二大豪华车生产商和第二大卡车生产商。1998 年梅赛德斯—奔驰和克莱斯勒汽车公司合并，成为全球第二大汽车生产商。但在 2007 戴姆勒—克莱斯勒集团将美国子公司克莱斯勒集团 80.1% 的股份转让给了 Cer–berus 资产管理公司，戴姆勒及克莱斯勒两集团再度分家。目前，公司旗下包括梅赛德斯—奔驰汽车、梅赛德斯—奔驰轻型商用车、戴姆勒载重车和戴姆勒金融服务等四大业务单元。2015 年，戴姆勒股份公司实现营业收入 1722.8 亿美元，利润 92.4 亿美元。

西门子（SIEMENS）成立于 1847 年，总部设在德国慕尼黑，是一家德国的跨国企业，在电机和电子领域是全球业界的先驱。公司的业务主要集中于 3 大业务单元：医疗、能源和工业服务。在这三大业务单元之下又分为信息和通信、自动化和控制、电力、交通、医疗系统、水处理和照明等。西门子的全球业务运营分别由 13 个业务集团负责，其中包括西门子财务服务有限公司和西门子房地资产管理集团。此外，西门子还拥有两家合资企业：博世—西门子家用电器集团和富士通—西门子计算机（控股）公司。2015 年实现营业收入 1015.60.3 亿美元，利润 72.9 亿美元。

巴斯夫公司（BASF）成立于 1865 年，是一家化学公司，总部位于莱茵河畔的路德维希港，是世界上工厂面积最大的化学产品基地，也是世界最大的化工康采恩。巴斯夫集团在欧洲、亚洲、南北美洲的 41 个国家拥有超过 160 家全资子公司或者合资公司。公司业务主要包括化学品及塑料、植保剂和医药等，保健及营养品，染料及整理剂，化学品，塑料及纤维，石油及天然气。2011 年以来，巴斯夫集团经营情况基本稳定，2015 年实现营业收入 985.95 亿美元，利润 68.4 亿美元。

SAP 公司首次进入《财富》世界 500 强，该公司 1972 年成立，总部位于德国沃尔多夫市，目前已经成为全球最大的企业管理和协同化商务解决方案供应商，世界第三大的独立软件供应商，同时还是全球第二大云公司，目前全球已经有 120 多个国家应用 SAP 软件，客户数量超过 172000 家。SAP 在全球 75 个国家拥有分支机构，员工超过 50000 人。2016 年第四季度 SAP 总收入为67.2亿欧元（72.3亿美元），税后利润为15.1亿欧元（16.2亿美元）。其中云服务增长达31%，显示出SAP在云服务中的巨大潜力。

二、法国

（一）发展概况

法国的主要工业部门有汽车制造、电器、造船、机械制造、矿业、冶金、纺织、军工、化工、动力、日常消费品、食品等。近些年，新兴核能、石油化工、海洋开发、航空航天等新兴工业部门开始快速发展，但传统工业部门仍然在工业体系中占主导地位，以钢铁、汽车和建筑为三大支柱。法国的核电设备能力、石油和石油加工技术、航空航天、钢铁、纺织等产业的竞争力都位于世界前六位。近年来，随着第三产业的发展，工业在国民经济中的比重总体呈现下降趋势。

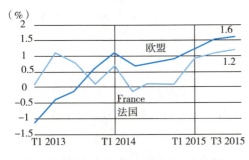

图3-7 欧盟和法国经济增长率　　图3-8 欧盟和法国失业率

资料来源：欧盟统计局，2016年1月。

国际金融危机对法国经济造成了严重影响。2012年法国的国民经济总产值衰退明显，与2011年相比倒退了1.7%，失业率达到10.3%。自2014年开始，法国经济开始好转，2015年，法国经济进入全面复苏的一年，经济增长率不断攀升。法国全国统计和经济研究所数据显示，经初步统计，2016年法国经济增长率为1.1%，低于法国财政部此前预期的1.4%。

1. 制造业在年末稳步回升

自2008年3季度起，法国制造业产能利用率一直低于其历史平均水平。2014年，制造业PMI指数多数时间徘徊在萎缩区间，进入2015年以后，法国制造业逐步恢复，并开始稳定回升。2016 年 1 月，法国制造业 PMI 指数为 50，随后在 2016 年 3 月下降至 49.6，3—9 月该指数均低于 50，年末回升至全年最高点 53.5。该数据显示出，法国制造业未来将有可能继续延续上升趋势。

2. 国内就业情况大幅好转

法国统计局发布的数据显示，2016 年法国商业领域净新增就业 191700 人，超过 2015 年近一倍，年增长率达 1.2%，创 2007 年以来最好就业情况。2013—2015 年，法国国内就业状况一直不佳。针对 2016 年的就业增长，法国劳动部部长库姆表示，法国经济复苏已通过就业水平得到确认，企业支持政策起到了一定作用，企业重新获得发展空间并且有望获得更多投资，从而创造更多就业岗位。目前，法国商业领域 2016 年末从业人员已达 1616 万人，为 2008 年以来的最高水平。与此同时，法国 2016 年失业率也实现了小幅下降。奥朗德于 2014 年实施的企业的税收政策以及责任公约、就业竞争力公税（CICE）和招聘奖励等措施使企业获得更多招聘空间。但目前新增就业中，多数为临时岗位，对法国就业持续好转增加了不确定因素。

3. 新工业战略稍见成效

法国是世界上工业实力最强的国家之一，工业化时间长、工业体系完善。总体而言，法国工业体系中传统工业依旧占主导地位，但自 2000 年以来传统工业中化学、木材加工和造纸、汽车、纺织、焦炭及精炼石油等行业的产出持续减缓，年均增长率降幅达 2%—10%，2008 年的国际金融危机加剧了这一下滑趋势，焦炭及精炼石油业、纺织业、汽车业、木材加工和造纸业下降幅度尤为明显。而食品加工、医药制造、其他制造产品以及交通设备四大产业构成了制造业增加值的重要比重，且国际金融危机后产出不降反升或维持增长。2013 年，法国政府为了振兴法国制造业，加快工业产业结构调整，颁布了《新工业法国》战略，该战略为期十年，主要解决三大问题：能源、数字革命和经济生活，共包含 34 项具体计划，展现了法国在第三次工业革命中实现工业转型的决心和实力。2015 年 4 月，法国经济部、工业与数字事务部宣布启动"未来工业"计划，这标志着"新工业法国"战略进入第二阶段。提出通过数字技术改造实现工业生产的转型升级，以工业生产工具的现代化帮助企业转变经营模式、组织模式、研发模式和商业模式，从而带动经济增长模式的变革，建立更具竞争力的法国工业。随着"中国制造2025"和"新工业法国"政策的实施，中法两国在先进制造业、数字化领域将会产生更多合作机会。

（二）产业布局

工业在法国国民经济中占重要地位，工业产值占国内生产总值的1/4，就业人数约占全国总就业人数的1/5。工业制成品的约1/4用于出口。法国工业区主要分布在巴黎盆地、洛林铁矿和里尔煤矿间的钢铁工业区、地中海沿岸的福斯—马赛工业区。有机械、钢铁、有色冶金、石化、电力、核能、航空航天等工业。工业中心有巴黎（汽车、飞机等），敦刻尔克和福斯（钢铁），马赛（造船、炼铝）。汽车工业主要集中在巴黎、里昂、斯特拉斯堡、圣艾蒂安；航空航天工业主要分布在巴黎、图卢兹、波尔多、马赛、特尔贝斯等；电力工业主要在布列塔尼、卢瓦尔河流域和罗讷河地区比较集中；化学工业主要有里昂、巴黎、南锡等都是传统化学工业中心。

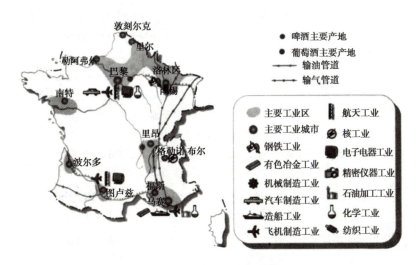

图 3-9 法国工业布局图

资料来源：赛迪智库整理，2015 年。

（三）政策动向

法国非常重视工业发展，在国家层面出台了多项综合发展战略，针对新能源汽车、风电、光伏发电、潮汐能发电以及生态工业等重点行业颁布了多项政策措施。2013 年 9 月，时任总统奥朗德宣布了未来十年振兴工业 34 项行动计划，提出要建设"新工业法国"，通过工业创新和增长促进就业，推助法国企业竞争力提升，使法国竞争力处于世界的最前列。在法国财政紧张的情况下，奥朗德宣布国家将投入 35ˑ亿欧元支持上述项目，并将鼓励私人投资，保证企业科研工作。政府层面的推动有力地支持了法国工业的再复兴。2015 年 4 月，法国经济部、工业与数字事务部宣布了"未来工业"计划的启动，标志着"新工业法国"战略转入第二阶段。2016 年法国针对新一代信息技术，分别出台了法国高速宽带计划和两项数字技术行动计划，可视为是法国增强技术竞争力的重要举措。

表 3 – 4　近年来法国主要工业政策一览表

时间	标题	主要内容
2016. 11	数字技术行动计划	法国宣布两项旨在推进国内数字技术的新行动计划，分别是增材制造和物联网（IoT）领域
2016. 11	法国高速宽带计划	法国计划在高速宽带计划框架内，在 2022 年前铺设覆盖全部 100 个省级行政区的新一代高速宽带，为所有企业和个人提供不低于 30 兆比特每秒的高速宽带服务
2015. 4	"未来工业"计划	"未来工业"计划是"新工业法国"第二阶段核心，通过数字技术改造实现工业生产的转型升级和工业生产工具的现代化帮助企业转变经营模式、组织模式、研发模式和商业模式，从而带动经济增长模式的变革，建立更具竞争力的法国工业
2013. 9	新工业法国	重振计划涵盖了多个重要工业领域，总体可以归为能源转型、医疗健康、数码技术、交通运输四大类。共包括 34 个具体项目
2012. 10	电动汽车补贴政策	将购买一辆电动汽车可享受 7000 欧元（约合 9036 美元）环保津贴的政策延长至 2013 年，同时把优惠对象扩大至企业和公共机构用车
2012. 1	"生态技术目标"行动计划	"生态技术目标"行动计划共提出了 87 项措施，这些措施旨在增强绿色工业的竞争力，该行动计划从 2012 年开始实施
2010	光伏系统补贴政策	政策补贴分为两类：普通集成系统和高审美度集成系统，分别给予不同程度的补贴，在某些特定地区，政策补贴额将会大大增加
2009	电动汽车和可充电混合动力汽车发展计划	显示了法国政府发展低碳汽车的决心

资料来源：赛迪智库整理，2015 年。

（四）企业动态

2016 年 7 月发布的《财富》世界 500 强企业排行榜显示，法国企业一共有 29 家入围，比上年减少了两家。

表 3－5　2016 年法国进入世界 500 强的企业

（单位：亿元）

公司名称	排名	营业额	利润额	公司名称	排名	营业额	利润额
道达尔公司	24	143421	5087	圣戈班集团	196	46169.20	1436.50
安盛	33	129249.60	6230.80	Orange 公司	204	44650.60	2941.80
法国巴黎银行	39	111531.10	7425.50	万喜集团	210	43617.90	2269.60
法国兴业银行	43	107736.30	4438.20	迪奥	228	41900.50	2840.30
家乐福	73	87474.20	1087.10	赛诺菲	233	41460.30	4755.50
法国农业信贷银行	77	84098.70	3900.20	法国布伊格集团	280	36073.70	447
法国电力公司	80	83202.40	1316.70	SNCF Mobilités 公司	319	32497.40	-2416
Engie 集团	89	77519.60	-5121.50	施耐德电气	354	29551.10	1560.80
标致	140	60650.80	997.2	法国航空－荷兰皇家航空集团	363	28910	130.9
欧尚集团	144	60158.30	574.6	欧莱雅	378	28017.40	3657.70
法国 BPCE 银行集团	155	56209.30	3596.30	法国威立雅环境集团	382	27692.90	499.4
Finatis 公司	170	51959.60	-79.9	法国邮政	418	25563.30	704.4
雷诺	178	50280.20	3131.50	达能	433	24861.10	1422.10
法国国家人寿保险公司	182	49304.50	1254	米其林公司	451	23515.60	1295.60
				索迪斯	466	22941.50	810.4

资料来源：赛迪智库整理，2017 年。

2016 年，法国企业发展状况有所改善，上半年法国标致雪铁龙集团的营业利润大幅度上升，由 13.8 亿欧元上升至 18.3 亿欧元，同比增长 32.6%。2016 年上半年，法国电信运营商 Orange 公司利润为 33.23 亿欧元，大幅增长达 20.5 亿欧元。法国企业在并购市场表现较为活跃，2016 年法国企业并购了 93 家德国公司，比上年增长 26%，是近 15 年以来平均水平（每年 35 个并购项目）的近三倍，主要项目包括标致雪铁龙收购欧宝等。

在法国，具有代表性的工业企业包括空中客车公司（AIRBUS）、道达尔公司（TOTAL）、苏伊士集团（GDF SUEZ）、雷诺等。

道达尔公司（TOTAL）是全球四大石油化工公司之一，成立于 1920 年，总部设在法国巴黎，在全世界 120 多个国家开展润滑油业务。旗下由道达尔（Total）、菲纳（FINA）、埃尔夫（ELF）三个品牌组成。业务遍及全球 130 余个国家，涵盖整个石油天然气产业链，包括上游业务（石油和天然气勘探、开发与生产，以及液化天然气）和下游业务（炼油与销售，原油及成品油的贸易与运输）。2015 年，道达尔公司实现营业额 2120.2 亿美元，利润为 42.4 亿美元。

空中客车公司（AIRBUS）成立于 1970 年，总部设在法国图卢兹，是欧洲一家飞机制造公司，是欧洲最大的军火供应制造商欧洲航空防务航天公司（EADS）旗下企业。空客的装配厂位于法国的图卢兹、德国的汉堡和中国的天津。截至 2014 年底，空客的储备订单量攀升至业内最高的 6386 架，以目录价格计算，价值 9193 亿美元。2015 年，空客和美国波音公司基本平分了全球 1582 架飞机订单。

苏伊士环境集团（GDF SUEZ）是世界级能源巨头，是全球最大的能源和公用事业企业之一。由苏伊士集团（Suez）和法国燃气集团（Gaz de France, GDF）于 2008 年 7 月 16 日合并而来，其中苏伊士集团是拥有超过 120 年历史的企业。苏伊士环境集团的主要业务是电力和天然气开发、传送、分销，工程服务与咨询，以及水务和垃圾处理。2015 年公司实现营业额 990.7 亿美元，利润为 32.4 亿美元。

雷诺（RENAULT）是法国著名车辆制造商，生产的车辆种类有赛车、小型车、中型车、休旅车、大型车（包含卡车和工程用车及巴士）等。雷诺于 1898 年在布洛涅—比扬古创立，拥有并控制多家公司，涉及工业、商业、金融和不动产行业。海外子公司主要集中在欧洲、非洲、北美洲、大洋洲等地。2016 年雷诺营业收入为 521.43 亿欧元（3816.65 亿元），同比增长 13.1%，营业毛利润率达 6.4%。

三、英国

（一） 发展概况

英国是欧盟内第 3 大经济体，全球第 6 大经济体。英国工业化历史悠久，基础雄厚，工业体系发育完善。目前，英国的主要工业行业包括：机械、电子、电子仪器、汽车、航空航天、采矿、冶金、化工、轻纺、造纸、印刷、出版、建筑材料、食品、饮料、烟草等。其中，生物制药、航空航天和国防是近些年来英国最具创新力和竞争力的行业，也是英国政府在工业研发投资方面的重点领域。英国发达的工业体系依仗国内丰富的能源，英国是欧盟成员国中能源最丰富的国家。英国重视能源的开发和利用，近年来英国政府强调提高能源利用率，并且不断推动可再生能源的发展，建设低碳经济成为英国的重要目标之一。

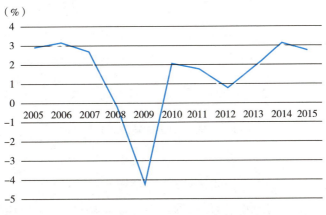

图 3 - 10　英国 GDP 增长率 （2005—2015）

资料来源：欧盟统计局，2016 年 1 月。

2008 年的国际金融危机同样打击了英国的经济发展，在 2008 年和 2009 年英国经济经历了最为艰难的发展过程，2011 年到 2013 年间，英国经济动荡不定，自 2013 年 3 季度后，开始进入平稳复苏阶段。2014 年，英国的经济增长率达到 2.99%，失业率也降至 6 年来的最低水平。但从 2014 年 4 季度起，英国的经济增速明显放缓，2015 年，英国的经济增长速度比 2014 年整体有所放缓。2016 年英国经济增速为 1.8%，低于此前预期，2016 年，英国工业发展主要特征如下：

1. 工业生产有所回升

2016 年，英国工业发展整体好于上年，在工业生产值统计方面，仅 2016 年 10 月有较大波动，下跌至 102.7，其余月份数据普遍高于上年。在制造业 PMI 指数方面，整体位于扩张区域，仅 4 月和 7 月处于 50 的荣枯线下方。目前日本丰田汽车等多家跨国企业已经宣布在英国投资建厂，英国制造业吸引力正在不断加强。

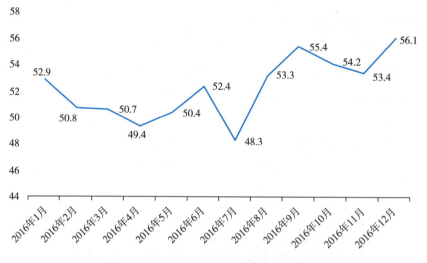

图 3 – 11　2005—2016 年英国制造业 PMI

资料来源：Markit，2017 年 3 月。

2. 受到"脱欧"影响经济发展不确定性增加

受到英国国内"脱欧"等政治因素影响，未来英国工业发展将会面临更多的不确定性。鉴于英国各项经济数据表现向好，近期英国国内和欧盟都已经将英国 2017 年的预期进行了不同程度的上调。英国前金融服务管理局主席表示，英镑贬值为旅游业和制造业带来了增长的机会，宽松财政货币环境也为英国经济增长创造了条件。此外，英国消费支出的增长也成了英国未来经济增速的关键。英国国家统计局数据显示，近期英国通货膨胀趋势明显，2017 年 1 月从 1.6% 上升至 1.8%。此外，较低的失业率水平等因素均表现出英国经济未来发展的良好态势。

3. 能源创新有望成为发展亮点

英国的新能源汽车市场快速发展，市场占有率不断提高。目前，英国意识到能源问题对英国经济所起到的关键作用，正在加快步伐进行能源创新和清洁能源改革等相关项目的开发与部署，近期英国又宣布投资 2800 万英镑进行新的能源创新，其中包括智慧能源系统、海上风能和工业能效等相关项目。英国政府曾作出承诺力争到 2021 年实现清洁能源创新公共投资达到年均 4 亿英镑目标，其中投入主要集中在可再生能源创新、智慧能源系统、低碳工业创新、核能创新、能源创业等领域。英国在氢能源基础设施建设上也将进行了 2300 万英镑的投资，从而推动氢能源汽车的应用。中国与英国在核电开发等领域也开展了深入的合作，未来将有望迎来项目的进一步推进。

（二）产业布局

1. 英格兰东北区域

该地区是英国最重要的工业区，素以造船、采煤、炼钢等相关产业著称。依靠其丰富的煤、铁矿资源，英格兰东北地区发展了采煤、钢铁制造、造船等传统重工业，并曾在英国经济中占据相当重要的地位。近几个世纪以来，该地区上述重工业逐渐衰败，其他产业虽有一定发展，但与其他地区有一定差距，经济发展日益落后于英格兰东南部等地区。

2. 英格兰西北区域

英格兰西北部是英国除伦敦以外最大的经济区。英格兰西北部是全欧洲最大且最具经济多样化发展的地区之一。该地区长久以来一直是从事商务的宝地。该地区的首府曼彻斯特市拥有 250 万人口、120 万劳动大军，是排在伦敦之后的英国最大的城市。曼城坐落在英国工业集聚地的中心，在其 2 小时车程为半径的集聚地内居住着 1200 万人口。

3. 约克郡与恒伯区域

约克郡与恒伯区域位于奔宁山以东，恒伯河沿岸。该地区是英国第三大制造业基地，以毛纺织、机械制造、采煤、冶金和化工为龙头。主要中心是以利兹（人口 70 多万）和布拉德福德（人口 46 万）为核心的西约克都市区，人口 200 多万。约克的第二个工业中心是本区南端的谢菲尔德（人口50 多万），它是电炉炼钢、军火和机械制造中心，以产优质钢及其制品而著称。

4. 英格兰西密德兰

在奔宁山脉南端，以伯明翰为中心的西密德兰，煤铁资源皆丰，又位于伦敦和利物浦两大海港之间的铁路线上，水陆交通皆便，为英国最早的重工业区。该地区是英国交通运输行业的中心，以其汽车、飞行器、摩托车和铁路交通技术而著称。伯明翰曾有"世界车间"美称，工业以冶金、电气设备、飞机、汽车、化工等为重要。伍尔沃汉普敦和沃尔索尔是汽车、机械和电子工业中心，考文垂是汽车、飞机、有色冶金和合成纤维等工业中心，斯托克是英国著名的陶都。

5. 英格兰东密德兰区域

东密德兰是英国第四大行政区，也是英国最适宜居住的地区之一。主要城市有：德比、莱斯特、林肯、北安普敦和诺丁汉。东密德兰富藏煤铁资源，也是英国最早发展的冶金、机械和化学为主的重工业区。诺丁汉和莱斯特为主要中心，以机械工业、化学和纺织为主。英国的赛车工业占据了全球市场份额的80%，英国著名的"赛车谷"的中心位于东密德兰的北安普敦。

6. 东英格兰区域

东英格兰地区地理位置优越，物流方便。该地区位于伦敦东北部，紧邻伦敦。从伦敦北行的公路、铁路网络经过此地区通往英国腹地；该地区内坐落着四个国际机场；该地区的七个主要海港全都朝向欧洲大陆，处理着全英国近60%的集装箱运输量。亚马逊英国公司、阿斯达－沃尔玛公司等均选中此地作为物流运营基地。东英格兰地区是英国传统经济发达地区，拥有信息、生物、环保等领域世界一流的专业技术。其研发费用是英国平均水平的三倍。

7. 伦敦

伦敦一直是全国政治、经济、文化及交通中心。伦敦位于英格兰东南部，泰晤士河从西向东穿过城市中心，面积1610平方公里，人口770万（2009年），居英国城市人口之冠。在大伦敦议会下有32个市区和世界著名的金融中心伦敦城。伦敦还是英国最大的加工工业中心，尤以通用机械和电机业著称。伦敦拥有5个机场和1个港口，是英国的最大港口。

8. 英格兰东南区域

东南英格兰是英国经济的发动机，是高科技产业和研发集聚的地方。围绕一系列中小城市，特别是延着 M4 和 M3 走廊，形成了重要的研发基地。这里有 6540 个跨国公司的分支机构。在南安普顿就有 IBM 和 Phillips 等的科技研发机构。南安普顿郊区的 Chilworth 科技孵化园，就集聚了众多的生物制药公司。研发方面的投入更是位居英国首位。

9. 英格兰西南区域

英格兰西南部有着多元化的经济，优势尤为集中在航空航天、尖端工程——汽车制造、半导体设计、无线通信、光电、数字多媒体、食品与饮料、海洋科技以及生物科技等。目前已有 1200 个国外公司都把欧洲分部或是研发中心设立在英格兰西南部，其中不乏世界一流的公司，如空中客车（Airbus）、劳斯莱斯（Rolls - Royce）、本田（Honda）、东芝（Toshiba）等。

图 3 – 12　英国主要工业区分布图

资料来源：赛迪智库整理，2015 年。

（三）政策动向

从 2009 年至今，英国政府连续出台了多个和制造业发展有关的全国性计划。旨在增强英国制造业的竞争力，促使其可持续发展，提高制造业的智能化程度，减少未来的不确定性。通过一系列政府激励政策，明确了重点扶持领域以及前沿技术，提出通过创新平台，加强创新研发与工业的衔接，并且提出完善技能培训体系，支持高成长性的小企业进行技术创新，激励商业合作创新，建立公平、透明的政府采购体系等多项政策措施，重点支持大数据、高能效计算、卫星以及航天商业化、机器人与自动化、先进制造业等多个重大前沿产业领域。

2016年，英国推动国内数字化发展，希望利用新技术推动经济、社会的创新与转型发展，英国通信市场报告显示，英国的移动业务有所下降，未来电信运营商和英国政府将共同在提升英国数字化发展方面做出努力。

表3-6 近年来英国推动工业发展的主要政策

时间	标题	主要内容
2016	数字经济法案	建设世界一流的数字基础设施、支持新兴数字产业、简化政府利用数据提供公共服务的方式和加强对公民数字世界的保护等
2014	工业战略：政府与工业之间的伙伴关系	增强英国制造业的竞争力，促使其可持续发展，并减少未来的不确定性
2013.10	未来制造业：一个新时代给英国带来的机遇与挑战	在通信、传感器、发光材料、生物技术、绿色技术、大数据、物联网、机器人、增材制造、移动网络等多个技术领域开展布局，形成智能制造布局
2012.11	2012能源法案	支持低碳式发电，计划到2020年将总发电规模提高两倍
2011.12	先进制造业产业链倡议	支持汽车、飞机、可再生能源和低碳技术等领域，政府计划投资1.25亿英镑，打造先进制造业产业链，从而带动制造业竞争力的恢复
2011.8	绿色经济转型计划	以政府投资为主导，大力促进商用技术的研发推广
2010.10	国家基础设施规划	加大资金投入，支持低碳经济的科技基础设施建设
2010.4	绿色产业振兴计划	发展和普及电动车，建设更多风力电场
2009.7	低碳工业战略	将核能发展作为向低碳能源经济过渡的主要部分
2009.7	可再生能源战略	加强对可再生能源电力、热力和交通运输燃料的利用，确保到2020年英国能源供应的15%来自可再生能源
2009.7	英国低碳转换计划	这项计划是英国到2020年的行动路线图，它要求所有方面都向低碳化发展

资料来源：赛迪智库整理，2015年。

（四）企业动态

2016年7月发布的《财富》世界500强企业排行榜显示，来自英国的企业一共有27家，比上一年减少两家。

表3-7 2016年英国进入世界500强企业

（百万美元）

公司名称	排名	营业额	利润额	公司名称	排名	营业额	利润额
英国石油公司	10	225982	-6482	力拓集团	296	34829	-866
汇丰银行控股公司	68	89061	13522	苏格兰皇家银行集团	361	28984	-2435.30
乐购	72	87633.30	208.7	英国电信集团	369	28670.20	3896.60
英国保诚集团	126	63105.90	3940.20	金巴斯集团	387	27157.30	1341.70
沃达丰集团	133	61690.30	-6058.70	BAE系统公司	415	25647.20	1402.50
联合利华	147	59093.40	5445.40	国际航空集团	421	25355.80	1658.40
巴克莱	181	49490.10	-74.9	阿斯利康	435	24708	2825
英国劳埃德银行集团	193	47192.30	1313.90	威廉莫里森超市连锁公司	437	24522	337.7
南苏格兰电力	216	43334	693.5	英国国家电网	471	22757.60	3901.10
英国森特理克集团	220	42734.20	-1141.30	Greenergy Fuels Holdings公司	477	22479.40	3.9
英国葛兰素史克公司	278	36549.60	12867.20	英国沃斯利集团	486	21719.60	332.4
英杰华集团	279	36251.70	1402.50	渣打银行	498	20976	-2194
森宝利	288	35391.40	709.2	罗尔斯·罗伊斯公司	499	20969.10	126.8
				英国耆卫保险公司	500	20923.30	938.1

资料来源：赛迪智库整理，2017年。

制造业中具有代表性的公司有英国石油公司（BP）、力拓集团（RIO TIN-TO GROUP）、南苏格兰电力（SSE）等。

英国石油公司（BP）成立于1909年，总部设在英国伦敦，是世界最大的私营石油公司之一，也是世界前十大私营企业集团之一。经营范围涉及油气勘探、开采、炼制、运输、销售、石油化工及煤炭等多方面。BP国际化工公司在乙烯、聚乙烯和醋酸的工艺技术和生产方面有专长。乙烯、聚乙烯生产能力居欧洲第二位。拥有用气相法生产高密度聚乙烯和低密度线型聚乙烯的新工艺。醋酸生产能力占整个欧洲的三成。BP国际石油公司在润滑油加氢精制、馏分油加氢精制、加氢裂化、石蜡加氢精制、催化脱蜡等方面拥有专利技术。受全球油价低迷影响，2016年公司实现营业额2259.82亿美元，利润

71

亏损达64.82亿美元。

南苏格兰电力（SSE）是英国第四大能源公司，总部位于珀斯市，由多个电力和电信公司于1998年合并组成。SSE为工业、商业和家庭客户提供发电、传输、配电和供电服务。该公司还从事能源贸易、天然气销售以及电气和公共设施承包业务。2015年公司实现营业额433.34亿美元、利润6.935亿美元。

力拓集团（RIO TINTO GROUP）1873年成立于西班牙，集团总部在英国，大洋洲总部在墨尔本。1954年，出售大部分西班牙业务。1962年至1997年，兼并了全球数家有影响力的矿业公司，在2000年成功收购了澳大利亚北方矿业公司，成为在勘探、开采和加工矿产资源方面的全球佼佼者，被称为铁矿石三巨头之一。主要产品包括铝、铜、钻石、能源产品（煤和铀）、金、工业矿物和铁矿等。2016年公司实现营业额348.29亿美元、利润－8.66亿美元。

第四章 日　本

2016 年，日本各项工业数据反映其工业发展整体变化不大，企业在研发投入和投资支出上稳中有升，这与日本多年来陷入经济增长困境和劳动力人口数量下降有密切关系。2016 年，日本商品贸易保持增长，并在多年来首次实现顺差，失业率仍保持在较低水平。日本在新能源汽车、物联网技术、机器人、人工智能、IT 创业等领域先后发布了"新产业结构蓝图"中期方案、EV·PHV 路线图、人工智能发展路线图等政策及措施力图刺激工业发展，从而带动日本经济增长。然而，由于国内企业面临的困境未得到根本性解决，加之美国退出 TPP 等新贸易保护主义的抬头，日本工业想要在未来获得持续稳定增长不容乐观。

第一节　发展概况

日本作为亚洲最大的发达经济体，经过多年来的快速发展，在电子制造和汽车工业等诸多领域的创新能力和竞争实力都处在全球前列。2016 年美国宣布退出"跨太平洋伙伴关系协定"（TPP），阻碍了日本一直力图积极推动该协定达成的目标，为日本经济与贸易发展增添了更大的不确定性。近期，日本央行预期日本经济未来将继续温和增长。近年日本国内劳动力数量下降，人口结构老龄化严重，经济发展也将因此受到直接或间接的影响。电子制造企业、钢铁企业等传统企业业绩下滑严重，发展面临困境，转型发展迫在眉睫。

2016 年，日本全年经济运行情况呈现弱复苏，与上一年度相比经济复苏的趋势变化不大。整体来看，私人部门消费不足，企业投资水平不高，制造业扩张缺乏动力，通货紧缩严重，通胀率仅略高于零，贸易状况改善明显，6

年来首次出现贸易顺差，受劳动力人口数量下降影响，失业率仍保持在较低水平。相关研究预测对于2017年日本经济发展观点较为乐观，企业投资意愿增强，内外需求向好等结构性问题逐渐解决，部分研究认为日本经济增速将有所改善，国际货币基金组织在2017年初则调高了对日本经济增长的预期，认为自2016年下半年以来，在日本政府经济干预下，日本经济活力有所改善，预计增长将达到0.8%。日本政府也将这一预测调整至1.5%。2016年，受到石油进口价格的下降及年底外需增长和出口改善的影响，日本6年来首次呈现贸易顺差，特别是在美日贸易中，日本维持了相当高的贸易顺差。随着美国新任总统特朗普上台，其不断透露的保守主义政策和贸易保护倾向会削弱日本对美贸易出口。与此同时，特朗普已经宣布美国退出TPP，这一举措使日本力图通过该协定扩大其贸易影响力的目的受到阻碍。

日本国内个人消费并未出现较大幅度增长，不利于带动经济复苏。从全年来看，第一季度日本实际GDP增长幅度（折算年率）为1.9%，与前期速报数相比有小幅上调，其主要原因来自消费支出的增加。第二季度GDP增长率为0.7%，其中个人消费和公共投资略有增加，企业设备投资有所减少。日本第三季度GDP增长率为1.3%，其中，从消费、投资、政府支出和出口方面来看，家庭消费支出环比增长0.3%；私人非住宅类投资环比下降0.4%；政府支出环比增长0.3%；公共投资环比增长0.1%；商品及服务出口环比增长1.6%。第四季度增长率为1.2%，主要原因是企业投资上涨对于经济的拉动作用。

从大中小型制造业各自的景气判断指数来看，2016年下半年大中型制造业景气判断指数有所改善，其中大型制造业景气判断指数为2.9和7.5，而中型制造业景气判断指数为0和4.1，两者均高于上半年两季度的负值表现，而小企业在该数据方面的表现则较差。无论从公司商业环境、国内经济环境、销售额还是利润等方面来看，大中小型制造业均呈现这一特点。从不同行业来看，日本光伏行业破产企业数超过55家，突破历史最高值。汽车产业发展仍然较为稳定，丰田、本田等一批汽车企业仍处在全球领先位置。钢铁产业受到需求端影响，钢产量增长幅度不大，汽车制造商的销量成为影响钢材需求的重要因素之一。受到全球企业竞争力不断提升的影响，日本的电子产业，如传统的半导体行业实力有所减弱。

日本制造业 PMI 指数在 2016 年全年呈现先降后增的状态，受到消费拉动等因素影响，年初和年末处于较高水平，PMI 指数超过 52，而 3—8 月则位于全年的较低水平，低于 50 的荣枯线，位于收缩区域长达 6 个月之久，其他月份均高于 50，该数据显示整体表现水平弱于上年，第四季度 3 个月整体高于 50 的扩张水平，最高值出现在 2016 年 12 月，为 52.4，分析认为这一增长是由于 2016 年末国内需求增加，以及对欧洲、中国和北美出口上涨。日本经济产业省数据显示，2016 年 12 月工业生产环比上升 0.5%，是该指数自 2015 年 1 月以来第一次过百，其中运输设备、电子零部件产业和电力及机械产业拉动作用最大。

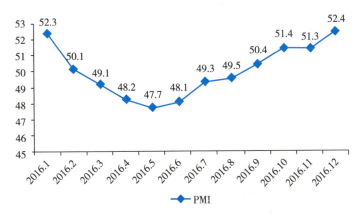

图 4 - 1　2016 年 1—12 月日本制造业 PMI 指数

资料来源：汇丰银行，2017 年 3 月。

一、工业生产数据保持波动态势

2016 年 3—8 月半年内，日本制造业采购经理人指数均在 50 以下的收缩阶段。2016 年日本经济产业省公布的工业生产指数数据中，制造业生产指数最高值出现在 3 月，为 108，5 月跌落至 89.4，后两月小幅上涨后 8 月回落至 92.5。2016 年工业生产指数整体与 2015 年各月的平均水平差距不大，波动幅度略有所加剧。产能指数在全年中变动幅度非常微小，从 2 月的最高水平 94.9 逐渐降至 9 月的 94.5，并且维持这一水平不变。2016 年日本出台的产业政策主要集中在清洁能源汽车产业和以人工智能、机器人等新技术为代表的新兴产业领域。由于当前经济持续呈现通货紧缩，日本金融机构已经尝试采取长期超低利率措施，然而目前来看，仍然无法实现其达到预期通胀率2%的目标，经济刺激效果不甚明显。此外人口老龄化、制造业创新乏力、企业投资动力不足等问题仍存在，未来日本经济若想要实现快速增长仍十分困难。2016年日本工业部门各项数据与之前水平差距不大或略有好转，未来工业发展不确定性较大。预计2017年受外部环境好转的影响，在出口的带动下，日本工业整体发展将较为乐观。

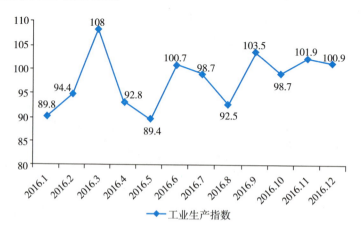

图4-2　2016年1—12月日本工业生产指数

资料来源：日本经济产业省，2017年3月。

二、消费者信心水平基本保持不变

2016年，日本消费者信心指数延续上年平均水平，变化呈现略有提升的状态，全年均值为41.69，而2015年的平均值仅为41.33。相关数据显示，虽然日本消费信心指数与之前相比没有明显变化，然而日本消费更加集中在服装、化妆品等低单价的商品中，特别是在赴日本旅行的消费者中更为明显，而日本国内消费者由于对于经济前景预期不明确等因素影响，也很难大幅度提升其消费意愿。

三、投资支出整体有所上升

日本财务省数据显示，2016年第四季度，日本非金融类企业新建厂房或新增设备等投资金额同比增长 3.8%，增至 10.94 万亿日元，其中制造业企业和非制造业企业投资同比分别上涨 7.4% 和 1.9%，分别增至 3.93 万亿日元和 7 万亿日元。企业投资实际支出的上升证明了日本经济企稳复苏的趋势，摆脱了之前对于未来日本经济的消极预期，导致企业投资意愿下降的影响。与此同时，日本企业盈利能力改善明显，日本全产业企业税前利润同比上升 16.9%，达到 20.79 万亿日元。利润的不断累积，对于企业未来增加投资支出也将产生积极影响，然而这一过程需要数月甚至数年的时间，短期之内比较难带来大幅增长。作为日本重要的贸易伙伴，美国在贸易政策上未来的影响和改变，也将使得日本企业对于未来投资采取更为谨慎的态度。

四、企业持续加大研发投入力度

在欧盟发布的"2016 年全球企业研发投入排行榜"中，通过对全球 2500 家企业的研发投入费用进行调查，发现美国和日本是全球研发投入占比最高的两个国家，中国企业研发投入增长非常快，次于德国排名第四。此次调查共包括 356 家日本企业，丰田、日产、索尼等公司在排行榜中都处于靠前的位置。研发投入仍主要集中在汽车、化学、半导体和电子元件等最具创新力的行业，其中日本汽车产业更是成为技术投入最高的领域。2016 年发布的预测显示，日本七家主要汽车制造商在节能环保方面的研发费用将达到历史最高值，总投入预计达到 2.81 万亿日元（约合 268 亿美元）。

五、多年来首次实现贸易顺差

据日本财务省数据，2016 年日本商品贸易顺差为 4.074 万亿日元，与前一年 2.792 万亿日元的逆差相比得到了大幅改善。2016 年 12 月，日本在出口方面环比保持增长趋势，贸易顺差为 6414 亿日元，较上年同期的 1389 亿日元大幅上升，是连续第四个月实现顺差。从国别来看，作为日本最大的贸易伙伴的美国，在日美贸易间顺差已经小幅下降了 4.6%，达到 6.835 万亿日元，但这一数字仍然高于日本对任何其他单个贸易伙伴国的顺差。而在中日贸易方面，2016 年贸易总额为 1.82 万亿元，同比增长 5%，而日本对中国贸易顺差继续扩大，达到 1100 亿元，同比增长了 1.4 倍。

六、失业率保持较低水平，劳动力供给不足

日本总务省 2017 年 1 月 31 日公布的数据中显示，日本 2016 年失业率为 3.1%，已达到了 1994 年以来的最低水平。2016 年完全失业者人数达到 208 万，比上年减少 14 万。厚生劳动省数据显示，2016 年就业用人需求和求职人数之比（有效求人倍率）连续第七年改善，已经达到 25 年来的高水平。其中，教育、医疗等行业在新增招聘人数方面增长最大。就业数据的这些改善，主要是由于受到日本经济温和复苏以及人口生育率较低和老龄化影响，目前日本劳动力供给不足已成为常态。日本 2016 年出生人口为 98.1 万人，首次跌破百万，未来劳动力人口数量预计会进一步下降。

图 4 - 3　2016 年 1—12 月日本失业率

资料来源：日本总务省，2017 年 3 月。

第二节　产业布局

日本的工业结构已超越重工业时代，以附加值高、消耗资源少的技术密集型产业为主导。随着 IT 技术的世界性变革，日本产业结构逐渐向技术信息化和产业服务化方向发展。汽车、电子、机械、化工等产业是日本的传统强势产业，一直在全球范围内处在重要地位。但近年来，受国内经济衰退、经

营目标失误以及创新缓慢等原因影响，日本制造业相继减产，传统行业竞争力优势有所下降、发展相对缓慢。尽管如此，日本的汽车、航天、机器人、电子信息、新材料等行业领域仍在全球产业分工体系中居于重要地位。

一、总体情况

从地理分布来看，日本的工业主要集中于太平洋带状工业区，包括该地区沿岸的东京湾、骏河湾、伊势湾、大阪湾和濑户内海等海域狭长地带。该地带占全国总面积的20%，集中全国了60%的人口和9个百万人口以上的大城市，产生全国70%的工业产值，其中钢铁工业产值和化学工业产值的80%左右来自该工业带。在战后日本经济起飞过程中，形成了9个主要中小工业区，即北海道、八户、常磐、鹿岛、东海、关东内陆、北陆、大分和有明海沿岸工业区。沿海地区分布成为日本工业区的分布的一个明显特点。在全国大小14个工业区中，除关东地区属于内陆工业区外，其余13个都处沿海地区，在这13个工业区中，除北海道、北陆和有明海沿岸工业区外，其余10个都在太平洋一侧，形成了沿太平洋的带状工业地带。这种工业布局与日本的地理条件、区位优势、自然禀赋情况以及对外贸易在日本经济中的地位有关。太平洋沿岸工业带为日本节省了大量能源和资源物流成本，经济效益十分明显。

（一）京滨工业区

京滨工业区地处东京湾沿岸，其核心区为东京都和横滨市，扩展至关东平原。二战后，在原有的工业基础上，京滨工业快速发展，工业区域范围明显扩大。京滨工业区主要向海上填海造地，同时在陆地上向东京都郡部、神奈川县、千叶县、埼玉县、茨城县、栃木县和山梨县等地区扩展。京滨工业区的辐射半径超过50公里，目前还在向半径为100公里的周围地区扩大，形成日本最大的工业区。

（二）阪神工业区

阪神工业区以大阪湾为中心，后与广阔的近畿为冲积平原相连接。二战后，该工业区扩展很快，同时向西、南两个方向扩展。即顺着尼崎、西宫、神户、明石等沿海城市向兵库县的西面方向发展，同时顺着堺、岸和田、阪南等沿海城市向和歌山县等南部方向扩大。从战后20世纪50年代到1975年，在堺、泉北地区填海形成的工业用地达到1705公顷。

（三）中京工业区

中京工业区南北部分别与伊势湾、三河湾及浓尾平原相接，面对太平洋。20世纪50年代末和60年代初期，与日本政府投资治理伊势湾台风灾害相伴，该地区进行了填海造地、整顿工业用水、用地、港口、道路等工程，为工业发展特别是当时重化工业的发展提供了较好条件。据统计，在1967年至1970年期间，中京工业区形成的沿海工业用地大大超过同期京滨工业区（2445公顷）和阪神工业区（1096公顷），达到4207公顷。借助伊势湾的港湾优势，通过大量原油、铁矿石等原材料的进口，中京工业区的钢铁、化学和机械工业等快速发展，机械工业的发展成为该工业区最为引人注目的部分。

（四）北九州工业区

北九州工业区地理位置处于日本九州岛的北部，是日本历史最为久远的重工业基地之一，其核心位于福冈县。从战后20世纪40年代到50年代中期，以八幡制铁公司（现在的新日本制铁公司）为首的大工厂在洞海湾的狭长海岸边分布。受到工业圈扩大对土地的需求限制，因此，战后北九州工业区对原有的产业区域进行合理分工与布局，使八幡制铁公司发展为加工工业基地；发挥老工业基地人力资源优势和技术基础优势，向高附加价值生产领域发展。由于各大工业区的快速发展，北九州工业区的地位相对下降，但是在钢铁工业产品的品种、质量上仍占有比较重要的地位。

（五）濑户内海工业区

四国岛与本州岛西南部之间的内湾海域被称为濑户内海，向来有"日本地中海"的称号。战后大规模的工业投资，让该地区经济迅速发展，原有的4大工业区容量日趋饱和。在这样的背景之下，濑户内海成为20世纪50年代末开始崛起的新兴工业区。该工业区域由环濑户内海的冈山县、广岛县、山口县、香川县和爱媛县构成。50年代末到70年代初期，该工业区利用价格和资源方面的进口优势，主要发展钢铁、化学和机械工业，在濑户内海沿岸兴建大型港口和工厂。现在，濑户内海已然变成了一条"产业运河"，在日本工业经济中的地位甚至已经超越北九州工业区。

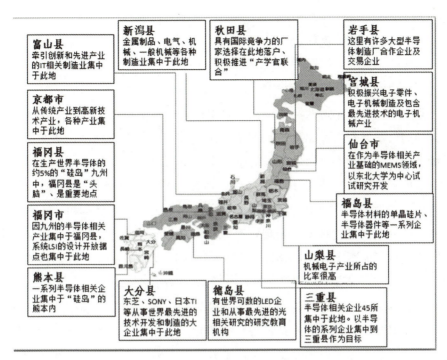

图 4 – 4 日本核心产业布局图

资料来源：赛迪智库整理，2015 年 2 月。

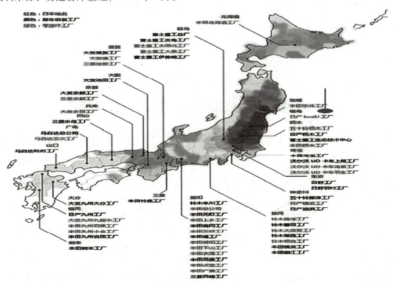

图 4 – 5 日本汽车产业布局图

资料来源：新浪汽车，2015 年 2 月。

二、产业布局变化趋势

（一）工业发展向智能化转变

近年来，由于受到人口老龄化、财政债务负担不断加重的影响，日本政府力图通过发展人工智能等高新技术来拉动日本产业结构调整，从而促进日本经济增长。日本工业未来发展的特色之一是利用人工智能进行产业升级探索，从而解决劳动力供给不足等问题，而首当其冲的领域即工业化生产线。以本田公司为例，公司目前已经采用了包括机器人、无人搬运机、无人工厂等在内的一系列先进技术，实现了智能化产品的生产。与此同时，其采用的新技术减少了喷漆次数、热处理工序等，把生产线缩短40%，并通过改变车身结构设计缩减焊接工序，已经形成全球最短的高端车型生产线。

在日本采用小型智能设备的企业不断增加。日本多家汽车行业零部件公司都开始对制造工艺、生产设备进行智能化升级改造，日本电装公司通过对铝压铸件改造，实现生产成本30%的下降，设备面积减少80%，能源消费量降低50%。日本的工业机器人产业自20世纪90年代发展至今，一直保持全球先进水平，工业机器人的普及率非常高，目前其第三、四代工业机器人也不断取得突破。

（二）新能源产业加速布局

受到国内能源分布和地理环境等因素影响，日本重视对新能源的开发和利用。光伏发电受地理环境影响相对较小，已经被日本政府列为新能源战略的重点开发项目。2012年7月，日本实施"可再生能源发电固定价格收购制度"，规定国家负责收购由经济产业省认证的太阳能发电设备产生的电能，收购价格为每千瓦时42日元（1美元约合118日元），差额由财政补贴。此外，"绿色投资减税制度"保证投资可再生能源的费用，可以作为经营成本免纳所得税。此外，日本政府还鼓励太阳能住宅建设，为此类住宅提供41万—50万日元的国家补贴，此外一些地方政府还给予金额不等的补贴。在风能发电方面，日本近年来也加快发展步伐，风力发电未来有可能取代核能成为新能源发展的另一重要领域。日本经济产业省还成立了专家委员会，着手制定海上风电补贴新方案。在生物能源方面，日本2002年制定了《生物能源战略》，决定将生物能源的研发重点放在以废弃纤维素材料为原料的第二代生物燃料乙醇和以微藻类为原料的第三代生物燃料碳化氢方面。

第三节 政策动向

一、总体政策

2016 年以来，日本工业方面重视先进技术的发展，针对新能源汽车、物联网技术、机器人、人工智能、IT 创业等领域先后发布了"新产业结构蓝图"中期方案、EV·PHV 路线图、人工智能发展路线图、支援优秀年轻 IT 人才提供开发资金等政策及措施。依然将科技创新作为工业发展和经济增长的切入点，考虑到全球各国在科技方面的日趋激烈的竞争，不断推动制造业的智能化和新能源技术的应用，试图继续保持日本在科技和工业领域的竞争力，弥补劳动力欠缺等带来的不利影响。

表 4 – 1 近年来日本主要扶持工业发展的政策措施

时 间	标题	主要内容	对制造业的重要影响
2017.3	支援优秀年轻 IT 人才提供开发资金	针对在 IT 领域拥有独创技术的个人扩大创业支援	围绕 AI（人工智能）及 IoT（物联网）、机器人等领域支持鼓励创业
2017.3	人工智能发展路线图	分三阶段推进利用人工智能大幅提高制造业、物流、医疗和护理行业效率	实现人工智能（AI）的产业化
2016.4	EV·PHV 路线图	到 2020 年，使日本国内纯电动汽车和插电式混合动力车的保有量达到 100 万辆	推动纯电动汽车和插电式混合动力车的发展
2016.4	"新产业结构蓝图"中期方案	利用物联网、大数据以及机器人技术在金融、医疗、教育、能源、物流和制造业等广泛领域创造出新的服务与业务	力图解决因人口下降引起的经济增长乏力等问题
2016.2	2016 日本经济财政白皮书	从就业改善、个人消费、薪酬福利等方面分析日本经济发展	薪酬增长、劳动时间削减等改善未提高个人消费，不利于产业经济复苏

续表

时间	标题	主要内容	对制造业的重要影响
2015.6	2015年日本制造业白皮书	报告介绍了日本制造业的现状、问题及未来的发展方向，并提出了振兴日本制造业应采取的措施	日本制造业在积极发挥IT作用
2015.5	网络安全新战略	制定了新的《网络安全战略》，提出了"信息自由流通""对使用者的开放性"等5项原则	对制造业中应用物联网等IT技术提高网络安全规则
2015.1	机器人新战略	该战略制定了5年计划，旨在确保日本机器人领域的世界领先地位	发展先进制造业重点领域
2014.12	新版量化宽松政策	进一步扩大正在实施的量化和质化宽松政策	为制造业复苏提供货币政策刺激
2014.11	290亿美元经济刺激计划	刺激计划于2014年12月27日定案，主要是向地方政府提供资金，将作为家庭购买燃料等其他商品的补贴费用	重振日本地方经济
2014.4	上调消费税	从2014年4月1日起将消费税率从目前的5%提高至8%	影响企业投资积极性
2013.4	日本新经济增长战略2013	日本政府提出了新经济增长战略，将医疗和健康产业作为未来日本新经济增长战略的重心	从医疗产业促进日本经济的发展
2013.1	日本央行实施量化宽松政策	发表"关于摆脱通货紧缩、实现经济可持续增长"的共同声明，力争实现物价上涨2%的目标，取代此前1%的通胀率目标，维持基准利率在0—0.1%区间不变	提供货币政策刺激制造业复苏
2012.7	日本再生战略	提出今后将重点投资节能环保、健康医疗和农林渔业三个领域	提高日本制造业全球竞争力
2010.6	新经济增长战略	战略指出要着重拓展有望带来额外增长的六大领域：环境及能源、医疗及护理、旅游、科学技术、促进就业及人才培养	确定日本保持制造业全球竞争力的领域

资料来源：赛迪智库整理，2017年年3月。

二、相关重大政策简析

（一）人工智能发展路线图

2017 年初，日本政府以实现人工智能（AI）产业化为目标，制定了人工智能发展路线图，分三个阶段推动利用人工智能技术提高制造业、物流、医疗和护理等行业效率。近年来，由于日本劳动力短缺，物流等劳动密集行业行业迫切需要通过技术创新来满足无人化作业需求。这三个阶段分别为：第一阶段，在 2020 年前后，确立无人工厂、无人农场技术，普及利用人工智能进行药物开发支援，通过人工智能预知生产设备故障。第二阶段，从 2020 年至 2030 年，实现人员和货物运输配送的完全无人化，推进铁路和卡车等交通工具的无人化，连接小型无人机和物流设施，构筑优化的配送机制，实现针对个人的药物开发，机器人的协调工作，利用人工智能控制家电等。第三阶段，2030 年之后，利用看护机器人进行家庭护理；普及移动自动化、无人化；通过人工智能分析潜意识，更好地实现可视化。

（二）EV·PHV 路线图

2016 年 4 月，日本经济产业省发布 EV·PHV 路线图，提出到 2020 年，使日本国内纯电动汽车和插电式混合动力车的保有量达到 100 万辆。纯电动汽车和插电式混合动力车不仅可以有效降低二氧化碳排放量，还具有在自然灾害发生时作为应急电源使用的优势。日本政府认为，推动纯电动汽车和插电式混合动力车的发展需要政府出台积极的刺激措施，主要包括购车补贴和充电设施建设两方面。由日本下一代汽车振兴中心负责统筹的"清洁能源车补贴"项目，为在日本市场上销售的纯电动汽车、插电式混合动力车、燃料电池车、清洁柴油车提供数额不等的补贴。以目前的几款重点车型为例，根据配置不同，日产聆风所得最高补贴为 51 万日元，宝马 i8 为 85 万日元，普锐斯插混版为 12 万日元。

（三）"新产业结构蓝图"中期方案

2016 年 4 月 27 日，"新产业结构蓝图"中期整理方案由日本经济产业省发布，该方案主要内容主要针对人工智能（AI）和机器人等最新技术领域，试图通过该领域的发展来实现日本的经济增长。通过人工智能等技术创新，预计到2030年使名义GDP从现在的约500万亿日元（约合人民币29万亿元）增长至846万亿日元。该方案指出，日本未来将以技术为核心，在金融、医疗、教育、能源、物流和制造业等多领域进行服务与业务创新。例如，卡车的全自动行驶、配备AI提升功能的医疗和护理机器人以及通过IoT协调家庭和地区的电力供需等。方案中强调以欧美为中心的海外企业已经领先日本做出了许多相关努力，日本必须追赶欧美国家保持其竞争实力。

（四）制定无人机国际标准

此外，在标准制定方面，随着无人机技术的发展与应用，日本经济产业省已开始制定无人机国际标准，希望通过主导国际标准的制定来支持日本企业开拓市场。日本经济产业省计划与日本宇宙航空研究开发机构（JAXA）和产业技术综合研究所等机构合作，开发旨在提高无人机安全性的技术，力争在2025年左右获得国际组织的认证。鉴于此前日本企业都科摩通信公司在与芬兰诺基亚公司竞争中因技术标准问题导致失败，日本认识到制定国际标准的重要性，并采取了这一行动。

第四节　发展趋势

一、工业生产实现持续增长不容乐观

2016年，日本工业生产保持回暖迹象，但复苏的势头依然不足。从工业生产相关数据来看，日本工业生产指数等数据有所改善，但并未有明显大幅增长，出口方面首次实现顺差，但是由于受到美国政府经济政策和日元汇率波动的影响，日本工业生产是否能够实现进一步增长仍难以判断。

二、美国退出TPP对日本贸易发展造成阻碍

2017年初，美国新当选总统特朗普在就职日宣布退出TPP，该协定已经在2016年11月由日本通过，并且已经有12个国家通过谈判达成了协议，日

本力图通过其推动对外贸易进一步发展，扩大外部需求。美国的退出显示其由一直倾向支持自由贸易向贸易保护主义的转变，未来美日贸易之间的不确定性将加大，美国作为日本最大贸易伙伴国可能对日本外贸发展造成一定阻碍，日本在贸易方面必须谋求更加多样性的发展与合作。

三、企业对外投资意愿进一步增加

2016年第四季度数据显示，日本企业投资同比增加3.8%，这一现象显示出日本企业对于未来经济较为乐观的态度。在日本相关的产业政策刺激之下，未来日本的汽车产业和新技术相关产业将会进一步加大研发投入，从而保持在全球的技术竞争力。丰田公司已宣布未来将加大对英国和美国的投资，其中对英国工厂投入2.4亿英镑，提升其供应链有效性。在特朗普为提升美国制造业就业而进行的高关税等相关举措下，本田汽车也不得不转变汽车制造产地的策略，放弃对墨西哥、加拿大等地的投资，加大对美国的投资。

四、制造企业谋求多样化创新发展

面对机器人、人工智能、物联网等新技术的普及与应用，日本传统的大型制造企业也在谋求多样化转型发展，不断拓展新的业务领域和增长点，努力保持自身的竞争力。如：日本多个大型电机企业计划增加对自动驾驶汽车等新一代汽车的投资，其中日立2018年度之前计划向开发和量产投入总额5000亿日元的资金，松下计划增产车载电池。两家公司的投资涉及超过1万亿日元，同时还会缩小电视领域业务，推进业务与资源整合。此外，本田公司宣布将在2017年成立名为"R&D Center X"的新研发中心，主要负责探索机器人技术、智能移动系统、能源管理等新兴技术。本田公司也将成立新的人工智能研发机构R&D Center X，未来发展方向将以于人工智能软件开发为重点。

五、全球经济不确定性因素继续增加

日本与全球经济关系紧密，当前全球经济各种不确定性因素增加，也将会为日本经济和工业发展造成一定的困难。奉行贸易保护主义的美国总统特朗普执政后正在大刀阔斧进行各项涉及贸易和制造业的改革，对于日本企业

的投资和战略目标都有一定的影响。欧洲经济也正在面临英国"脱欧"、法国和德国大选以及难民危机等一系列的考验。拉美和加勒比地区经济在 2016 年仍然呈现平均收缩 1.1%，原材料价格等因素将影响该地区经济发展。在逆全球化的思潮的影响下，日本经济发展将更加重视加强合作，并推动市场开放和对外贸易增长，为日本经济发展形成更为成熟稳固的增长动力。

第五节　企业动态

在 2016 年公布的世界 500 强企业排名中，日本的世界 500 强企业数量进一步下降，从 2015 年的 54 家降至 52 家。排名前 50 位的日本企业仍然是丰田汽车、本田汽车和日本邮政控股公司三家企业，其中本田汽车超越日本邮政控股公司位列第 36 位，排名有所上升。丰田汽车延续上年表现落后大众公司，总排名上升一位排在第 8 位。在前 100 名中，日本有 7 家企业，其中软银集团超越 JX 跻身第 92 位，总体来看进入前 100 位的日本企业排名均有所上升，整体表现好于上年。

一、主要跨国公司近期动态

（一）丰田汽车

2016 年日本丰田汽车公司在全球销量排名中被大众集团超越位列第二。总销量达到了 1017.5 万辆，与上年相比变化微弱，增长约为 0.24%。2016 年丰田公司在日本本土销量达到 223.12 万辆，这是该数据两年以来第一次实现增长，同比上升 2.8%，海外全年销量达 794.3 万辆，同比下降 0.5%。其中，在中国大陆地区的市场销量达到 121.4 万辆，同比增长 8%。由于大众公司受 2 年前"排放门"事件影响逐渐减弱，且在中国市场有高达 398 万辆的销售成绩，使其超越丰田汽车。丰田公司未来将欧洲市场作为重点，预计 2017 年在欧洲市场的销量将增长 5%，其中主要来自混合动力汽车。丰田还会加强与宝马公司等德国汽车厂商的合作，此外，丰田近日宣布，将向英国汽车制造厂投资 2.4 亿英镑，升级设备并应用新的全球制造系统，此举将增进工厂竞争力，提高供应链效率。

（二）本田汽车

本田汽车公司是继丰田之后日本的另一家大型汽车制造商，2016 年本田汽车上升至第 36 位，利润达 28.69 亿美元。本田技研工业株式会社成立于 1948 年，在全球 29 个国家和地区拥有 130 个以上的生产基地，产品包括摩托车、汽车和通用产品等，除了排在首位的摩托车，汽车的产量和规模也都排名世界十大厂家之列。① 2016 年，本田在中国市场销量首次超越丰田，销量较上年同期增长 24% 至 125 万辆，特别在运动型多功能车（SUV）细分领域表现突出。本田汽车重视对新车型的研发创新，公司表示其正在研发全新全球汽车平台，并将印度市场作为目标，将推出更多的新款高端紧凑车型、新款轿车和 SUV。

（三）软银集团

日本软银集团于 1981 年在日本创立，创始人为孙正义，于 1994 年在日本上市，公司早期是一家 IT 软件类企业，发展至今已成为主要致力于 IT 产业投资，包括网络和电信的综合性风险投资公司。软银集团在全球投资的公司超过 600 家。软银集团 2016 年首次跻身世界 500 强企业的前 100 位内，其利润高达 39.49 亿美元。近期，其投资目标主要集中于初创类企业或者科技型企业，已向美国的办公场所共享初创企业 WeWork、智能手机初创公司 Essential Products、卫星通信企业 Intelsat 等公司投入数亿美元。

（四）日立

日立公司全称为株式会社日立制作所，成立于 1910 年，是一家综合性跨国集团公司。公司主要经营领域涉及电机、电子、能源系统、商业、物流、城市建设和医疗健康等领域。截至 2015 年度末，日立集团在中国拥有 180 家集团企业，正式员工约 47800 名，在中国市场的销售额达到 10555 亿日元，约占日立集团全球总销售额的 10%。② 2016 年，日立集团在全球 500 强中上升 10 位排名第 79 位。近年来，日立对自身不断进行调整与整合，在金融、能源

---

① 本田公司官网，http://www.honda.com.cn/company/profile/。
② 《中国日立集团可持续发展报告 2015.4—2016.3》。

等领域加强对外合作，特别对于中国市场给予了高度的重视，在其发布的日立 2018 中国事业战略中，日立将利用集机器人、人工智能（AI）、大数据分析等新技术打造"Lumada"IoT 平台，为中国消费者提供高效医疗、智能物流、智能制造等解决方案。

二、中小企业发展情况

日本经济复苏乏力，中小企业发展状况也普遍较为艰难。由于受到日本劳动力结构变化影响，近年来，日本中小企业在发展运营中遇到了企业发展后继无人的问题，很多日本中小企业在寻求兼并收购，并且将中国公司作为主要的收购买家。与此同时，在日本经济产业省制定的经济刺激措施草案中，其中一项重要内容为向中小企业提供补贴以支持其提高工资，以及帮助中小企业利用 IT 技术提升盈利能力和提高商店街的揽客能力等。安倍政府调整薪资的提议，也将会加剧中小企业的经营负担，影响其进一步投资与扩大发展规模。

此外，日本中小企业效仿大企业纷纷加快对外发展步伐，将东南亚国家市场作为其海外转移的重要目的地。印尼、泰国、越南等国的日资企业逐渐增多，也慢慢引起了激烈的市场竞争，日本中小企业的发展依旧不容乐观。

第五章　金砖国家

近十年，金砖国家经济发展迅速，被视为世界经济发展的新希望。但是在全球金融危机的影响下，2015年到2016年，金砖国家经济增速整体放缓，工业发展受到一定挑战，尤其是巴西和俄罗斯两国经济形势异常严峻。总体而言，金砖国家的传统制造业发展受到限制，进出口水平有所降低，印度和中国的制造业表现虽然较好，但增幅也都出现一定下滑。面对危机，金砖国家纷纷出台了积极的经济政策，加速推动产业结构改革，积极扩大内需，加大政府投资，广泛开展经贸合作，助力经济复苏。未来，伴随一带一路倡议的深入落实，金砖国家的经济发展将步入互惠共赢、共同发展的新时期。

第一节　巴　西

一、发展概况

巴西位于南美洲东部，幅员辽阔，是拉美第一大国，世界第五大国。巴西拥有拉丁美洲最为完善的产业体系，经济实力居拉美首位。自2011年以来，巴西经济增长明显放缓，2015年和2016年，受国际大宗商品价格大跌、通货膨胀居高不下、失业率高企及国内消费萎缩等因素影响，巴西出现严重的经济衰退。巴西地理统计局（IBGE）公布的最新数据显示，2016年巴西国内生产总值（GDP）下跌3.6%，这是继2015年GDP下滑3.8%之后，巴西经济连续第二年出现衰退，工业增加值下跌3.8%。失业率为11.5%，全国有1180万人失业。通胀率高达6.29%。

（一）工业产值持续下滑

巴西地理统计局（IBGE）公布的数据显示，2016年巴西工业总产值下降幅度为6.6%。工业产值出现了连续三年下降的情况，2014年和2015年的降幅分别为3%和8.3%。

从2016年全年看，巴西除了2月、8月和10月的工业总产值环比分别下降了2.1%、3.3%和1.1%外，其他月份的工业产值环比都呈现增长态势。其中，3月、6月和12月的环比增幅较大，分别为1.3%、1.8%和2.3%，12月的环比增幅则是2011年以来的月度新高。2016年12月，受调查的24个行业中，16个行业的产值出现环比增长。其中增长最快的为：计算机、电子及光学产品环比增幅达到15.2%，成衣制造及制品环比增幅达10.9%，汽车行业环比增幅为10.8%，家具行业环比增幅为9.6%。这些迹象表明，巴西的工业生产正在经历"触底回升"的过程，工业经济可能出现复苏。

（二）就业和传统制造业生产低迷

受经济衰退等因素影响，2016年巴西工业生产持续萎缩，就业形势严峻。巴西劳动和就业部数据显示，2017年1月巴西正规就业岗位连续第22个月下降。2016年巴西正规就业岗位减少132万个，与之相伴的是失业率走高，2016年巴西失业率为11.5%，为2012年以来新高，失业人数为1180万。

2015年巴西传统产业发展不景气。以汽车制造业为例，受2014年7月巴西政府将工业产品税（IPI）由3%提高至7%政策的影响，汽车生产量不断下滑。巴西汽车生产商协会（Anfavea）公布的数据显示，巴西2016年汽车产量下降了约11%，是2004年以来的最低水平。巴西全国汽车销售商联合会认为，2016年巴西经济继续衰退、就业率继续降低与信贷条件持续恶化是造成汽车销量下滑的主要原因。

（三）进出口增长均呈现大幅下滑态势

国际大宗商品价格持续下跌严重打击了以大宗商品出口为主的巴西经济的发展，巴西外贸形势严峻。巴西工贸部的统计数据显示，2016年，巴西对外贸易总额为2953.3亿美元，比2015年同期（下同）下降了11.9%。其中，出口额为1693.0亿美元，同比下降2.9%；进口额为1260.3亿美元，同比下跌了21.7%。贸易顺差432.7亿美元，同比增长221.9%。铁矿石是巴西最主要的出口商品之一，由于全球外需不足，铁矿石需求减少，巴西的铁矿石出口量不断减少，出口价格降低。

二、产业布局

第二次世界大战以后，巴西经济发展速度提高，重工业比重大幅度提升，工业结构突破了单一的发展状况。巴西的工业主要布局在东南沿海地区，这里是殖民者最早入侵的地方，工业发展历史较长。圣保罗、里约热内卢等地区是巴西的重工业核心地区。其中，邻近圣保罗的米纳斯吉纳斯州，水资源和矿产资源都十分丰富，拥有铁、锰、镍等矿产资源，优越的自然资源条件为区域的工业发展提供了有利的基础。临海的库巴唐，拥有大型炼油厂和钢铁企业，并吸引了大量相关企业，形成新的工业区。

三、政策动向

为有效抑制通胀，实现高就业率，促进工业发展，近些年，巴西政府出台了一系列政策措施，确保经济恢复增长。

自 2014 年 12 月起，巴西政府通过基础设施投资计划，提高燃油税、进口税、个人贷款税和化妆品税等措施来刺激工业发展。

2015 年 6 月，为不断推动巴西对外贸易的发展，刺激并创造更多就业机会，巴西发展、工业和外贸部正式宣布启动国家出口计划，旨在鼓励小微企业及中型企业出口更加多样化，生产更高技术含量的产品，提高企业的出口量等。该计划将围绕市场准入、商业促销、贸易便利化、融资和担保出口、改进机制和税收制度对出口的支持等五个方面展开，预计将持续到 2018 年。

2015 年 12 月，巴西政府推出了以光伏为焦点的分布式发电的国家级激励计划。这项名为 ProGD 的激励计划涵盖了税收激励和设立信用额度等一系列措施。政府还计划为分布式清洁能源电站设计补贴项目。另外，发展银行 BNDES 也在为学校和医院的光伏电站项目以特别费率进行融资。

2016 年，巴西沿用了 2014 年和 2015 年的工业刺激政策。落实对中小企业的激励政策，进一步促进就业，并优化了光伏产业的布局。

2017 年 2 月，巴西政府与欧盟签署了 600 万美元的投资合作协议，用于未来三年在不同领域开展投资合作。其中，航空和海上运输、科技、公共创新、人权和农业为优先领域。

四、发展趋势

（一）工业生产形势仍不容乐观

在全球经济复苏乏力、内部缺乏资源的条件下，受国内和全球经济发展形势影响，巴西的通货膨胀率高企，加之制造业多以初级加工品为主，2016年，工业发展受国际市场波动的影响较大，内需扩张困难，工业企业的发展不容乐观。此外，巴西央行在过去的一年不断加息，大幅度提高了企业的融资成本，降低了国内外投资意愿。总的来说，巴西工业在2016年仍处于微弱的发展阶段，前景不容乐观。

（二）对外贸易形势严峻

近些年，伴随世界经济增速放缓，全球市场对能源、原材料的需求增加有限。外部需求的减少严重影响了巴西工业的出口情况。以资源为主要出口商品的巴西受到严重冲击，即使是铁矿、蔗糖、大豆等最具国际竞争力的产品，也遭遇了国际市场价格下跌造成的影响。随着各大经济体经济增速放缓，全球贸易保护主义不断抬头，巴西贸易前景十分严峻。

（三）绿色产业发展势头迅猛

为了降低过度开采给自然带来的灾难，巴西政府也在积极采取措施，发展低碳经济。近年来，巴西在新能源和新兴产业的投资逐年增加。目前，巴西政府正在抓紧研究出台光伏发电产业鼓励政策，为2017年规划运营的61座太阳能电站所需的2GW太阳能设备提供支持。2016年，波音与巴西飞机制造公司EMBRAER的合作进入实质性阶段，共建新能源研发中心，将对可持续性航空生物能源及生物燃料实验展开研究。同时，巴西政府推出各种信贷优惠政策、设立专项信贷资金等一系列金融支持政策。巴西正利用自身的独特优势，借助新技术减少对传统能源的依赖，在新技术新能源的利用上实现节能减排，积极发展绿色环保产业。

五、企业动态

进入 2016 年以来，巴西制造企业发展艰难，跨国企业也不断缩减在海外市场的投资。2015 年，美国《财富》世界 500 强排行榜中，巴西上榜企业共 2 家，分别为巴西石油股份有限公司、巴西 JBS 公司，而在 2016 年，巴西上榜企业还有 7 家，分别为巴西石油股份有限公司、伊塔乌联合银行控股公司、巴西银行、巴西布拉德斯科银行、巴西 JBS 公司、巴西淡水河谷公司和 Ultrapar 控股公司。在能源领域，作为能源出口大国，2016 年，受国际油价持续下跌的深刻影响，巴西能源公司经营惨淡。世界第一大铁矿石生产和出口商巴西淡水河谷公司，铁矿石总产量创下 3.488 亿吨的历史新高，与上年相比增长 0.9%。尽管部分传统矿区产量有所下降，但北部地区产量提升明显，位于帕拉州的卡拉加斯矿区去年产量达到了创纪录的 1.48 亿吨，同比增长 14.3%。在航空领域，作为南美航空工业的"领头羊"巴西航空工业公司瞄准巴西空军的作战需求，2015 年 4 月研制的新型运输机 KC－390 成功完成首飞，标志着巴西航空工业史上的一项重大技术突破。

第二节　印　度

一、发展概况

印度位于亚洲南部，是南亚次大陆最大的国家，也是世界上经济发展最快的国家之一。在全球经济形势复杂多变、大部分金砖国家经济都在放缓的背景下，印度近几年的经济表现却是个明显的例外。

2016 年，印度经济增速领衔全球，经济增长势头稳健，企业商业运营环境明显改善，经济增速达到 7.6%，是全球经济增长最快的主要经济体。在印度政府大力发展制造业的政策环境下，2016 年，印度工业实现较快增长，印度中央统计办公室（CSO）数据显示，2016 年 11 月，印度工业生产指数（IIP）创造了近 13 个月以来最高值，同比增长了 5.7%。其中，制造业、耐用消费品、电力部门、采矿业和资本品的工业生产指数同比分别增长 5.5%、9.8%、8.9%、3.9% 和 15%。

（一）制造业扩张动能不足

受内部需求放缓和外部竞争压力增大等因素影响，2016 年印度制造业虽处于扩张态势，但扩张动能不足。汇丰银行数据显示，2016 年 1—11 月，印度制造业 PMI 值一直处于 50 荣枯线以上，但 2017 年 1 月 2 日，Markit 发布的数据显示，2016 年 12 月印度制造业 PMI 为下降为 49.6，环比下降 2.7 个点，是 2016 年以来第一次低于荣枯线 50。其中，产出和新订单都是 2016 年来的第一次下降，企业购买能力和就业也都有所降低，投入成本则出现快速增长。工业企业生产经营比较困难。究其原因，印度废钞举措很大程度上挫伤了工业产出和需求。

（二）传统产业有所增长

延续上年产业发展的态势，2016 年印度传统制造产业发展稳定。

钢铁产业方面，在全球钢铁去产能的大背景下，印度的钢铁产能却逆势增长。印度在 2016 年采取了一定措施维护本国钢铁制造行业，并大量减少了从中国进口钢铁的数量。国际钢铁协会的数据显示，2016 年 7 月份，印度钢铁产量达到 810 万吨，同比增长了 8.1%，助推世界钢铁产量同比增长了 1.4%，达到 13370 万吨。印度钢铁行业的增长主要源自大型综合钢铁生产商的产能增加，如印度钢铁管理局、JSW 钢铁公司和 Tata 钢铁公司等。

汽车行业，得益于印度经济的不断恢复、庞大的人口基数及廉价的劳动力成本，2016 年，印度汽车产业需求明显改善，汽车产销量增长显著。2016 年 1 季度的印度汽车产量就达到 2186655 辆，销量达 1791129 辆。美国汽车专业调查公司（HIS）的报告显示，在汽车销售量快速增长的背景下，印度有可能在 2016 年成为世界第三大汽车消费市场。

（三）制造业吸引外资能力增强

近几年，印度政府放宽了外资投资的限制，跨国企业在印度的发展环境不断改善，印度制造业对外资的吸引能力不断增强。印度产业政策与促进局发布的数据显示，2016 年，印度吸引外商直接投资新增股权投资额（FDI equity inflows）达到 464 亿美元，同比增长了 18%。安永会计师事务所发布的调查报告显示，在接受其访问的 500 多家跨国企业中，接近 30% 的跨国企业认为印度是 2016 年最受欢迎投资目的国，60% 的企业把印度作为投资目的国排在前三位，印度成为全球最具外资吸引力的国家。随着印度投资政策的宽松化，目前，苹果、华为、小米、联想、富士康、三星、LG、高通、波音等跨国企业都在印度开展了新一轮的投资。

二、产业布局

近年来，印度工业过分集中在沿海地区的传统空间布局发生了较大的改变。全国范围内形成了五个在比较重要的工业区。一是以加尔各答为中心的工业区，这一区域是纺织服装行业和机械制造业的集中区，纺织服装和机械制造产值产值占全国产值的比重分别高达 40% 和 30%。二是以孟买—浦那为中心的工业区，是棉纺织工业，机械、化工、炼油等产业的集聚区，近些年发展较快，棉纺织工业占全国棉纺织工业总量的 30%。三是以阿默达巴德为中心的工业区，是纺织、钢铁、机械制造等传统工业的集聚区。四是以马德拉斯—班加罗尔为中心的工业区，是最年轻、发展最快的工业集聚区，以发展电力、飞机制造、造船、炼油等工业行业为主。五是以那格浦尔为中心的工业区，有印度"鲁尔区"之称，为 20 世纪 50 年代发展起来的重工业区。

三、政策动向

印度总理莫迪自 2014 年 5 月上台后，推出一系列改革措施，包括放宽外国直接投资限制、进行税收改革、重新修订劳工和土地征收方面的法规，大力发展制造业、铁路和智慧城市等，在排除政治阻力推进改革方面显示出大刀阔斧的决心。在制造业领域，印度政府启动"印度制造升级版 2.0"，以进一步促进印度制造业发展。印度政府通过"技术印度""数字印度""创业印度"等一系列计划来实现经济增长。具体来讲，2014 年 11 月 22 日，印度政府宣布实施提高工业品出口退税率。

2015 年 11 月，印度工业政策和促进部宣布对跨国零售商放松本地采购要求，取消对部分行业的外商投资限制，涉及从建筑到棕榈油生产等行业。同时，将允许外资完全控股咖啡、橡胶、棕榈油和橄榄油等生产领域。外商投资包机公司和信贷信息公司的限额也从 74% 提高到 100%。新规还放宽了对外资零售商在印度运营的条件。在印度经营的外资零售商需要向印度国内供应商采购至少价值 30% 的商品。单一品牌的零售商还获准在线上线下同时销售商品。

为了进一步促进印度民众创业，用政策优惠推动技术创新，印度政府发起一项开创性举措。2016 年 1 月 16 日，印度推出"创业印度 崛起印度"计划，将对创新与创业进行严格定义以保障政策执行，引入"创新企业"概念，这类企业将可享受包括政府扶持基金在内的相关优惠政策。印度商工部工业与政策促进局将起草负面清单，详细列出何种企业不符合"创新企业"标准。此外，向符合条件的"创新企业"投资的投资商在享受程序性宽松之外，将获得额外的投资收益豁免。根据该项计划，印度政府将在未来 4 年内设立一项总额达 1000 亿卢比的基金，用于支持制造业、农业、卫生和教育等领域的创业项目，同时还将设立一个信贷保障机制，协助创业公司从金融机构获得信贷。该项计划将激励印度全民族的创业精神，助力印度经济较快发展。2016 年 6 月，印度政府又出台了《2016 年印度全面改革外资直接投资规定改革法案》（以下简称《印度 FDI 改革法案》），进一步放松了外资进入印度一些关键领域的投资限制，如国防、药品、农业、民用航空、分销、零售、保险等。

四、发展趋势

（一）制造业发展前景广阔

近些年，在印度政府的努力下，印度制造业的发展环境得到了明显改善。为了增强印度制造业对投资的吸引力，2014 年，印度政府出台了"在印度制造"系列新政，为计划在印度投资的企业提供一站式服务，并改革劳动法律和税收，简化审批程序，吸引各界在印度投资设厂，扩大当地就业。2015 年 8 月，富士康与印度马哈拉施特拉邦政府签署协议，将在未来 5 年投资 50 亿美元新建一座电子产品制造工厂。随着莫迪政府在制造业和外国直接投资领域改革措施的生效，各国企业前往印度投资基础设施和制造业，未来印度制造业将有很大的增长空间。

（二）电子信息制造业领域投资潜力大

印度人口众多，印度政府试图通过大规模投资技术基础设施缩小贫富差距，电子信息制造领域的发展潜力正在吸引着越来越多的世界目光。印度政府的"数字印度"计划要求建造光纤网络并使印度能在电子产品制造上自给自足以及在印度农村推广宽带等。按照当前情况，国内生产严重满足不了国内需求。据德勤印度经济公司的报告，印度电子硬件产品的需求量激增，预计到 2020 年将达到 4000 亿美元。据估算，印度国内生产量将会达到 1040 亿美元，生产量和需求之间的差距将会达到 2960 亿美元。印度政府也在尝试让私人制造商加入国防电子行业来推动国内制造业的发展。2015 年 9 月，谷歌证实计划在 500 个印度火车站推出免费 Wi-Fi，微软承诺帮助为 50 万个印度村庄提供低成本宽带。随着国内需求的不断增加，未来印度电子信息制造领域的投资将不断增多。

（三）吸引外资能力有望进一步增强

随着需求日益上扬，印度经济进入快速发展阶段。印度总理莫迪近年来开展的外交之旅，为印度带来接近 360 亿美元的外国直接投资。联合国发布的《全球投资趋势监测》报告显示，近些年，印度的电力、燃气、水、信息通信等服务业吸引外资增长最快。基于工业发展的迫切需求，莫迪政府希望在基础设施建设等重点领域吸引更多投资。随着印度政府宣布放宽建筑领域的 FDI 政策，其中重点强调印度政府将于 2020 年前建设完成 100 个智能城市的计划，未来印度吸引外资能力将会进一步增强。

五、企业动态

2016 年印度企业表现活跃，不断扩大产能合作，开拓国际市场，跨国企业经营绩效不断攀升。2016 年《财富》世界 500 强企业中，印度入选 7 家。分别为印度石油公司、印度塔塔汽车公司、信实工业公司、印度国家银行、巴拉特石油公司、印度斯坦石油公司、Rajesh Exports 公司。

2016 年 4 月，塔塔汽车公司商用和乘用车在印度的总计销量为 35978 辆，比 2015 年同期增长了 11%。其中，乘用车销量为 11161 辆，比上年同期增长了 7.9%，轿车销量为 9451 辆，比上年同期增长了 5.9%。在钢铁领域，印度几家大钢企在 2016 年都进行了产能扩张。印度京德勒钢公司称，在位于印度东部奥里萨邦的直接还原铁厂升级改造完成后，该公司计划将成品钢材年产能提高 50%，达到 500 万吨以上，在本财年将粗钢产量提高 6.3% 至 1340 万吨，将炼钢年产能从目前的 1400 万吨提高至 1800 万吨。渣打银行对中国、印度、印尼和马来西亚四个国家年营业额介于 3000 万至 1 亿美元的中型企业首席执行官和首席财务官展开的调查显示，印度受访企业最为乐观，其中的 97% 相信公司将在未来五年实现增长。此外，71% 的印度企业计划拓展新的国际市场。

第三节　俄罗斯

一、发展概况

俄罗斯地处亚洲大陆北部和欧洲的东部区域，是全世界拥有最大国土面积的国家。长期以来俄罗斯都十分重视工业的发展，尤其是重工业领域的采矿业和能源产业。俄罗斯已在近年将单纯注重重工业发展的思路逐渐变为向着通信业、轻工业等行业全方位发展。在国际金融危机爆发后，俄罗斯经济增速明显放缓。受全球能源价格持续走低影响，俄罗斯经济从 2013 年下半年开始一路下滑，陷入负增长局面。在同时遭受来自西方各国的经济制裁和国际范围内油价不断下跌双重影响下，俄罗斯的国家经济自 2014 年以来已面临严重衰退。2016 年，俄罗斯经济下降趋势明显减缓，一季度 GDP 同比下降了 1.2%，二季度同比下降了 0.6%，前 10 个月同比下降 0.7%。通胀率为 5.5%。但轻工业、化工、机械制造业、农业等领域已逐渐向好，均不同程度地开始增长。

（一）工业生产略有回暖

俄联邦统计局的数据显示，2016 年，俄工业产值同比增长了 1.1%。其中，矿产开采业增长 2.5%，加工业增长 0.1%，水、电、气生产分配增长 1.5%。除此之外，在轻工业、机械制造业、化工等领域均出现一定程度的增长。尤其是在国防工业领域的劳动生产率，出现了呈"爆炸式"的大幅增长，这一趋势为民用工业注入了发展动力。工业在 2015 年同期 3.3% 降幅的基础上，增长了 3.0%。前三个季度企业部门盈利同比增加了 20.6%。俄罗斯近两年大力实施进口替代政策，目前俄工业领域从国外进口各种制品的总量已减少 10 个百分点，这是一项重大进展。

（二）对外贸易形势严峻

受俄罗斯卢布汇率大幅下跌和乌克兰危机等多种问题的影响，俄罗斯 2015 年的总体贸易量的下降趋势严重，2016 年下滑态势有所减弱。根据俄罗斯海关统计，2016 年，俄罗斯对外贸易额为 4712 亿美元，比 2015 年下降了 11.2%；商品出口和进口总额分别为 2876 亿美元和 1836 亿美元，分别下降了 17% 和 0.4%，贸易顺差为 1039 亿美元，下跌了 2/3。

中国继续保持俄第一大贸易伙伴地位，2016 年中俄贸易额达到了 695.3 亿美元，同比增长 2.2%。2016 年，欧盟在俄进出口贸易总额中所占比重为 42.8%。2017 年 1 月，与欧盟的贸易总额占俄罗斯外贸总额的 45.4%，同比上升 3.7%。俄罗斯与欧盟贸易额比 2015 年同期上涨了 60%，达到 173.5 亿美元，其中，俄对欧盟出口额同比增长了 60%，为 130 亿美元；欧盟对俄出口额同比增长约 50%，为 43.5 亿美元。

（三）资金外流问题有所缓解

受西方各国的经济制裁和国际范围内油价不断下跌的两方面打击，俄罗斯 2015 年度的国内经济出现了极为严重的资金外逃问题，2016 年这一现象有所减缓。2015 年，俄罗斯资本净流出额为 575 亿美元，2016 年降低到 154 亿美元，比 2015 年降低了近四分之三。俄罗斯央行则认为，银行系统外债偿还强度下降，是促进俄罗斯资本净流出大幅度减少的主要原因。同时，受全球原料价格复苏、商品出口下滑减速、商品进口稳定、工资和服务赤字缩减等因素的影响，2016 年，俄罗斯的国际收支往来账户盈余为 222 亿美元，相比 2015 年的 690 亿美元，有了大幅度的降低。

二、产业布局

俄罗斯主要的森林工业、大型重工业和军事工业均建立在丰富矿产资源的基础上，主要分布在莫斯科和圣彼得堡工业两个欧洲部分。俄罗斯最为核心的工业区包括圣彼得堡工业区、西伯利亚工业区、乌拉尔工业区和莫斯科工业区。其中，圣彼得堡工业区以石油化工、造纸造船、航空航天、电子为主；西伯利亚工业区以石油、机械、森林工业和军事工业为主；乌拉尔工业区以石油、钢铁、机械为主；莫斯科工业区以汽车、飞机、火箭、钢铁、电子为主。

俄罗斯的中央联邦区、伏尔加河沿岸联邦区和西北联邦区等三个欧洲部分联邦区集聚着俄罗斯重要的国防工业部门，企业集聚数量、GDP 产值和职工人数占整个联邦国防工业的 80%、64% 和 76%，仅中央联邦区就拥有约俄罗斯国防企业数量的一半。但与此同时，俄罗斯国防工业在各联邦区内的分布极为不均，如鄂木斯克州、新西伯利亚州和阿尔泰边疆区的国防企业数竟占全区的七成，西伯利亚联邦区八成以上的国防企业都集中在西西伯利亚一地。

三、政策动向

俄罗斯积极扶持本土上游生产商、促进工业复苏和保护消费者利益，以应对欧美的经济制裁。俄罗斯政府于 2016 年保持实行进口替代政策、大力扶持中小企业策略和集中刺激汽车产业发展等一系列应对举措，促进国内投资，对遏制危机的扩散起到一定成效。但俄罗斯经济政策受制于国家经济结构长期单一、外资投资领域限制多、政策法规不完善和行业垄断现象遍布等因素而成效甚微。

2016 年 1 月，俄罗斯经济发展部制定了"2016 年反危机计划"，5000 亿卢布左右的预算资金被投入使用，其中，3100 亿卢布主要用于工业领域，并主要向地方制造业倾斜；俄罗斯将 250 亿卢布注入银行，以完善业务经营和促进资本重组。与此同时，俄罗斯的经济发展部否决了对中小企业减税、推行航空运输业增值税零税率等建议。

2016 年 1 月，俄罗斯联邦政府决定拨款 43.48 亿卢布（约合 5503 万美元），支持和补贴俄罗斯地方工业园区的基础设施建设工作。主要用于工业园的交通、通信、水电等基础设施的建设、改造等方面。

2016 年 2 月，俄罗斯总理签署命令，拟订在罗斯托夫州的古科沃市、鞑靼斯坦共和国是卡马河畔切尔尼市和滨海边疆区的大卡缅市，分别新建 3 个跨越式发展区。其中，古科沃市和切尔尼市是功能单一的城市，面临较为严重的失业问题，跨越式发展区的建立能有效促进城市经济的多元化发展，提高对投资的吸引力，有效化解就业压力。在大卡缅市建立的跨越式发展区，则是主要用于解决该地区的经济发展问题。

2016 年 4 月，俄罗斯政府为促进国内生产，向工业发展基金会账户划拨 100 亿卢布（约合 1.5 亿美元），工业发展基金会计划向国内四家大型企业提供 8 亿卢布（约合 1200 多万美元）的贷款。此外，工业发展基金会具有向国内企业提供年利率为 5% 的长期贷款权利。一季度，工业发展基金会收到了 94 份贷款申请，总额约为 187 亿卢布（约合 2.8 亿美元）。

2016 年 5 月，俄罗斯批准欧亚经济联盟与越南之间的自贸协定，对大多数商品降低关税或收取零关税，但对从越南进口的部分轻工产品、钢管、汽车、肉类、糖等依旧征收进口关税。这份自贸协定，不但能够推动双边贸易增长、加强经贸联系，而且还有助于欧亚经济联盟参与亚太地区的一体化进程。

四、发展趋势

（一）工业生产仍将持续低迷

俄罗斯长期依赖能源经济，导致当前受制于美欧对俄的一系列制裁措施，工业生产同时因叙利亚危机、潜在产出量限制和国际油价暴跌致使的外需不振等负面因素影响而不断萎缩。同时，新兴市场中，俄罗斯的卢布成为下跌最为严重的货币，货币贬值直接造成国内商品价格增长，企业的竞争力下降。卢布兑美元汇率自 2015 年 1 月起持续走低，截至 2016 年 1 月 18 日汇率已冲向 79：1。俄政府已制定了包括扶持中小企业发展、增加基建投资等一系列经济刺激政策以促进国内工业增长，应对国内投资环境、市场氛围日益紧缩和预算收入减少等影响工业发展的负面因素，但是由于产业结构不合理的问题由来已久，俄罗斯工业生产恶化的局面短期内难以改观。

（二）绿色工业发展前景良好

近年来，为了创造新的就业机会，实现工业产业的绿色可持续，2015 年，俄罗斯工业和贸易部提出税收优惠新措以刺激工业发展，实行了通过加快高科技设备折旧速度、推动现有产能现代化改造和促进企业利用高科技技术节能减排的总值达 1590 亿卢布的支持企业投资开发计划，增强工业生产活动的发展动力。与此同时，俄罗斯的大型矿产开发企业正在不断增加对环保研发领域的投入，且俄政府陆续颁布一系列关于发展绿色经济的国家政策，已于 2016 年批准"2012—2020 年国家环境保护计划"，以大力发展绿色低碳经济、积极发展先进的清洁能源技术和减少企业污染排放，优化国内传统能源结构向绿色能源结构转型。

（三）汽车产业将有望完成快速增长

俄罗斯以汽车产业作为重要支柱产业，该产业对经济发展长期起到至关重要的作用。但俄罗斯近两年来经济持续低迷，且受汽车贷款优惠于 2013 年底结束等不利因素共同影响，汽车市场并不景气。针对目前进口车需求和国内汽车产量下降的情况，俄政府于 2016 年继续增加提供以旧换新补贴、提振市场需求等方面的预算以支持汽车消费市场，增加对汽车产业的扶持力度。俄政府同时希望汽车制造企业竭诚创造方便消费者的购车条件，推出适度保守的价格优惠政策。在俄罗斯政府大力支持下，汽车产业有望进入全新发展阶段，完成快速增长。

五、企业动态

受欧美对俄经济制裁、俄罗斯卢布和国际能源价格大幅下跌的影响，俄罗斯大部分企业无法从国际市场融资，企业经营压力增大，2016 年，俄罗斯企业亏损较多。2016 年《财富》世界 500 强企业中，俄罗斯仅入选 5 家，分别为俄罗斯天然气工业股份公司、卢克石油公司、俄罗斯石油公司、俄罗斯联邦储蓄银行和俄罗斯外贸银行。

第四节 南 非

一、发展概况

南非属于发展中国家，以丰富的矿产资源而闻名，是世界五大矿产资源国之一，居民收入处于中等水平，但是在非洲范围内，南非是国内生产总值占全非20%的经济最发达国家。受欧洲经济低迷影响，对南非商品需求量下降，同时，黄金、铂族金属、铁矿石和煤炭等南非的主要出口商品价格大幅下跌，加上电力资源短缺和国内商业信心不足等原因，2013年以来，南非经济持续低迷，增长乏力。

2016年，南非 GDP 增长速率为 0.3%，低于南非财政部预测的 0.5%。2016年，限制南非经济增长的主要因素包括，严重的旱灾和农业歉收、全球大宗商品价格低迷以及货币汇率的大幅度波动。餐饮住宿、交通和服务业是推动南经济增长的主要行业，制造业对经济的拉动作用较小。

(一) 制造业略有回暖

受2014年上半年南非史上最长时间的铂矿罢工事件影响，南非工业2015年全年的发展水平都呈下滑趋势。2016年，伴随国内环境稳定，制造业的发展稍有起色。南非统计局的数据显示，制造业于2016年6月的总产量同比增加4.5%，环比增加0.7%，实现两个月连续上涨，5月同比涨幅为3.9%。扣除季节性影响，制造业产量在第2季度比第1季度增加了2%。这种增长主要来自化工产品、木制品、纸、石油产品、塑料制品和橡胶产量的增加。2017年1月，制造业产量同比上涨了0.8%，但仍低于国际金融危机前水平。

(二) 贸易顺差进一步下降

受国外市场需求不足、兰特贬值、主权信用状况和消费者财务状况恶化等国内外因素的共同影响，南非经济贸易的困境仍在逐步加重。据南非国税局统计，2016年1—9月，南非货物的进出口总额为1119.3亿美元，比2015年同期下降了12.9%。其中，出口货物总额下降了9.9%，为565.4亿美元；

进口货物总额下降了 9.9%，为 553.9 亿美元。贸易顺差为 11.6 亿美元，比上年同期下降了 137.5%。分国别看，2016 年 1—9 月，中国、德国和美国是南非主要出口对象，出口额分别为 47.2 亿美元、43.3 亿美元和 41.4 亿美元。进口方面，中国、德国、美国和印度是南非主要的商品进口国，进口额分别为 99.2 亿美元、68.6 亿美元、37.1 亿美元和 23.4 亿美元。

（三）就业形势恶化

南非是世界范围内失业率较高的国家之一，居民的失业率在很长一段时间均处于 25% 左右的高位，南非政府长期以来一直将增加就业作为经济政策的核心目标。但受国内经济长期处于低迷状态，劳动力的增长速度大于可提供的就业岗位数量的增加速度，导致 2016 年南非的居民失业率不断攀升。据南非统计局统计，南非 2016 年第 3 季度新增就业岗位数比两个季度有一定提高，达到 30 万个，但是失业率还是上涨了 0.5%，达到 27.1%，成为 2003 年以来的最高纪录。更令人担忧的是，青年人的失业率高达 38.2%。

（四）汽车工业发展后劲足

汽车工业是南非最大的支柱产业，已占南非制造业产出的约 29%。目前，大众、宝马、丰田等许多国际知名品牌都在南非建有工厂。2015 年 12 月，南非汽车销量 49250 辆，同比下降 4.2%。为促进汽车工业发展，2015 年，南非政府开始施行国家奖励措施，吸引全球重要汽车制造商在南非投资建厂。2015 年 8 月，大众集团计划在南非投资 3.4 亿美元生产新产品，并进行基础设施建设。2015 年 11 月，日产汽车集团宣布计划 2018 年在南非投产一款全新皮卡，以实现该地区工厂产能翻倍；宝马宣布将在南非投资 4.17 亿美元投产 X3 型 SUV，宝马 X3 将落户南非 Rosslyn 工厂。随着全球各大跨国企业的投资带动，南非汽车工业发展后劲充足。

但受南非经济增速放缓及成品油价格上调导致的国内购车者趋于谨慎等因素影响，2016 年南非汽车行业销量有所下滑。南非汽车制造商协会发布的数据显示，2016 年 8 月汽车销量为 46146 辆，同比下降 9.49%。

二、产业布局

南非产业在部分大城市和城市周边地区集中，但是大面积的黑人居住区并没有具有一定规模的工业存在。南非工业长期以来集中于比列陀利亚地区—维特瓦特斯兰德—弗里尼欣三角地区、德班—派思城地区、伊丽莎白港—尤滕哈格地区和开普半岛四个只占全国3%面积的地区，但这四个地区却包含南非全国73%的工厂，雇佣全国76%的工人和生产全国80%的工业商品。四个工业区中，三个工业区均为利用海港运输便利和廉价劳动力及市场而兴起的海港工业区，仅威瓦斯兰工业区是据所属地区矿业兴起需求而建。

四个工业区中，伊丽莎白港工业区主要包含制鞋工业、轮胎工业和汽车装配业等产业；开普敦工业区包含汽车装配业、服装工业、纺织工业和炼油工业等产业，其兴起是借助便利的港口输入原料渠道，工业区生产的工业品约占全国的15.5%；德班工业区包含化学工业、造船工业和炼油工业等产业，工业区生产的工业品占全国的15%；作为唯一的非海港工业区，威瓦斯兰工业区是南非最大的工业区，其包含机械工业（以制造矿用机械为主）、钻石工业、日用品工业和服装工业等产业，工业区东至斯普令，西至兰德芳坦，总长约100公里，工业区生产的工业品约占全国的四成。

三、政策动向

为应对经济增速下滑，稳增长和增加就业成为南非政府2016年经济政策调整的主旋律。南非政府相继推出了扩大基础设施建设领域投入、为中小企业减税等多项措施，加快调整本国产业结构，试图寻找新的经济增长点。

2016年4月26日，南非贸工部投入300亿兰特，开展"黑人实业家计划"，希望能够借此改变南非经济结构，促进南非社会经济转型。南非政府将黑人系统性纳入了国家社会经济发展的战略，转变国家工业的所有权结构，希望实现包容性的增长。

2016年5月，南非私有部门向南非小微企业提供了15亿兰特的基金支持，以帮助小微企业渡过经济难关。基金由南非私有部门自筹并发放，并号召政府也在小微企业的生存方面作出贡献。

2016年5月，非洲发展银行在其成员国实施了"促进就业战略"，计划到2026年，为青年人创造2500万个新的就业岗位。"促进就业战略"是非洲发展银行促进非洲大陆经济转政策的一部分，在撒哈拉以南的非洲，未来十年每年都约有 1100 万年轻人加入求职市场。因此创造就业对于促进非洲经济增长、减少贫困以及创造共享繁荣至关重要。

2016 年 6 月，南非贸工部拨款 5500 亿兰特，主要以资金和补贴的形式激励黑人创业者和实业家的工作，到 7 月，项目收到 107 份申请，此次拨款意在刺激南非经济转型。

四、发展趋势

（一）制造业有望实现微弱增长

南非国内经济受电力发展遇瓶颈短缺、劳动力市场问题、持续罢工事件、国际能源价格持续下行和国内经济市场疲软等因素影响，导致整体形势不容乐观。南非目前的经济总体金融风险上升，且仍有长、短期因素制约着经济增长，其经济缓慢的低速增长态势已经成为定局。南非短期内基础建设计划放缓，劳资纠纷和电力故障问题的持续恶化，共同作用致使制造业发展后劲不足。南非贸工部已动用 5.75 亿兰特推出制造业竞争力提升计划，以提升总体产业竞争力，促进行业良性发展。随着一批外资企业纷纷投资南非制造业，南非正在积极为实现国内制造业微弱增长而承接着全球制造业转移的艰巨使命。

（二）出口将持续处于低速增长

南非经济主要受到出口的影响，出口约占南非 GDP 总值的三成。早在 2000 年，东南非共同市场就开启了面向成员国的 90% 产品互免关税，现已扩至南部非洲发展和东非共同体，南非将面临一个扩大近两倍的巨大市场。此外，欧盟还是南非最大的制成品市场，南非目前对欧出口约占国内总出口的两成。近年来，南非政府出台一系列经济调控政策，以促进增加就业和保证国内经济增长。南非的贸易在受新兴经济体注入投资和往来合作频繁的影响下不断发展，使南非出口持续处于低速增长。

（三）工业绿色转型进程不断增速

南非的传统工业发展模式正逐步向绿色工业经济模式转型，政府已陆续颁布一系列鼓励环保和绿色企业发展的具体措施，主要是为解决能源短缺问题和鼓励私营企业投资绿色经济的税收优惠和政策倾斜。南非绿色工业在政府推出的"可再生能源财政补贴计划""可再生能源市场转化工程""南非风能工程""可再生能源保护价格"和"可再生能源凭证交易"等一系列财政措施支持下快速发展。南非政府在新能源领域鼓励吸引私人投资进入可再生能源领域，自 2011 年以来，南非可再生能源领域吸纳 1930 亿兰特的私人投资，累计生产了 632.7 万千瓦清洁能源。绿色清洁能源将成为南非未来能源发展的主要趋势。

五、企业动态

受国际大宗商品大幅下跌、南非国内电力供应不足、商业信心不振、劳工关系紧张等国内外因素影响，2016 年南非企业经营处境依旧困难，但是比 2015 年有了很大改观。2016 年，南非吸收外资情况突破了全球下滑的普遍趋势，吸收外资规模比 2015 年增长了 38%，总额达到 24 亿美元。

南非—中国经贸协会发布的《2015—2016 年度中国企业在南非发展的报告》指出，南非是非洲的门户和非洲社会经济最发达的国家，已经逐步成为中国企业"走出去"的重要地区。2015 年，在南非投资的中国企业超过了 300 家，大中型企业数量约为 140 家。中非合作论坛在很大程度上加强了中国企业到南非投资的信心，为两国之间的投资和贸易合作提供了新契机。中国在南非经营的企业在近年为南非经济的快速发展作出了重大贡献。除了巨大经济价值外，中国企业主动履行了大量社会责任，产生了良好的社会效益。中资企业创造了大量的就业，不撤资、不裁员和不减薪的发展方针为南非本地企业提供了发展信心，并热心支持南非的教育、医疗和公益事业。

第六章　拉　美

2016 年拉美工业发展主要呈现以下特点：一是工业增长依然呈现不平衡和内部区域差异加大的趋势，工业发展水平不高。二是就业整体形势不佳，失业率达到 10 年来最高值。三是由于矿业和石油业等领域的投资下滑，以及包括巴西在内的国家经济增长乏力，拉美吸引外资有所下降。预计 2017 年，由于主要贸易伙伴经济表现良好，全球制造业活动逐渐走强，以及消费者和投资者信心得到恢复，拉美经济有望实现微弱增长，但工业实现快速发展仍存在困难。拉美在工业领域会进一步深化与美国、日本、中国、欧盟等的合作。中国成为拉美贸易投资重地，2016 年双边贸易总额比 2000 年提高了 16 倍，投资领域从传统的能源矿产、基础设施领域开始向农业、制造业、信息产业、服务业、电子商务、航空运输等诸多领域扩展。

第一节　发展概况

一、现状特点

根据联合国拉美经委会（CEPAL）的报告，2016 年拉美及加勒比地区经济下降 1.1%，为 30 多年来首次连续两年负增长。其中南美地区为 −2.4%，中美洲增长 3.6%。中美洲国家中，多米尼加增长最快，增幅 6.4%，巴拿马 5.2%，尼加拉瓜 4.8%。

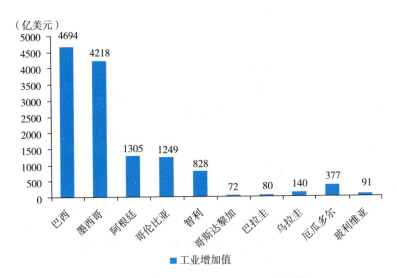

图 6 - 1   2014 年拉美主要国家工业增加值

资料来源：世界银行，2017 年 3 月。

总体而言，拉美工业发展主要呈现以下特点：

（一）工业发展水平不高

2016 年，拉美区域工业增长依然呈现不平衡和内部区域差异加大的趋势，整体发展水平不高。就国别而言，主要国家工业增加值增长率如下：

表 6 - 1   2015 年拉美主要国家工业增加值增长率

国　　家	工业增加值
巴西	－ 6. 2%
阿根廷	1.1%
智利	1.2%
哥伦比亚	2.0%
秘鲁	1.6%
厄瓜多尔	－ 0.9%
乌拉圭	1.1%
巴拉圭	2.4%
玻利维亚	2.6%
墨西哥	0.9%
哥斯达黎加	3.4%

资料来源：赛迪智库整理，2017 月 3 月。

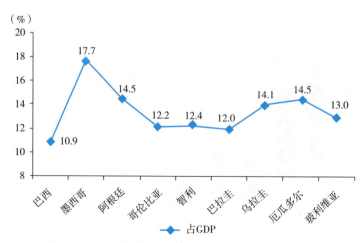

图6-2　2014年拉美主要国家制造业占GDP百分比

资料来源：世界银行，2017月3月。

（二）就业整体形势不佳

根据国际劳工组织（ILO）的报告，2016年拉美和加勒比地区的就业状况出现恶化，预计失业率达8.1%，为近10年来最高值。数据显示，2016年拉美和加勒比地区预计总失业人数达2500万，比2015年增加约500万。2015年该地区失业率为6.6%。拉美和加勒比地区2016年失业率上升是一种普遍现象，在对19个国家失业率的统计中，13个国家失业率呈现上升趋势。报告认为，2016年拉美和加勒比地区失业率急剧上升的主要原因是地区经济形势恶化，就业需求大幅减少。报告指出，近年来世界经济复苏缓慢，拉美和加勒比地区深受影响。2014年至2015年，该地区就业基本为零增长。

（三）吸引外资有所下降

根据联合国拉美经委会（CEPAL）的报告，2015年拉美和加勒比地区吸引的外国直接投资为1791亿美元，较上一年减少9.1%，为2010年以来的最低水平。报告指出，拉美和加勒比地区吸引外资减少的主要原因有二：一是矿业和石油业等领域的投资下滑；二是经济增长乏力。报告显示，2015年巴西虽继续成为该地区吸引外资最多的国家，但金额大减23%。处于第二位的墨西哥则较上一年增长18%。2015年拉美和加勒比地区最大的投资来源国仍是美国，占该地区投资总额的25.9%，其次是荷兰，占比15.9%，排在第三位的是西班牙，占比 11.8%。

二、发展趋势

（一）经济有望实现微弱增长

2016 年，拉美地区经济总体发展情况不及 2015 年。不过，随着国际大宗商品价格步入上升通道，2017 年拉美地区有望摆脱衰退。具体分析有以下几方面原因：首先，拉美地区的主要贸易伙伴经济表现良好，中国经济企稳向好，美国经济复苏提速，基础设施建设投资带动了原材料市场需求增加；其次，近期全球制造业活动逐渐走强，中国 PMI 持续处于高位，欧美制造业也都在以较快的速度扩张；最后，拉美各国政局趋向稳定，政策走向日渐明朗，消费者和投资者信心得到恢复。综上，预计 2017 年拉美经济将实现微弱的增长。

（二）工业实现快速发展存在困难

拉美各国工业领域面临各自问题，如巴西受面临经济衰退、通胀高企加之政治矛盾和社会环境问题，委内瑞拉、智利等国面临原材料价格走低等问题，工业实现快速发展面临很大困难。而墨西哥有望依靠美国经济表现良好的带动作用，成为拉美地区工业发展表现较好的国家。国际油价持续低迷且有可能出现进一步下跌趋势，对拉美地区众多依赖能源出口或大宗商品出口的国家来说，都会对工业快速发展形成阻碍。

（三）工业领域国际合作日益活跃

近年来，拉美地区工业主要以传统产业为主，电子信息和通信业、新能源新材料等新兴产业发展较慢。未来，拉美地区会进一步深化同美国、日本、中国、欧盟等国家和地区在工业领域的合作。在汽车领域，拉美各国已经同全球主要汽车品牌展开深入合作，日本的本田汽车在墨西哥建厂，中国的奇瑞、江淮等自主品牌在巴西开展整车生产。在新能源领域，拉美发展可再生能源的自然条件和产业条件都已具备。在电力领域，国网巴西已采购南瑞集团、中电普瑞等国产设备约 1 亿美元，带动更多的企业及装备"走出去"。

（四）中国成为贸易投资重地

2016 年，中国同拉美国家和地区的贸易总额达 2166 亿美元，同 2000 年相比提高了近16倍，占中国外贸总额的比例也由2.7%上升到约6%。中国已成为很多拉美国家的第一大贸易伙伴。2016年，中国对拉美非金融类直接投资298亿美元，同比增长39%，大型并购项目不断涌现的同时，投资领域从传统的能源矿产、基础设施领域开始向农业、制造业、信息产业、服务业、电子商务、航空运输等诸多领域扩展。

第二节　重点国别

一、墨西哥

（一）发展概况

墨西哥是拉美经济大国，北美自由贸易区成员，世界最开放的经济体之一，同46个国家签署了自贸协定。工业门类齐全，石化、电力、矿业、冶金和制造业较发达。工业是墨西哥国民经济中最重要的部门之一，拥有比较完整且多样化的工业体系，基础设施完备，主要分为轻工业和重工业两大部门，其中轻工业包括食品、纺织、制革、服装、造纸等行业，重工业以钢铁、化工、汽车、机器制造等为主。

墨西哥作为拉美地区制造业的代表，工业发展水平较高，受到北美自由贸易协定签署的影响，贸易壁垒消除，墨西哥制造业在北美以及南美地区面临着良好机遇。然而近年来，墨西哥制造业非但没有迎来飞速发展，反而呈现萎靡之势。制造业在GDP中的占比从20世纪80年代的23%下降到了如今的17.6%。对美国经济的高度依赖，让墨西哥制造业在对外贸易中的比重达到70%，然而对于国内经济和就业率的影响却十分有限。

1. 工业生产整体稳中有升

自北美自贸协定签署以来，墨西哥制造业经历了结构调整和产业集中化发展，部分产业发展良好，如汽车产业和零部件产业，而纺织、玩具等制造业正在逐渐被淘汰，甚至完全消失。然而，随着中国劳动力成本不断上升，墨西哥制造业继而成为全球投资热点，也成了中国制造企业投资的热点地区，两国制造业工人平均工资从 2013 年开始显现出较大差异，到 2015 年进一步加大。

2. 汽车产业产能继续提升

墨西哥国家汽车工业协会（AMIA）公布的数据显示，2016 年 12 月墨西哥生产汽车 242495 辆，同比增长 8.8%，出口 216645 辆，同比增长 4.8%。2016 年全年生产汽车 346 万辆，同比增长 2%，出口 277 万辆，同比增长 0.3%。对美国的出口占到墨西哥汽车出口的 3/4，12 月增速达 9.6%，全年增速为 7.1%。这些数据表明，虽然美国新任总统特朗普在竞选时一再威胁要对墨西哥汽车征收高额关税，但无论是 12 月份还是全年，墨西哥汽车生产和出口都保持了强劲增长。但是，特朗普上台后这样的情况恐怕难以维持。对墨西哥汽车征收高额关税的可能性仍然存在，且特朗普强迫汽车制造商更多地在美国生产。

3. 航空工业发展强势

墨西哥下加州目前拥有约 100 家航空工业企业，年产值近 20 亿美元，其中 70% 出口到美国，其他出口欧洲和加拿大，下加州是墨全国航空工业发展最强劲的地区，波音、空客、美国国防部和墨西哥国防部都是下加州航空企业的采购商。下加州航空工业创造就业岗位 33300 个，预计未来十年就业岗位会翻番。

4. 农业食品工业增长迅速

据墨西哥农业部统计，2016 年墨农业食品工业总产值增长 3.5%，远超预期 2.3%。2015 年农业食品工业增长率高达 5.8%。墨农业食品工业由农工业和第一产业构成，2016 年，在第一产业 4.1% 的增长率强势推动下，墨农业食品工业生产总值大幅增长。2016 年，墨农业增长率 5.8%，畜牧业增长 2.1%，渔业增长 0.6%，反映出全国范围内良好的第一产业增长势头。同时，墨食品加工业增长 2.6%，烟草饮料工业增长 5.3%。

5. 进出口贸易同比下降

墨西哥主要出口原油、工业制成品、石油产品、服装、农产品等，主要出口对象国为美国、加拿大、欧盟、中美洲、中国等；主要进口食品、医药制品、通信器材等，主要进口来源国为美国、中国、德国、日本、韩国等。2016 年外贸总额 7760 亿美元，其中出口 3807.7 亿美元，进口 3952.3 亿美元，同比分别下降2.7%、4.1%和1.2%。

（二）产业布局

20世纪80年代以来的贸易自由化促进了墨西哥产业布局改变，工业开始向靠近美国市场的北部州转移，北部和西北部的墨美边境地区成为墨西哥新的制造业中心，并以此为中心向周边地区辐射。墨西哥中部和南部地区出现了非工业化和第三产业化的趋势。中部地区服务业增长迅速，成为全国服务业最发达的地区，外国跨国公司拥有的金融服务业、民航和商业机构主要集中在墨西哥城及周围城市。由于经济的开放和宏观经济政策的调整，中部地区的传统工业部门面临国外进口产品的激烈竞争，处境困难。除了纺织业和电子产品、汽车业仍然具有一定竞争力外，中部地区的其他传统产业都逐渐萎缩。南部地区主要从事农业、农产品的加工以及石油化工。近年来，随着中部和北部劳动力价格的上涨，北部、中部的一些劳动密集型产业开始向南部地区转移，但目前南部地区经济仍然以农业为主。

分行业看，墨西哥纺织行业主要集中在墨西哥州及周围地区，墨西哥州占31.5%；墨西哥联邦区占17.5%；普埃布拉州占11.7%；依达尔戈州占7.0%；哈利科州占4.5%；阿瓜斯卡连特斯州占3.5%；其他州占24.3%。瓜达拉哈拉是美国在墨西哥电子产品的生产基地。墨西哥汽车生产企业主要在以下各州进行生产，包括阿瓜斯卡连特斯、下加州、奇瓦瓦、联邦区、哈利斯科、墨西哥州、新莱昂、普埃布拉、克雷塔罗、圣路易斯波托西、索诺拉、瓜纳华托等。通用、奔驰和尼桑汽车公司在阿瓜斯卡利埃特州、瓜纳华多州建有汽车厂。

（三）政策动向

2016年7月，墨西哥财政与公共贷款部宣布将修改出口加工业相关政策，以便增加墨出口附加值。墨西哥税务总局局长表示，墨西哥急需改变出口加工业政策，因为该政策已经实行了40年，效果并不尽如人意，没有使国内供应链增值。墨西哥财政与公共贷款部已经要求全国出口加工业委员会提出修改建议。

2015年11月，墨西哥经济部在墨西哥工业年会中，提出了墨西哥工业政策的五大核心内容，其中强调了制造业创新、加强对外贸易和优化经商环境等促进工业发展的重心和要点。具体内容如下：一是以创新为基础的促进政策，是21世纪制造业和生产链形成的关键要素；二是加强外贸和投资政策，填补价值链空隙；三是推动形成创业文化、扶持中小微企业发展，将中小微企业融入全球生产链；四是优化营商环境，简化公司手续，行政审批网络化；五是致力于完善服务企业和消费者的高效市场职能。

2015年7月，墨西哥国会提出要求，希望墨西哥政府保护和支持钢铁工业发展，以此来制约钢铁贸易的不公平进口对国内经济和就业的负面影响。国会要求墨西哥政府应对政府财政预算，加强调整钢铁生产和销售链政策的落实，限制来自其他国家的非法进口，以此防止价格与实际不符而对当地市场造成严重的冲击。墨西哥当地的钢铁企业也认为不公平的进口贸易逐渐削弱了当地钢厂的生产。此外，自行车生产企业、纺织企业和鞋类企业也纷纷要求政府出台保护政策，保护国内企业免受来自于国际厂商的竞争。

二、阿根廷

（一）发展概况

阿根廷是拉美地区综合国力较强的国家。工业门类较齐全，主要有钢铁、汽车、石油、化工、纺织、机械、食品加工等。工业地理分布不均衡，主要集中在布宜诺斯艾利斯省和科尔多瓦省，内地省份工业基础薄弱。核工业发展水平居拉美前列，现拥有三座运行中的核电站。目前，正在筹建第四座核电站。食品加工业较先进，主要有肉类加工、乳制品、粮食加工、水果加工、酿酒等行业。

1. 工业生产下降显著

2015年工业产值占国内生产总值的比重约为17.2%。2016年工业生产下降4.9%。

表6－2　阿根廷主要工业产品产量

	2009	2010	2011	2012	2013	2014
粗钢（万吨）	401.3	513.8	561.1	499.6	518.6	548.8
铝（万吨）	41.26	41.7	41.6	41.3	44.0	44.0
铁（万吨）	284.9	409.8	447.1	368.3	411.5	442.8
电解锌（万吨）	3.30	3.95	4.20	3.78	3.67	2.91
发电量（亿千瓦小时）	—	1200.1	1248.0	1292	1293	1297
水泥（万吨）	—	1042.3	1159.2	1071.6	1189.2	1140.8
原油（万立方米）	3616.3	3536.5	3374.1	3229.1	3133.3	3088.1
天然气（亿立方米）	—	471.0	455.2	441.2	416.9	414.8
汽车（万辆）	51.29	50.84	82.9	76.45	79.14	61.7

资料来源：阿根廷国家统计局、工业部、汽车生产商协会，2017年3月。

2. 对外贸易小幅下降

据阿根廷国家统计局公布的数据，2016年阿根廷对外贸易额为1133.47亿美元，同比下降2.7%，外贸顺差为21.28亿美元。阿根廷进口556.10亿美元，同比下降6.9%，主要进口来源地为巴西、中国、美国、德国、墨西哥、法国和意大利。阿根廷出口577.37亿美元，同比增长1.7%。主要出口市场为巴西、中国、美国、越南、智利、印度、埃及和西班牙。

3. 中国为第二大贸易伙伴

据阿根廷国家统计局公布的数据，2016年阿中双边贸易额为151.43亿美元，同比下降11.8%，双边贸易占阿外贸总额的13%，中国继续保持阿根廷第二大贸易伙伴的地位。阿自中国进口104.83亿美元，同比下降11.0%，占阿进口总额的19%，中国为阿根廷第二大进口来源国；阿对中国出口46.6亿美元，同比下降13.5%，占阿出口总额的8%，中国为阿根廷第二大出口市场。阿对华贸易逆差58.23亿美元，下降6.9%。

（二）产业布局

阿根廷工业空间分布不均衡，主要集中在布宜诺斯艾利斯省和科尔多瓦省，内地省份工业基础薄弱。阿根廷的核工业发展水平居拉美前列，现拥有三座运行中的核电站。罗萨里奥市经济十分发达，已成为阿根廷最重要的工业港口城市。该市拥有先进的食品加工、制革、造纸、机械工业，有发达的公路及铁路网与阿根廷各地相连。从罗萨里奥到拉普拉塔河道沿海地带是阿根廷的工业中心。阿根廷工业技术水平在拉美国家中属前列，从事工业的劳动力人口占全国人口的23%。其中，阿根廷钢铁产量居拉美第三位，全国共有6家大型钢铁厂，钢铁工业集中在罗萨里奥到圣尼古拉斯一带。阿根廷的汽车工业也是重要的工业部门之一。美国、法国、德国和意大利汽车制造厂家在哥多华、布宜诺斯艾利斯等设立了许多工厂。

（三）政策动向

2015年12月，阿根廷新政府宣布从2016年1月1日起，取消向大部分农产品征收出口关税，降低大豆出口关税税率，并逐步解除对工业产品进口的限制。为保护本国工业发展和放缓外汇外流，2009年阿根廷开始实行工业产品进出口自动和非自动许可证制度，对600余种高附加值工业产品进口要求申请非自动许可证，手续办理时间至少需要三个月，且需多部门逐层批准。2012年阿根廷又开始实施"进口提前预申报制度"，申报办理时间长，批准率低，导致无法正常清关，对外支付款项，毁约率大幅增加，让许多外国出口企业的货物被拒收或被拖欠货款。同时，对工业产品征收5%的进口税，能源产品的进口税则高达40%。这些政策让阿国内市场的进口工业产品经常断货、价格飙升，许多企业因无货源被迫倒闭或半歇业，严重制约本国经济可持续发展。

2014年12月，阿根廷通过了"数字阿根廷"法替代了自1972年以来沿用的电信法规。按照法律规定的职责，阿根廷新设立的电信监管机构AFTIC将负责监管牌照拍卖和网络开放，为网络中立给出指导方针，并对企业是否拥有"显著市场力量"给出明确定义。"数字阿根廷"法给电信运营商提供的网络连接速率划定了下限，并且这个最低网速每两年将被修改一次。阿根廷的电信服务有很大的改进空间。根据泛美开发银行的一份报告，阿根廷的宽带互联网普及率在拉丁美洲被纳入统计的26个国家和地区中排名第8。阿根廷的有线电视和互联网服务的费用也较高。

2014年1月，阿根廷出台了应对货币贬值的相关措施。受自身经济状况恶化和新兴市场投资环境变动等不利因素影响，阿根廷比索近日大幅贬值近14%，创12年来单日贬值最高纪录。阿根廷政府随后采取了诸如放松外汇管制、提高基准利率、减少商业银行外汇资本总量和敦促谷物大豆出口商结汇等干预性措施。

三、乌拉圭

（一）发展概况

乌拉圭地处南美洲的东南部，是一个典型的农牧业国家，工业主要以农牧产品加工为主，包括肉类加工、榨油、酿酒、制糖及罐头、面粉、牛乳、干酪加工等，其次是纺织业，主要加工羊毛、生产棉纺和化纤产品。2012年全国共有工业企业14830家，工业部门劳动力14.02万人，占总劳动人口的16.7%，工业制造业出口额41.44亿美元。2013年工业总产值1260.46亿比索，约占国内生产总值的11.05%。农业、畜牧业、服务业、IT和软件业是乌拉圭的四大优势产业。

（二）产业布局

乌拉圭工业主要以农牧产品加工为主，近年来，服务业和软件行业、新能源等产业也成了乌拉圭工业发展的主要方向，但目前这些行业发展尚属起步阶段，无法形成自身规模与优势。

农牧产品加工业。乌拉圭是畜牧业发达国家，农牧加工业主要包括肉类加工、榨油、酿酒、制糖等食品加工业和羊毛加工、棉纺生产和化纤生产等纺织业。近年来，乌拉圭政府提出继续保持传统农牧业发展优势、改善农牧业产品结构，提升农牧业产品附加值的发展目标。乌拉圭政府对畜产品品质的注重及农牧产品加工优先发展的政策定位，为中乌畜牧业领域的投资合作提供了契机。截至目前，乌已有17家乳制品企业开展对华出口，乌拉圭奶粉大批量进入中国市场。因此，未来双方应继续将扩大畜产品贸易合作和投资合作，作为深化畜牧领域合作的重点方向。

农药化工行业。乌拉圭可耕地面积占全国面积的90%，主要的农作物有小麦、水稻、高粱和玉米。为保证农产品产量和质量，乌拉圭农药化肥的需求量很大。进口农药产品主要包括除草剂、杀菌剂和杀虫剂等。进口国主要为中国、阿根廷、巴西、美国等。乌拉圭拥有巨大的农药化工需求市场，中乌双方应不断加强在农药化工领域的合作。

风电产业。乌拉圭政府注重可再生能源发展，2008 年出台了第一个国家层面的能源政策，并制定了到 2015 年要完成 300MW 风电装机量及 90% 的电力来自可再生能源的具体目标。2013 年，乌拉圭国家电力公司（UTE）投资约 20 亿美元用于发展风电产业，并批准了 20 个风电场的项目。2014 年，乌拉圭可再生能源发电占全部发电量的 84%。预计到 2015 年底，乌拉圭已形成以水电、火电、风电、生物质能发电四部分组成的综合供电网。目前，乌拉圭风电产业在整个美洲地区已处于领先地位。

乌拉圭近年来开始发展软件服务行业，产品以出口为主，为乌拉圭经济领域注入了新的活力。2014 年，在全球信息技术和通信业发展指数排名中，乌拉圭是拉丁美洲最先进的国家之一。全国有超过 250 家软件开发企业，80 家互联网和数据供应商。近 10 年来，乌拉圭软件出口保持了年均 12% 的增长速度。目前，乌拉圭的软件人均出口量居南美第一位，软件出口额居南美第三位，出口主要国家为阿根廷、墨西哥和西班牙等。

（三）政策动向

乌拉圭重视可再生能源发展，在可再生能源使用上出台了一些政策。2012 年，乌拉圭政府推出一项能源替代措施，即"太阳能计划"。该计划旨在在普通住宅中推广太阳能热水器，以减少居民住宅的电力消耗。目前乌拉圭居民住宅使用电热水器加热的比例占到 20%，如使用太阳能热水器能大大减少居民电消耗。统计显示，耗电 400—700 千瓦时的住宅使用太阳能热水器每年可节约电费 205—570 美元，而太阳能热水器的成本约 2200 美元，设备使用寿命 15 年。同时，政府对使用太阳能设备的住宅提供优惠政策，第一年以电费折扣的方式每月补贴 350 比索，全年共 4200 比索（210 多美元）。此外，国家抵押银行为购置和安装设备提供贷款和保险。政府还组织培训技术人员为设备安装提供保障。

此外，在乌拉圭二十五年能源全面政策的推动下，目前乌拉圭电力的 95% 均来自于可再生能源，其中包括风能、太阳能、水能和生物质能。该政策主要推动国有企业与私营部门的合作。

第七章　韩　国

　　韩国是新兴的亚洲发达国家，也是亚洲四大经济体之一，韩国的制造业是促进国家经济持续增长的重要产业，长期处于世界前列，其产业布局围绕首尔、釜山两大经济发展区快速发展。电子信息制造业时长竞争力增强，三星电子和 LG 集团在世界五百强中名列前茅，实力雄厚，虽然自 2016 年以来，韩国制造业呈现持续萎靡态势，产品出口增速大幅下滑，汽车产业发展减缓，但现代汽车集团依旧保持着自身强劲的实力，在顶级世界汽车工业的领域占有一席之地。韩国政府为解决制造业所面临的诸如工业生产后劲不足、汽车行业持续低迷和出口不景气等因素的影响，陆续颁布了一系列政策措施，包括货币、产业结构、产业优化政策等多个方面，以期进一步力促民生消费、提升制造业竞争力，为经济增长注入活力。

第一节　发展概况

　　韩国地处于朝鲜半岛的南半部分，是亚洲新兴的发达国家之一，且名列亚洲第四大经济体。韩国的制造业是促进国家经济持续增长的重要产业，制造业中的汽车、造船、半导体、钢铁、石油化学等产业都长期名列世界前茅，生产的产品和产业品牌全球知名。但近来，韩国国内受"干政门"、国内经济危机问题、三星 Note7 "爆炸门"和现代汽车罢工事件、韩进海运破产影响，加之全球贸易保护主义抬头、中国进口需求减少等外部因素共同影响，韩国 2016 年度经济增速放缓，GDP 为 1.51 万亿美元。受全球经济增速放缓、逆全球化的抬头等负面因素的影响，韩国国内生产、消费、投资复苏势头不如预期，韩国央行于 2016 年初对韩国全年经济增速预测仅为 2.8%，基本与 2015 年韩国经济 2.6% 的增速持平。受国际原油价格下跌拖累，2016 年韩国工业增长下滑幅度较大，韩国央行公布 2016 年 1 月工业生产者价格指数仅为 98.52，环比下滑 0.5%，同比下滑 3.3%，持续刷新自 2010 年 3 月以来指数新低。面对错综复杂的国内外经济形势，韩国政府出台了一系列的政策，力促民生消费，促进经济增长。

一、制造业呈现持续萎缩态势

受特朗普贸易保护主义、国际大宗商品价格持续下行、国内制造业景气低迷等不利因素影响，2016 年以来，韩国制造业增长动力不足，萎缩态势明显。2016 年 12 月，韩国制造业 PMI 值自 2015 年 6 月达到最高值 50.50 后回落至 49.50，之后小幅上扬。其中，PMI 在 2016 年 4 月升至 50.00，是继 2015 年底来首次上升至 50 的枯荣线以上。2016 年 12 月，韩国制造业企业景气指数（BSI）为 72，同比上涨 9 个基点，环比上涨 1 个基点，为 2016 年最高水平，持续低迷的制造业景气有所回升。具体来看，2016 年 12 月，韩国大企业 BSI 指数为 80.00，中小企业为 62.00，环比分别上涨 3 个基点和下降 2 个基点；制造业产品销售价格 BSI 指数 97.00，环比上涨 4 个基点，销售、生产、新收订单、效益、原材料购买价格等指数均有所回暖；纸浆造纸、非金属矿物等制造业领域小幅下跌，木材、焦炭炼油、化学工业等制造业领域小幅上涨。2016 年韩国制造业发展形势有所好转。

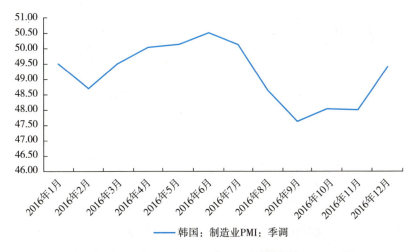

图 7-1　2016 年 1 月—2016 年 12 月韩国制造业 PMI 值

资料来源：根据新闻数据整理，2017 年 1 月。

二、出口增速大幅下滑

全球经济不景气导致总需求不足、无线通信器材和家电等产品海外生产比重增加、美国加息、国际油价下跌以及人民币、日元汇率持续走低等因素对韩出口造成了不利影响。2016 年，韩国出口额为 4955 亿美元，同比减少5.9%，出口持续下挫说明形势依然严峻。受美元对韩元汇率上升影响（2016年 11 月美元对韩元汇率环比上涨 3.2%），韩国银行公布的数据显示韩国 11月进出口物价均大幅上扬。当月出口物价指数为 83.99，环比大增 4.1%，月度出口物价涨幅创 2009 年 2 月以来最高值。韩国国际贸易协会公布的数据显示，2016 年整体出口额呈上升趋势，2 月、5 月和 8 月为全年低谷，降幅分别为0.93%、3.28% 和 1.85%，11 月达到全年峰值，进口额为 4088170 万美元。

图 7 - 2　2016 年 1—12 月韩国出口总额

资料来源：韩国央行，2017 年 1 月。

三、汽车产业发展减缓

全球经济低迷、韩国国内个人消费税下调措施延长至 6 月底结束，以及薪酬团体交涉长期化伴随着罢工引起的产量下降等因素影响，现代、起亚、韩国通用、雷诺三星、双龙五大整车厂商发布 2016 年 12 月国内新车销量，同比下降 5.9% 达 164852 辆，但全年总体销量同比增长 0.6%，达到 1588572

辆。韩国汽车业龙头现代汽车公司遭受了长达数月的罢工，汽车产量大幅减少，现代和起亚汽车的销量仅约 787.6 万辆，跌破 800 万辆，在国际汽车市场上跟位于第四名的雷诺日产间的差距也进一步拉开，呈现出"缩水现象"。韩国通用销量达 597165 辆，同比下降 4.0%；雷诺三星 257345 辆，同比增加 12.3%；双龙 155844 辆，同比增加 7.7%。

由于全球长期经济衰退和受新兴市场汽车需求低迷的影响，韩国 2016 年汽车出口为 262 万辆，较 2015 年的 297 万辆同比下降 11.8%。出口额继 2015 年同比下降 6.4% 之后再次同比下降 11.3%，为 406 亿美元。

四、电子信息制造业市场竞争力强

2016 年，韩国的半导体产业占整个 GDP 总量的 5%，以三星电子和 SK 海力士为龙头，有两万多家大中小企业支撑着这一产业。日本半导体制造装置协会最新公布的报告显示，2016 年韩国半导体设备销售额共计 76.9 亿美元，占全球半导体市场份额的 18.65%，较 2015 年有所增加，连续第二年成为第二大市场。其中，2016 年虽然受 Galaxy Note7 "爆炸门"影响，但从三星的业绩报告来看，各项指标依然保持不同程度增长，全年营业收入 435.35 亿美元，营业利润 29.24 万亿韩元，创历史第二高纪录，半导体业务带来的营业利润占一半以上，在半导体设备方面的投资额为 113 亿美元，同比增长 13%；SK 海力士销售额预计达 142.34 亿美元，同比下降 15% 市场份额达 4.8%。

第二节　产业布局

韩国在 20 世纪 50 年代通过重视基本消费品行业恢复国内经济发展之后，目前韩国经济已主要围绕首尔、釜山两大区域发展，两大经济区域正处于快速发展期。之后，韩国在 60 年代又再次转向轻纺产业，以形成上述两大经济区域纺织产业为核心经济轴的出口战略导向。70 年代起，由于韩国浦项至光阳的沿海地区经济基础雄厚、工业资源丰沛、交通区位条件便利，而且该区域避开了军事对峙的东南沿海地区等各类优势，所以韩国推动该区域形成东西走向的新经济轴，区域主要发展钢铁、石化、造船、机械等重化工业，而其中以钢铁为核心，在1975年，首尔、大邱、仁川、釜山等大、中城市的工业产值占比已经达到66.2%，但韩国西海岸和东部太白山区域的经济仍明显处于落后。20世纪80年代以后，韩国开始大力发展技术密集型产业。1981—1986年间，家用电子产品和电器产品的产值，每年分别递增16.2%和31.5%。韩国电子信息产业主要分布在科研中心和科技力量雄厚的大城市附近，三星把半导体工厂布局在利川，集成电路生产布局在龙仁，这些城市都以首尔为中心呈环状分布。

韩国产业主体的重化工业的布局有两大特点。首先，是沿海地区。韩国矿产资源匮乏，工业原材料主要依赖进口，因此沿海地区成为重工业的首选地带。如：东南沿海京仁地区的仁川、三陆、东海岸的束草等地玻璃、机械、水泥等产业。其次是工业团地模式。该模式是指通过开辟特定工业区来为工业企业提供办公场所和公共设施。从20世纪70年代起，韩国通过限制部分城市发展的政策，形成了主要以中心城市为主题的经济和人口圈，限制措施主要包括鼓励企业外迁、给予外迁企业优惠政策，并增加中心城区居民人数和固定资产投资。

第三节　政策动向

为实现韩国经济的实质飞跃性发展，2016年韩政府采取一系列措施，包括实施宽松货币政策、产业结构调整、造船产业优化、调整应对非关税贸易壁垒政策及签署韩美、韩英、韩越、韩蒙、韩俄、韩印、中韩等自贸协定等，进一步提升制造业竞争力，增加就业，刺激内需，扩大出口，为经济增长注入活力。

2016年1月，韩中第一次共同为打通在中国市场韩国企业的发展而设立了专项基金，韩方的母基金出资400亿韩元，中方的深圳市投资控股有限公司和民间机构各出资300亿韩元，其余资金均由两国基金公司出资。该专项基金由韩方的SV Investment和中方风投公司Fortune Link共同运作，基金主要被用来推动生物、信息技术和移动、媒体等领域的优质韩国中小企业和风险企业拓展中国市场。

2016年4月，韩国经济副总理兼企划财政部部长柳一镐称将推进"4+1

改革"，即在四大改革（劳动、公共部门、金融、教育）的基础上再推进"产业改革"，除了继续加快对造船、钢铁、石化等不景气制造业领域的结构调整速度，将着力培育新兴产业和服务业。

2016 年 5 月，韩国金融委员会召开"第三轮产业竞争力强化及产业结构调整磋商会议"，急需结构调整产业加入了造船业和海运业。其中，韩国海运业方面的海洋水产部、金融委员会、产业银行将联合组成专项工作组，再深入讨论支援方案。而造船业方面，韩国政府宣布大宇造船需提交一份包含增加裁员数量、改善薪酬体系、控制成本等的具体实施方案。

2016 年 7 月，产业通商资源部等韩各相关部委联合召开了"加强产业竞争力跨部门部长联席会议"产业结构调整第二次分委会会议。会议集中讨论了即将实施的"企业活力提高特别法案"（简称"企活法"）的支持方案和提振造船业密集地区经济活力的支援方案。

2016 年 8 月，时任总统朴槿惠主持召开第二次科技战略会议，敲定旨在发掘新增长动力、提升国民生活质量的九大国家战略项目，包括人工智能、虚拟现实（VR）、无人驾驶汽车、精密医疗系统等。未来创造科学部将在十年间投入 2.21 万亿韩元（约合人民币 134 亿元）推进这九大项目。

2016 年 10 月，韩国政府出台应对造船企业结构调整不良影响的政策。政府将在 2020 年前订购船舶 250 艘，并将根据不同公司的具体情况，提供资金集中扶持具有竞争力的领域。政府计划至 2018 年将三大造船公司的船坞数量从目前的 31 个缩减至 24 个，同时将员工人数裁减至 4.2 万名。

2016 年 12 月，韩国银行公布《2017 年货币信用政策运营方向》，由于韩国 2016 年全年经济增长势头缓慢和内需市场物价上涨压力不大，2017 年将继续维持"货币宽松政策"。韩国政府发表《2017 年经济政策方向》，提出了 2017 年经济政策重点，一是加大出口支持力度，扩大贸易金融支援规模，从 2016 年的 221 万亿韩元提高到 229 万亿韩元，向对外经济合作基金（EDCF）拨款 1.6 万亿韩元，加大对企业投标新兴国家工程项目的援助，并新设 5000 亿韩元规模的"增进新兴国家经协基金"，扩大与美国的原材料贸易规模、改善贸易结构，计划今后 20 年每年从美国进口 280 万吨页岩气等；二是推进多、双边贸易协定谈判，重点推进区域全面经济伙伴关系（RECP）、韩英自贸协定等多项多、双边贸易协定谈判。

第四节　发展趋势

一、工业生产后劲不足

受全球经济放缓、国际大宗商品价格下行、美国加息等因素的影响，韩国国内消费萎靡，经济低迷，就业形势严峻，工业持续低迷。2015 年 11 月，韩国央行曾预测 2016 年韩国经济增速为 3.2%，但央行于 2016 年 2 月将增速预测值下调至 2.8%，LG 研究所更将增长预期下调至 2.6%。由于韩国国内内需不足、汽车行业低迷等因素影响，韩国出口额自 2016 年 1 月连续 7 个月较 2015 年同比降低，工业后劲不足。

二、汽车行业持续低迷

韩国是自 2005 年开始已连续 10 年蝉联全球排名第五的汽车制造大国。2016 年，世界 500 强韩国现代汽车排名上升至 84 名，但受世界经济增速放缓、新兴市场汽车需求减少等多方面影响，其销量低迷，营收和净利润不涨反降。

三、出口不景气整体呈波动上行趋势

近两年，受发达国家经济低迷、中国经济增速放缓及国内市场购买力下降等因素影响，韩国进口市场急剧萎缩，出现进出口贸易极不平衡的现象。受全球经济疲软、韩国产品在主要市场竞争力下降影响，2016 年韩国出口不景气，导致韩国经济失去最大引擎。韩统计厅数据显示，20 世纪 70 年代韩国出口年均增长率高达 38.5%，而近五年该数值仅为 2.8%，单月出口额从 2015 年 1 月至 2016 年 7 月连续 19 个月负增长，打破韩国出口负增长纪录。2016 年 8 月虽短暂反弹增长 2.6%，但此后增减反复不断，难以保持明显的增长态势。

第五节 企业动态

一、总体情况

韩国是后起的工业化国家，拥有众多大企业集团，国家大型企业在全球的影响力不断增加。韩国的大型企业在 2016 年的《财富》杂志中公布的世界500 强中有 15 家入围，较 2015 年减少 2 家。三星电子在榜单中排名第 13 位，同 2015 年排名一致；现代汽车排名第 84 位，比上年上升 15 位；浦项制铁（POSCO）排名第 173 位，比上年下降 11 位；LG 电子排名第 180 位，比上年下降 5 位。2016 年韩国制造业企业经营非常困难，经济低迷，资金状况正在变得越来越差，将直接导致韩国企业的新商品停产，开始集中处理过剩的库存产品；同时还能够间接地反映出产业整体的投资萎缩、失业增加等问题产生。韩国统计厅 5 月 31 日公布的数据显示，2016 年 1—3 月，制造业平均开工率在 72% 到 73% 间徘徊；4 月再次跌至 71%。

二、主要跨国企业动态

（一）三星电子

三星电子在 2016 年世界 500 强企业榜单中排名第 13 位，同 2015 年排名一致，品牌价值仍居前列。2016 年，三星电子的营业收入为 201.87 万亿韩元，营业利润 29.24 万亿韩元，Note7 "爆炸门" 仅对第三季度移动业务营业收入有所影响，三星迅速调整策略重新推广 GALAXY S7 和 S7 edge，以及推出了 C9 等比较具有性价比的中端机型，并停止全球 Galaxy Note7 生产和销售，在调整政策后的第四季度净利润同比增长 12%，整财年的营业利润同比增加10.7%。三星电子连续 3 年研发投入排名世界第二位，共投入 125.28 亿欧元。三星电子加大对越出口，已于 2015 年 5 月在越南的胡志明市建成了消费家电的复合园区，并计划到 2020 年从 14 亿美元的投资追投至 20 亿美元，同时计划于 2017 年上半年在美国得克萨斯州奥斯汀工厂投资 10 亿美元，增加大规模集成电路生产量，以满足移动通信设备和其他电子设备对系统芯片的需求。三星全年总共资本支出为25.5万亿韩元，低于2016年初预计的27万亿韩元，低于预期的主要原因在于年终投资将延至2017年。2016年三星电子营收业绩创新高，而这其中更多地归功于芯片及显示业务的暴涨，电子半导体业务2016年全球仅次于英特尔排名第二，内存业务、OLED和LCD显示面板方面表现出色。另外，三星集团向电动汽车领域进军，旗下公司三星SDI2016年向电动汽车电池业务投资7亿美元，规模同比增加40%。

（二）现代汽车集团

现代汽车是全球知名汽车品牌之一，该集团在2016年世界500强中排名第84位，名次上升15位。2016年，现代汽车营业收入达499.96亿美元，同比降低12.30%；净利润1.1亿美元，同比减少71.00%。现代汽车已宣布将投入不超过31亿美元于美国公司的制造设施，并正考虑在美国这一全球利润最高的汽车市场开设新厂，现代汽车同时将在未来五年把上述资金用于开发自动驾驶汽车等新技术的研发和升级现有设施，加大无人驾驶汽车的研发力度以求在这一领域站稳脚跟。2015年，起亚汽车推出了全新的K7，还有首款混动SUV Niro，预计2016年现代汽车在环保汽车市场上的占有率有望跻身全球第三。受世界经济增速放缓、新兴市场汽车需求减少等多方面影响，韩国现代汽车销量低迷。2016年，在中国市场，现代汽车集团的沧州工厂竣工，在华年产将扩至240万辆，计划将中国销售门店数量从目前的1000多个增至2020年的1400多个，并争取在2020年推出9款环保车，将环保车销售占比提高到总销售的10%。2016年，现代汽车工会为敦促公司方面提出加薪方案，时隔12年首次组织全面罢工，影响规模史上最高，达到2.5万亿韩元。2016年，韩国在中国市场总计销售了179万辆汽车，其中现代汽车公司为114万辆，同比增长7.5%；起亚汽车公司为65万辆，同比微增5.5%。

（三）LG集团

作为全球先进的数字技术领域品牌，LG电子成为2016年红点设计大奖的最大赢家，共囊括32项殊荣，其中包括两项"最佳设计奖"和30项"红点奖"，是唯一一家在同一年获得两项"最佳设计奖"的获奖者，证明了LG在技术与设计方面均处于业界前沿的领导地位。2016年，LG集团营业收入达

499.96 亿美元，同比降低 12.30%；净利润 1.1 亿美元，同比减少 71.00%。LG 电子 2016 年营业利润为 13377 亿韩元（约合人民币 76.98 亿元），销售额为 55.36 万亿韩元。LG 电子 2016 年第四季度营业利润出现赤字，亏损 353 亿韩元（约合人民币 2.2187 亿元），这要归咎于智能手机业务部门（MC 事业本部）的萎靡不振，该部门从 2015 年第二季度起连续六个季度出现亏损，新旗舰机 G5 和 V20 销售不佳扩大了亏损规模。LG 电子已逐步减少中国工厂的智能手机、洗衣机、吸尘器产量，同时提高越南工厂产量，并计划于 2028 年前投资 15 亿美元于越南北部经济特区，以建立复合工业园区来生产电视、智能手机、洗衣机。

第八章 中国台湾

2016 年，台湾地区经济的总体发展迎来了动荡的一年。台湾当局虽采取一系列措施来提振经济发展，但整体经济的发展依然呈现低迷状态，产业结构转型依旧是台湾地区经济发展方面的热议话题，也是阻碍台湾地区社会经济发展的一大顽疾。台湾地区整体产业格局的调整，经历了从上世纪 60 年代以轻工业为主导的产业格局到以半导体为主导的产业格局的变革。此外，两岸经贸合作关系日趋低迷，这主要是受岛内政治格局变化的影响，明进党上台执政，增加了两岸地区经贸合作的难度，干扰两岸地区交流合作的不确定因素增加，从而致使两岸贸易和投资关系受到较大的冲击。与此同时，台湾地区各大企业表现良好，为台湾地区提供了众多就业岗位。预计在 2017 年，台湾地区产业结构调整依旧会是台湾地区经济发展面临的主要问题之一。

第一节　发展概况

近年来，受外需不足的影响，以外向型经济为主的中国台湾地区经济陷入低迷状态，产业转型面临着诸多困境。2016 年，台湾地区经济略有回暖趋势，虽然外部经济环境带来一定负面影响，加上外贸出口波动与内部消费、投资动能不足的双重压力，经济增长有所放缓，工业生产也呈波动上升趋势。台湾当局采取了一些积极举措来推动产业转型，但仍然缺乏稳定增长的长期动力，工业生产面临着新一轮调整，主要有以下特点：

一、经济问题困局依旧，工业生产略有波动

2016 年，中国台湾地区经济问题依然是导致台湾陷入困局的主要因素，

全年经济增长维持在1%上下。上半年经济增长平均值为1%，同年8月，经济增长率基本稳定在1.22%，同年11月达到1.24%。2016年中国台湾地区工业发展的整体态势良好，但2月生产年增率出现负增长，3—4月工业生产逐渐回暖，同年5月工业生产稳步发展。截至2017年1月，中国台湾地区工业生产指数为104.77，连续6个月同比正增长，年增率可达2.77%。其中，建筑产业生产指数同比增长12.41%，电子零组件产业生产指数年增率高达12.02%，机械设备产业生产指数年增长超过4.39%。制造业生产指数增长3.80%，用水供应产业同比增长0.96%，矿业和土石采取产业生产指数下降了5.51%，汽车及其零部件生产年减率约为13%，电力产业和燃气供应产业同比下降23.12%。

二、外贸投资表现欠佳，对陆出口略有下降

受外部大环境影响，2016年台湾地区贸易、投资以及消费整体表现欠佳，其中，外贸形势严重影响了台湾整体经济发展态势。2016年1—9月，贸易出口额持续下跌，同年10月逐步回升，增长率由负转正，为9.4%，11月贸易增长率取得可喜成绩，贸易出口金额达到243.4亿美元，增长率高达12.1%，创下27个月以来的历史新高。2016年台湾地区的外商直接投资增长放缓，截至2016年10月，外商直接投资跌幅为8.9%，投资总额可达102.9亿美元，同比增长178.9%。但投资总额的增长并不意味着台湾在整体投资环境方面有所改善，而是在几家大型企业并购案的作用下，致使外商直接投资总额显著增加。据中国海关总署统计，截至2016年9月，台湾地区与大陆地区的贸易总额为1275.5亿美元，较2015年同比下降7%，这主要还是受世界经济深度调整和外需放缓的影响，两岸以加工贸易为主的产业格局因此受挫，贸易总额出现了较大幅度的下跌。

三、半导体产业逐步回温，结构性问题依旧存在

半导体行业是台湾地区最大的支柱型产业，全球需求下滑和市场竞争日趋激烈的大环境并没有阻挡台湾地区半导体产业的发展。2016年上半年，台湾地区半导体产业受到全球经济疲软的影响，增速放缓。从下半年开始，市

场对终端电子产品的需求上升，物联网、自动化等新兴科技的进一步发展，对台湾地区半导体产业的发展起到积极的拉动作用。2016年1—11月，台湾地区在全球最具竞争优势的半导体产业方面有了较为长足的发展，集成电路出口总额高达709亿美元，增长率增幅创下近6年以来的峰值，年增率达11.1%，其中，对大陆的出口份额占到54.8%，较上年同比增长22.5%。晶圆代工产值在2016年超越9000亿美元，年增率约8.6%。DRAM产值也取得了一定发展，但由于价格过低，较上年同期减少12.5%。台湾地区半导体产业目前面临着来自全球的激烈竞争，特别是大陆地区集成电路产能的不断提升，对台湾地区晶圆代工造成了明显冲击。台湾地区集成电路虽具有一定的产能和技术优势，但仍需积极应对全球市场衰退的影响，加快在大陆的布局与合作。

四、对外投资发展放缓，对陆投资持续增长

2016年对外贸易态势整体发展放缓，截至10月，台湾地区整体出口呈现负增长态势，同年11月对外贸易出口总额高达243.4亿美元，年增长率增至12.1%。台湾地区的五大出口市场主要集中在中国大陆、中国香港、美国、日本以及欧洲，从2016年10月开始，台湾地区对大陆的出口额和增长率领先于其他四大出口市场。2016年1—11月，大陆地区与台湾地区的贸易总额为1613.8亿美元，较2015年同比下滑4.9%。其中，台湾地区对大陆地区出口额为1249.8亿美元，较上一年同期下滑3.0%。大陆地区已成为台湾地区的主要进口来源地和贸易伙伴。为鼓励外商对台投资，台湾当局一直积极对外招商，2016年投资环境略有改善，截至2016年11月，大陆批准了约3000个台商投资项目，与2015年批准的2288个相比，同比上涨19.6%。大陆地区实际使用台资约折合16.9亿美元，同比上涨了17%。

第二节　产业布局

一、总体情况

历经几年的快速发展后，台湾地区形成了以电子信息产业为支柱产业、

部门体系较为齐全的产业格局，北、中、南三大地区成为台湾工业体系的主要组成部分，根据各地不同的优劣势，各个区域分别重点发展了各自的优势产业。作为台湾地区最重要、产业规模最大、产业门类最完善的工业区域，北部地区重点发展了纺织、食品、造纸、机械、电子、化工、半导体、金属制品等产业。20世纪80年代之后，中部地区的工业迅猛发展，企业数量较多的行业主要集中在金属制造业、机械设备制造业和塑胶制品制造业。以传统产业为支柱产业的南部地区，大力发展了高科技产业，优化了产业布局，南部工业整体向着高科技产业方向发展。作为台湾地区的重化工中心，南部地区主要发展石油冶炼、化工、钢铁、制造、纺织等产业。70年代台湾地区高雄县市主要发展炼铁、石化及造船工业，目前高雄已成为台湾地区最大的石化工业中心。现阶段，台湾南部地区的产业结构已向高科技化转型，科技产业与传统产业的比重日趋平衡，并且极具发展潜力。

二、重点园区分布

工业园区的设立对台湾地区工业的健康发展和产业集群的有效形成发挥了极其重要的作用。作为台湾地区最大的半导体与电脑及周边设备制造业中心，新竹科学工业园目前共有396家高科技厂商，集中发展半导体业、电脑业、通信业、光电业、生物技术、精密机械产业。台积电、联华电子、华邦电子、纬创资通、佳世达等集团先后进驻新竹科学工业园区。该园区逐渐发展成为北台湾的科技中心，按照发展规划，园区目前正进一步扩大，并将逐步囊括苗栗铜锣园区、桃园龙潭园区、竹北生物医学园区以及宜兰园区。在新竹科学工业园区成功经验的推动下，台湾当局陆续设立了南部科学工业园区及中部科学工业园区。

继新竹科学工业园区和南部科学工业园区成功建立之后，台湾当局设立了中部科学工业园区，同时也是台湾地区又一重要工业区域。园区地跨台中市、彰化县及云林县三县市。数百家企业陆续进驻中部科技工业园区，包括友达光电、旭能光电、程泰机械、均豪精密、特典工具等一批光电类和精密机械制造企业。园区毗邻工研院机械研究所、金属中心以及东海大学、逢甲大学等高校。位于台湾地区台南市和高雄市等地的南部科学工业园区，是台湾

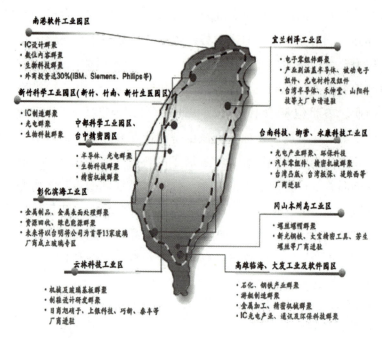

图8-1 台湾地区重点工业园区分布情况

资料来源：赛迪智库整理，2017年1月。

地区一个重要工业园区。该园区以晶圆代工业和面板制造业为主要产业，并实现了台湾地区高科技产业南北双核心的目标。园区设立同时也推动了南部地区整体高科技产业的发展。数百家进驻南部科学工业园区，包括台积电（TSMC）、联华电子、台达电子等多家知名企业。南部科学工业园区的产业囊括了半导体业、光电产业、光伏产业、LED及电池、精密机械、通信产业和生物科技业等。

第三节　政策动向

面对日益严峻的经济下行态势，台湾当局采取了一些政策措施来提振经济，促进产业转型。全球制造业在"工业4.0"浪潮驱使下，纷纷寻求制造智能化转型之道，以应对产业变革提升国际竞争力。德国提出"工业4.0"

作为"2020高科技战略"十大未来计划之一，而美国与日、韩也各自以对应策略推动智能制造发展，台湾则启动"生产力4.0"创造产业成长新动能。2016年以来，台湾地区全力推动"生产力4.0"，借由产业科技优势发展智慧工厂，实现大量、多样的数字化生产，"智能制造"成为两岸开展合作的核心。在工业信息领域，台湾将开展软硬件整合、重视大数据与物联网增值应用以及与大陆地区的合作，提升台湾在全球供应链生产的关键地位。

2016年，台湾当局"国发会"制定经济增长"保二"的目标，虽制定一系列政策措施遏制经济恶化，但因其政策大多空有其表，创新流于形式，很难从根本上改变台湾地区经济发展面临的内外结构性问题，经济发展前景很难乐观。

2016年，台湾民进党上台执政，两岸经贸合作发展受阻。民进党"去中国化"政策倾向愈加明显，并推行"贸易保护主义"和"逆全球化"，严重阻碍了两岸经贸合作的制度化和机制化，恶化了两岸合作的发展环境。然而，两岸经贸合作对大陆地区内需市场的依赖将进一步增大，大陆地区经济社会的转型结果将对两岸经贸合作产生巨大影响。

第四节　发展趋势

一、工业生产略有回暖

2016年，台湾地区经济发展面临的内外部环境变数依旧很多，增加了经济发展的不确定性，经济呈现低速增长但略有回暖趋势。据台湾经济部门统计处的数据，台湾地区2017年初工业生产指数为104.77，同比增长约2.77%，较2016年2.32%的比率略有回升，同时实现了2016年初确立的经济增长"保二"的目标。电子零组件业、制造业、矿业、产能机械设备业、建筑工程业为台湾地区工业生产的发展以及整体经济的发展提供了动力。在台湾地区经济增长预期不高的背景下，台湾地区工业生产虽有回暖，但仍以低增长率缓慢发展。受原材料价格下降、出口动能减缓等因素影响，台湾地区整体的工业发展状况恐将持续走缓。

二、传统产业向智能化方向转型发展

受中国大陆地区经济增长放缓和产能过剩的影响，中国台湾地区钢铁、石化、汽车等传统产业面临着转型升级的困境。因应企业成长需求，2016 年中国台湾地区企业加速了数字化转型并持续增加其 IT 预算及支出，并导入更多创新的技术应用及营运模式以建构企业竞争力。随着信息技术的不断推广应用，中国台湾地区传统产业的智能化水平将进一步提升。

三、两岸电子信息产业的要素资源整合将进一步加快

长期以来，台湾地区依托 IC 代工成为全球重要的信息及通信产品主要设计及制造地。2016 年，台湾地区电子信息产业产值约 543 亿美元，较上一年下滑 2%。消费电子产品的营收在整个电子信息产业中占据领军地位。台湾地区电子信息产业的集中度进一步提高，直接作用于 IC 制造代工、IC 设计、IC 材料与设备等行业的健康发展。截至 2016 年底，IC 制造代工同比上升 10.7%，IC 设计同比上升 19.2%，这一增速得益于大陆智能手机的广泛应用。其次，由于电子行业存储器供不应求、缺货涨价，存储器较 2015 年成长了 15.1%。与此同时，面板、LED、EMS 等产业出现了不同程度的下滑，苹果公司出货量减少以及大陆地区电子产业的崛起都是直接导致台湾地区以上产业出现营收下降的原因。随着中国大陆大力推动集成电路产业发展，两岸相关企业的战略合作与兼并重组不可避免，两岸电子信息产业的要素资源整合将进一步加快。

四、外资撤离步伐加快，吸引外资能力需要加强

全球主要工业国家外资直接投资（FDI）存量占 GDP 比率的平均值是 33.6%，台湾地区只有 13%。20 多年前的台湾地区曾出现过"外资争相投入热"，现在却成为"投资旱渴症"地区。2016 年以来，英国巴克莱证券、加拿大丰业银行开始相继退出台湾地区金融市场，加上大陆市场的迅猛发展以及 MSCI 持续调高大陆地区权重，台湾地区市场陷入困境。伴随着工业生产的

持续低迷，未来台湾地区对外资的吸引力仍将进一步下降。

第五节　企业动态

　　根据最新公布的 2016 年《财富》杂志世界 500 强企业排名，鸿海科技集团以总营业额 1412 亿美元，名列第 25 位，为台湾地区排名最靠前的企业。鸿海科技集团连续九年在台湾地区大型集团企业中称霸，主要原因在于鸿海集团实施多元化经营策略，扶持多家子公司上市，以并购参股模式在全球的智财权布局中获取战略性地位。同时，经过多年的快速发展，台湾地区形成了以电子信息和石化产业为主导的产业格局，除鸿海集团外，涌现出台塑集团、台积电等一大批具有全球影响力的品牌企业。台湾地区号称"中小企业王国"，拥有 120 多万家中小企业，占企业总数的比例高达 98%，并创造了 80% 的就业机会，是台湾地区财政收入的重要来源和现代工业发展的重要基础。随着两岸经济合作的不断加快，两岸中小企业的交流与合作正在成为重要合作领域。

行业篇

第九章　原材料工业

受原油价格上涨因素影响，2016 年全球原材料行业生产平稳增长，主要产品价格总体上呈现上升态势。分行业看，石化行业全球化学品产量增速放缓，主要化工产品价格震荡上行。钢铁行业，全球粗钢产量除欧盟、美洲和非洲粗钢产量略有下降以外，其他地区粗钢产量均出现不同程度的增长，钢材价格呈现"上行 – 回调盘整 – 再上行"的态势。有色金属行业，全球铜供应过剩有所缓解，铜价波动上升；全球原铝供应少量短缺，铝价总体波动上升；铅、锌供应由过剩变为短缺，铅价总体呈上升态势，锌价一路走高。建材行业，全球建材市场仍然表现低迷，特种玻璃市场仍被欧美日等发达国家霸占，产品价格继续小幅弱势震荡上升。稀土行业全球供给稳定增长，稀土资源开采项目逐步增加，未来市场前景广阔。

第一节　总体态势

2016 年全球经济较 2015 年有所放缓，国际贸易持续低迷，主要经济体走势分化。一年来，全球化学品产量增速放缓，同比增长 2.2%，较 2015 年增速下降 0.5 个百分点。全球炼油能力增长缓慢，乙烯新增产能大幅减少。

第二节 重点行业情况

一、石化行业

（一）市场供给

2016 年，美国化学工业产值增长 4.8%，欧洲增长 0.7%，巴西下降 4.4%，加拿大化工销售额下降 10.3%。

（二）价格行情

2016 年，国际油价触底反弹，大庆、布伦特、WTI 原油价格分别由年初的 23.68 美元/桶、30.7 美元/桶和 31.51 美元/桶上涨到年底的 49.65 美元/桶、53.59 美元/桶和 52.17 美元/桶。受原油价格上涨因素影响，主要化工产品价格震荡上行。以苯乙烯为例，由现货中间价由年初的约 900 美元/吨上涨到年底的接近 1200 美元/吨。

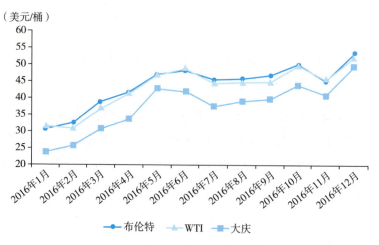

图 9-1 2016 年国际油价走势

资料来源：Wind，2017 年 1 月。

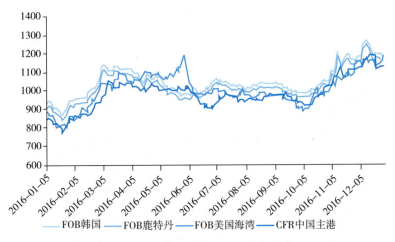

图 9 - 2　2016 年苯乙烯现货价格走势

资料来源：Wind，2017 年 1 月。

二、钢铁行业

（一）市场供给

2016 年 1—11 月，全球粗钢产量略有下降，纳入统计的 66 个国家粗钢产量为 14.7 亿吨，同比增长 0.4%。除欧盟、美洲和非洲粗钢产量略有下降以外，其他地区粗钢产量均出现不同程度的增长，其中中东粗钢产量同比增幅最大，同比增长 6.7%。

表 9 - 1　2016 年 1—11 月全球各地区粗钢产量

（万吨，%）

地　区	2016 年 1—11 月	2015 年 1—11 月	同　比
欧盟	14914.2	15452.8	- 3.5
其他欧洲国家	3283.6	3112.6	5.5
独联体	9344.4	9307.8	0.4
北美	10153.5	10238.5	- 0.8
南美	3621.6	4062.8	- 10.9
非洲	1113.4	1183.0	- 5.9
中东	2658.0	2489.9	6.7
亚洲	101178.4	99787.0	1.4

续表

地　区	2016 年 1—11 月	2015 年 1—11 月	同　比
大洋洲	532.4	528.9	0.7
全球（扣除中国大陆）	72905.7	73165.0	-0.4
全球	146799.7	146163.4	0.4

资料来源：世界钢铁协会，2017 年 1 月。

　　从全球各地区粗钢生产情况看，2016 年 1—11 月全球粗钢产量 14.7 亿吨，其中亚洲地区粗钢产量 10.1 亿吨，占全球粗钢产量的 68.9%；欧洲地区粗钢产量 1.8 亿吨，占全球粗钢产量的 12.4%；北美洲和独联体粗钢产量分别为 1.0 亿吨和 0.9 亿吨，分别占全球粗钢产量的 6.9% 和 6.4%；南美洲、中东、非洲和大洋洲的粗钢产量分别占全球粗钢产量的 2.5%、1.8%、0.8% 和 0.4%。

　　从 2016 年 1—11 月粗钢主要生产国家来看，粗钢产量排在前 5 位的分别是中国、日本、印度、美国和俄罗斯，其中中国粗钢产量占全球粗钢产量的 50.3%。

表 9 - 2　2016 年 1—11 月粗钢产量前 20 位国家和地区

（万吨，%）

排名	国家或地区	产量	占全球粗钢产量的比重
1	中国	73894.0	50.3
2	日本	9605.9	6.5
3	印度	8753.1	6.0
4	美国	7204.1	4.9
5	俄罗斯	6462.3	4.4
6	韩国	6277.9	4.3
7	德国	3885.2	2.6
8	土耳其	3032.5	2.1
9	巴西	2806.4	1.9
10	乌克兰	2221.1	1.5
11	意大利	2154.6	1.5
12	中国台湾	1974.5	1.3
13	墨西哥	1728.1	1.2
14	伊朗	1643.5	1.1
15	法国	1326.8	0.9

续表

排名	国家或地区	产量	占全球粗钢产量的比重
16	西班牙	1275.0	0.9
17	加拿大	1157.6	0.8
18	波兰	812.4	0.6
19	英国	709.4	0.5
20	比利时	703.0	0.5

资料来源：世界钢铁协会，2017年1月。

（二）价格行情

从全球钢材价格总体情况来看，2016年钢材价格呈现"上行—回调盘整—再上行"的态势。从国际钢铁价格指数（CRU）看，钢材综合指数由1月初的年内低点117.7点上涨至5月6日的157.6点，提高了39.9点，增幅高达33.9%；随后价格开始出现小幅回调，6—10月价格始终在145—150点震荡盘整，进入11月，价格再次出现上涨，并在12月达到年内高点178.4点，较年初增长51.6%。同样，扁平材和板材也分别由年初低点震荡上行，至5月初出现阶段性高点，随后价格在小幅下降后进入6—10月的震荡盘整期，并在11月开始出现小幅上涨，至12月中旬均出现年内高点，分别为171.4点和203.3点，分别较年初增长62.6%和38.4%。

图9-3　2016年以来国际钢材价格指数（CRU）走势图

资料来源：Wind资讯，2017年1月。

分区域来看，亚洲、欧洲和北美钢材市场价格走势总体均呈现"上行—回调盘整—再上行"的态势。2016 年初，亚洲、欧洲和北美市场钢材价格均呈现上涨态势，不同的是阶段性高点出现时间略有不同，北美洲在 6 月初达到阶段性高点 186.4 点，欧洲在 5 月底达到阶段性高点 138.7 点，亚洲在 4 月下旬达到阶段性高点 172.0 点。亚洲、欧洲和北美洲在阶段性高点之后，进入调整期，并在进入 11 月之后开始新一轮的价格上涨，到 12 月分别达到年内高点 197.4 点、154.9 点和 176.3 点，分别较年初低点增长 61.0%、51.3% 和 42.5%。

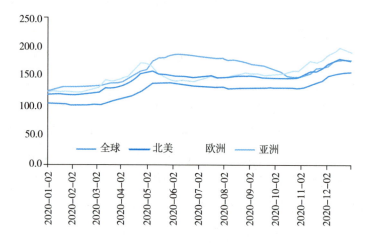

图 9-4　2016 年以来各地区钢材价格指数（CRU）走势图

资料来源：Wind 资讯，2017 年 1 月。

三、有色金属行业

（一）市场供需

1. 全球铜供应过剩有所缓解

世界金属统计局数据显示，2016 年 1—11 月，全球铜市场供应过剩 1.7 万吨，2015 年同期过剩 2.48 万吨。从供给角度看，全球矿山铜产量 1878 万吨，同比增加 7.0%；精炼铜产量 2137 万吨，同比增加 2.7%，其中中国产量大幅增加 42.2 万吨，西班牙产量增加 1.4 万吨；从消费角度来看，全球铜消费量为 2135 万吨，比上年增加 57 万吨。中国仍是最大的铜消费国，消费量为 1051.5 万吨，比上年增加 27.3 万吨，占全球消费总量的 49% 以上。

智利是全球第一大铜生产国，2016 年 1—11 月，累计生产铜 506 万吨，因矿石品位下滑和部分矿山检修，较上年同期减少 23 万吨。分月看，智利铜生产基本呈现波动变化态势。

表 9 – 3　2016 年 1—11 月智利铜产量（万吨）

时间	1 月	2 月	3 月	4 月	5 月	6 月	7 月	8 月	9 月	10 月	11 月
产量	45.4	45.0	48.9	43.2	47.4	47.4	44.8	45.5	46.1	44.5	48.0

资料来源：Wind 资讯，2017 年 1 月。

2. 全球原铝供应少量短缺

根据 IAI 的数据，2016 年 1—11 月，全球原铝产量为 5301.1 万吨，同比减少 0.2%。月均原铝产量在 158 千吨以上，从 1 月的月均产量 152.5 千吨增长到 11 月的月均产量 166.8 千吨。中国是最大的原铝生产国，产量 2875 万吨，同比减少 1.3%，产量约占全球总产量的 54.2%；海湾阿拉伯国家是全球第二大铝生产地区，产量为 474.5 万吨，同比增长 1.6%；北美洲是全球第三大原铝生产地区，产量为 368.9 万吨，同比减少 10%。从消费角度来看，世界金属统计局数据显示，2016 年 1—11 月，全球原铝需求量为 5358 万吨，比上年同期增加 6.8 万吨，全球原铝市场供应短缺 97 万吨，2015 年全年为短缺 55.1 万吨。

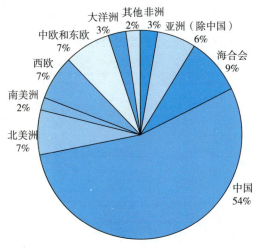

图 9 – 5　2016 年 1—11 月全球原铝产量

资料来源：Wind 资讯，2017 年 1 月。

3. 全球铅、锌供应由过剩变为短缺

铅：世界金属统计局数据显示，2016 年 1—11 月，全球铅市场供应短缺 6.6 万吨，而上年同期为供应过剩 8.80 万吨。从供给角度看，全球精炼铅（原铅及再生铅）产量为 988.6 万吨，同比增长 5.6%。从需求角度看，全球精炼铅需求量为 961.8 万吨，同比增长 58 万吨。其中中国铅消费量为 394.0 万吨，同比增长 43.4 万吨，占全球总消费量的 41%。

锌：世界金属统计局数据显示，2016 年 1—11 月，全球锌市场供应短缺 19 万吨，而上年同期为供应过剩 8.7 万吨。从供给角度看，全球精炼锌产量同比减少 2.5%。从需求角度看，全球精炼锌消费量同比减少 0.4 万吨，其中中国精炼锌消费量为 613.7 万吨，同比增长 3.4%，占全球总消费量的比重达 48% 以上；日本锌消费量为 44.7 万吨，同比增长 2%。

（二）价格行情

铜：2016 年全球铜价格波动上升，1 月 LME 铜现货结算价为 4542 美元/吨，4 月涨到 5045 美元/吨，之后波动下跌，8 月跌到年内最低点 4603 美元/吨，随后大幅上涨至年内最高值 5740 美元/吨，12 月略微下跌，价格回落到 5501 美元/吨。

铝：2016 年全球铝价总体波动上升，1 月 LME 铝现货结算价格为 1530 美元/吨，2 月铝价上涨到 1622 美元/吨，至 9 月间价格波动不断，10 月上涨到年内最高点，达到 1723 美元/吨，12 月铝价格略有下跌，为 1714 美元/吨。

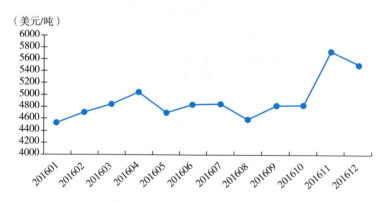

图 9-6　2016 年全球铜价格走势

资料来源：Wind 资讯，2017 年 1 月。

铅：2016 年全球铅价格总体呈上升态势，1 月 LME 铅现货结算价格为 1712 美元/吨，2 至 7 月价格围绕 1750 美元/吨波动，之后大幅上涨，11 月价格为年内最高水平，达到 2330 美元/吨，12 月起价格下跌，跌至 1985 美元/吨，但仍高于年初的水平。

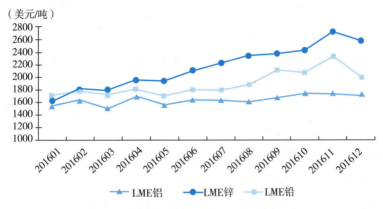

（美元/吨）

图 9－7　2016 年全球铝、铅、锌价格走势

资料来源：Wind 资讯，2017 年 1 月。

锌：2015 年全球锌价格一路走高。1 月 LME 锌现货结算价格为 1610 美元/吨，2、3 月价格上涨到 1785 美元/吨，之后价格不断上涨，11 月达到年内最高水平 2709 美元/吨，12 月有所下跌至 2563 美元/吨，但仍大幅高于年初水平。

四、建材行业

（一）市场供需

2016 年全球市场复苏缓慢，建材行业市场仍然表现低迷。从水泥行业来看，虽然世界经济缓慢复苏，但油价走低、下游需求不振等因素导致部分国家水泥需求出现下滑，但中国依然名列第一，2016 年水泥总产量约为 23 亿吨。

从具体国家看，2016 年印度尼西亚又新增 6 家水泥厂运营，增加产量约为 1400 万吨，但是水泥需求量仅为 6500 万吨；西班牙水泥行业呈现衰退的发展态势，根据西班牙水泥行业协会公布的数据，2016 年 1—8 月西班牙水泥消费量总计 742 万吨，较上年同期减少 22 万吨，同比下降 2.8%。根据塔吉克斯坦工业部的统计数据，2016 年前三个季度，塔吉克斯坦水泥产品产量创历史新高，达 150.8 万吨，在全球水泥行业较为萎靡的情况下，实现同比增长 370%，出口总量为 16.2 万吨。

2016 年平板玻璃市场依然延续分化发展的态势，一方面随着市场对传统建筑用平板玻璃的产品需求减少，平板玻璃产能面临过剩；另一方面汽车风挡玻璃、航空玻璃、光伏玻璃、基板玻璃等特种玻璃产品需求旺盛。其中欧洲是最成熟的玻璃市场，其玻璃深加工的比例最高。

从具体国家看，美国康宁以溢流法生产 TFT—LCD 基板玻璃和触摸屏盖板玻璃，居于全球领先地位。日本旭硝子和电气硝子、安翰视特、原日本板硝子和德国肖特公司以浮法生产特种玻璃，全球特种玻璃行业利润主要被这五家外国公司分食。目前国际上批量生产航空玻璃原片的供应商只有美国 PPG 和 Pilkington 两家公司，其中 PPG 占有航空玻璃市场 70% 左右的份额。PPG 已成为商用飞机驾驶舱玻璃的全球最大的供应商，是波音、麦道、空客飞机公司的最主要供应商。法国圣戈班公司也具备航空玻璃化学钢化、成品组合系列技术，其原片则来源于 Pilkington 公司。目前这三家公司都没有向中国输出这项技术的计划和许可，目前国内尚无一家能规模化批量生产大飞机风挡玻璃的厂家。2016 年随着全球经济的缓慢复苏，玻璃的需求增幅也在不断提高，但受到全球生产力转移的影响，更多的平板玻璃业务转移到发展中地区，因此中美洲、南美洲、非洲/中东等发展中的地区的需求不断上涨，预计将超高北美和西欧。

（二）价格行情

2016 年，全球建材行业随着化解过剩产能成效初显、经济缓慢复苏，产品价格继续小幅弱势震荡上升。以 5mm 厚度平板玻璃期货价格为例，2016 年初价格为 851 元/吨，随后全年实现小幅震荡上升的趋势，至 2016 年底价格已经上涨至 1287 元/吨。

（美元/吨）

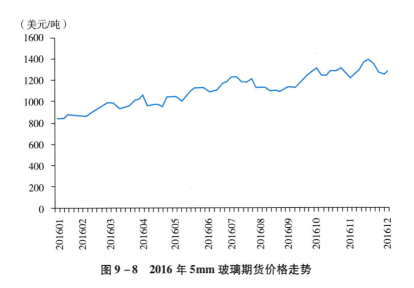

图 9 – 8　2016 年 5mm 玻璃期货价格走势

资料来源：生意社，2017 年 1 月。

五、稀土行业

（一）市场供需

全球供给稳定增长。据估计，2016 年，全球稀土（包括轻、中重稀土）产量约为 19.88 万吨，较 2015 年（19.7 万吨）几乎持平。而 2016 年全球 REO 稀土消费量约为 14.77 万吨。

稀土资源开采项目逐步增加。随着国际稀土价格持续走高，稀土资源供给日趋紧张。2008 年国际金融危机和 2010—2011 年稀土供应紧张引起了各国对稀土资源供应的重视，全球稀土项目增加。美国、澳大利亚及欧盟都积极在世界范围内探索新的稀土项目，较重要的主要有欧洲地区格陵兰岛的 Kvanefjeld 和瑞典的 Norra Karr；非洲地区坦桑尼亚的 Ngualla、南非的 Steenkampskraal 及 Zandkopsdrift；北美地区美国的 Bear Lodge 和加拿大的 Strange Lake；大洋洲地区澳大利亚的 NolansBore 等。

相关公司的报告显示，2020 年前，6 个较大的新稀土项目可能会投产：美国怀俄明州的 Bear Lodge 项目 2016 年完成环境影响评估，情况顺利的话，在 2018 年会正式生产；加拿大的 Strange Lake 项目 2014 年 6 月完成了初步经济评估，2019 年预计会投产，年产重稀土 4400 吨，轻稀土 6000 吨；澳大利亚的 Dubbo Zirconia 项目预计 2016 年进行生产，最初 20 年内年产量约为 100 万吨原矿，而另外的 Nolans 项目正在进行环境影响评估，2016 年会完成评估，顺利的话预计会在 3 年内进入生产阶段；南非的 Zandkopsdrift 项目预计 2018 年生产，前 4 年年产量会达到 8000 吨 REO，第五年开始会增加到 16000 吨 REO；坦桑尼亚的 Ngualla 项目 2014 年 3 月发布了初步可行性研究和运营综合报告，计划 2018 年进行生产，年产量预计 1 万吨 REO。

图 9-9　世界主要稀土项目分布图

这些新项目如果完全投产，产能会达到 12 万—14 万吨 REO。据澳大利亚矿业公司（IMCOA）的估计，2020 年世界稀土需求量约为 20 万吨，即使我国稀土产量依然保持在 2015 年的计划水平（10.5 万吨 REO，非法开采除外），未来全球稀土需求基本能够满足，但到时国外稀土产量会增加到世界产量的 50% 及以上，我国稀土供应量占比会下降到 50% 甚至更低，世界稀土供应格局多极化成型。

（二）行业规模

大视野研究有限公司（Grand View Research）将全球永磁市场按产品、应用和区域进行了分段研究，认为，全球永磁材料市场 2020 年预计可达 311.8 亿美元。来自汽车行业对永磁产品的需求增长被看作是在预测期内驱动永磁材料市场快速增长的关键因素。越来越多的永磁产品用于制造各种元件，包括变速箱、发电机和汽车发动机，因提升功效而促进了产品的增长。此外，对可再生能源发电的发展趋势，如风力和太阳能也有望推动永磁市场的增长。

第十章 装备制造业

受美联储暂缓加息、英国脱欧公投等不确定性影响，2016 年全球装备制造业产业总体保持低速增长态势，细分行业增长延续分化。机器人产业发展势头良好。增材制造产业增长势头强劲。全球车市冷热不均，中国为最大市场。全球新造船市场需求依旧低迷。全球智能制造发展势头迅猛，美国、德国、日本等工业发达国家继续保持智能制造装备和技术发展方面领先，智能制造行业呈现出重视使用机器人和柔性生产线、增材制造技术与作用发展迅速和物联网在制造业中作用日益突出的趋势。整体来看，装备制造产业智能制造、"互联网＋"将成为重要方向，服务化、国际化日渐成为新特点，网络协同创新将成为新趋势。全球装备制造业格局将不断进行调整。

第一节 产业现状

一、产业总体保持低速增长

2016 年，美联储暂缓加息，英国"脱欧"公投等不确定性影响全球经济的复苏步伐。在世界制造业增长方面依旧不容乐观，美国和日本作为世界上第二和第三大制造商，其较低的增长率对世界制造业的增长产生了消极影响。同时，发展中经济体以及新兴工业化经济体的增长前景也堪忧。中国作为国际金融危机之后兴起的最大的全球制造商，发展平稳，推动了新兴工业化经济体的平均工业增长率的增加。尽管工业化经济体、新兴经济体和发展中经济体都处于低增长期，但全球工业生产并没有出现衰退的迹象。据联合国工业发展组织发布的《2016 年第一季度全球制造业季度报告》指出，2016 年第一季度的增长率为 0.3%。

二、细分行业增长延续分化

机器人产业发展势头良好。日益老龄化的人口结构、不断上涨的人工成本和全球化竞争是拉动机器人市场快速成长的重要因素。2016 年，全球工业机器人市场需求仍加速增长，目前，工业大国纷纷提出机器人产业政策，如德国"工业 4.0"、日本"机器人新战略"、美国"先进制造伙伴计划"、我国"十三五"规划与《中国制造 2025》等国家级政策，皆纳入机器人产业发展为重要内涵，将促使机器人产业向智能化、网络化和人机互动的高端新产品转型升级。

增材制造产业增长势头强劲。2015 年全球增材制造产业产值已接近51.65 亿美元，同比增长 24.9%，是继 2014 年后连续第二年增长达 10 亿美元。在过去 27 年中，全球增材制造产业的年复合增长率（CAGR）为26.2%，其中，2012—2014 年的 CAGR 高达 33.8%。据 Wohlers Associates 预计，2016 年增材制造的行业规模将超过 70 亿美元，2018 年将达到 125 亿美元，发展潜力巨大。

全球车市冷热不均，中国为最大市场。LMC 发布的数据显示，上半年全球轻型车新车销量为 4591.2 万辆，2015 年同期为 4432.3 万辆，同比增长3.6%，主要受到中国这一冠军市场销量增长的拉动；2016 年 6 月新车销量为796.8 万辆，较 2015 年同期的 755.2 万辆同比增长 5.5%。2016 年，纯电动车、插电式混合动力车和燃料电池车为代表的新能源车迎来大爆发，中国新能源汽车产量有望占全球的 40%。

表 10-1　2016 年上半年全球新车销量前十名市场排名

市场	销量（万辆）	同比变化
中国	1065.4	11.5%
美国	864.2	1.4%
德国	173.4	7.1%
日本	142.3	1.4%
英国	142.1	3.2%

市场	销量（万辆）	同比变化
印度	137.7	1.9%
法国	131.8	9.0%
意大利	104.2	19.2%
加拿大	98.9	6.0%
巴西	98.4	25.4%
俄罗斯	67.2	14.1%

资料来源：赛迪智库整理，2017 年 1 月。

全球新造船市场需求依旧低迷。由于航运业持续低迷，船东造船意愿不足。统计数据显示，目前全球有效产能利用率（仍拥有手持订单企业的产能）不足 70%；考虑到实际停产的产能，全球产能利用率甚至不足 50%。2016 年 10 月全球造船业新签订单 42 艘，共计 1912924 载重吨。与 2016 年 9 月全球新签订单 23 艘、共计 423124 载重吨相比较，数量环比增加 19 艘，载重吨环比上升 352.25%。与 2015 年 10 月全球新签订单 116 艘、共计 6692844 载重吨相比较，数量同比减少 74 艘，载重吨同比下跌 71.42%。

三、发达国家继续保持领先

目前，美国、德国、日本等工业发达国家是公认的世界一流装备制造业强国。为在智能制造装备和技术发展方面引领创新，加速制造业智能化转型，美国计划构建智能制造创新机构，并通过国防部牵头组建的"美国造"制造创新机构、数字化制造与设计创新机构，大力推进机器人、智能机器、先进增材制造装备等智能制造装备相关项目的研发。2016 年，美国防部提出制造创新机构将重点关注先进机床和控制系统、辅助和柔性机器人等领域。2016 年 7 月，美国国家增材制造创新机构（"美国制造"）宣布提出 7 个新项目。分别是：1. 面向高性能航空器生产的复杂型芯结构的优化设计和增材制造；2. 多功能大幅面增材制造（BAAM）：多用途嵌线的 BAAM；3. MULTI：源/给料/米级尺度的金属增材制造机床；4. 仿生的多喷射材料；5. 一个面向增材制造晶格结构的非经验性预测模型；6. 面向金属铸造（AM4MC）的增材制造；7. 电子器件和结构的多材料 3D 打印。这些项目不仅要专注于机构技术路线图中的设计、材料、工艺、价值链和增材制造基因组 5 个方向，还要处理劳动力、教育和社会服务（WEO）路线图 5 个方向的需求——知识和知觉、实操学习、实习项目、人才管道以及工业基因组。另外，"美国制造"及其管理方国家国防制造加工中心（NCDMM）将投入约 550 万美元的联邦资金，配以项目团队投入的 550 万美元，"美国制造"将很快拥有 1 亿美元以上的公私投入项目资金，来提升美国增材制造的水平。

德国制造业被称为"众厂之厂"，是世界工厂的制造者，从造船、钻探机械制造，到高速列车、地铁、汽车、飞机等领域具有绝对优势，依赖其在传统技术和高新技术领域的雄厚实力，德国拥有世界第二大技术出口国、欧洲创新企业密度最高国家等美誉。2016 年 9 月 27 日，德联邦交通部部长多布林特表示，德国拟推出推动德国 5G 发展的战略。在多布林特表态的当日，德国三大车企奥迪（大众）、宝马、戴姆勒联合爱立信、华为、英特尔、诺基亚及高通宣布成立"5G 汽车联盟"。德国车企拟与通信企业合作推动物联网和自动驾驶汽车技术发展。该联盟将致力于开发 5G 移动通信技术，并借助该技术使汽车实现信息联通，主导行业标准制定。

日本是全球经济最发达、制造业发展水平最高的工业强国之一，制造业技术水平和制造能力处于世界一流行列。日本的汽车、电子信息、高端制造等领域在全球制造业分工体系中居于至关重要的地位。不少领域的核心技术、关键装备、高精尖产品生产等对美国构成了巨大挑战。2016 年 8 月，日本丰田、NEC 和日本理化学研究所等 20 多家日本企业和研究机构以产官学合作的形式，共同开发用于医疗和制造一线的人工智能（AI）。各方将在东京都内建立研究基地，开发各机构能在各种场合熟练使用的共同的基础技术。此前，日本在 4—5 月期间，由日本经济再生本部、日本政府综合科技创新会议和日本内阁会议先后出台了新一期的《日本再兴战略》《能源环境技术创新战略 2050》《科学技术创新综合战略 2016》等政策文件。这些政策主要侧重于创造新的成长型市场，大力提高生产效率来缓解人口减少压力，为新产业转型升级培养创新型人才。

四、智能制造发展势头迅猛

近年来，伴随着物联网技术的逐渐成熟，以传感器、MCU、云计算、低功耗广域物联网通信等核心技术为驱动，正在全球掀起一场智能制造及工业物联网的变革。从德国的"工业4.0"、美国的工业互联网概念，到中国的《中国制造2025》都指向了新的经济增长点——提振制造业。以CPS（Cyber Physical System）为构架的系统正在搭建物理、人、信息、跨企业之间的价值链组织，在数字化技术、互联网技术的结合下，智慧工厂应运而生。智慧工厂将实现工程技术智能化、生产制造智能化以及生产供应和销售智能化的新工厂模式。同时，将带动智能电网、智能物流、智能建筑、智能移动设备和智能产品领域的快速发展，成为新经济的巨大引擎。当前智能制造呈现以下趋势：

（一）重视使用机器人和柔性生产线

各种新技术新理念层出不穷、广泛应用，客户的要求开始呈现个性化与快速化的特点。而基于柔性制造的大规模个性化定制，为了有效解决需求多样化和大规模制造之间的冲突，为现代制造企业提供了一种全新的竞争模式。同时由于劳动力短缺和用工成本上涨，机器人在生产中的使用开始呈现大规模爆发。同时，利用机器人高精度操作，提高产品品质和作业安全，是市场竞争的取胜之道。以工业机器人为代表的自动化制造装备在生产过程中应用日趋广泛，在汽车、电子设备、奶制品和饮料等行业已大量使用基于工业机器人的自动化生产线。

（二）增材制造技术与作用发展迅速

增材制造技术是综合材料、制造、信息技术的多学科技术。它以数字模型文件为基础，运用粉末状可沉积、黏合材料，采用分层加工或叠加成形的方式逐层增加材料来生成各类三维实体。增材制造的方式大大提高了加工的自由度，更适合加工形状复杂的、个性化的零件或物品，完整表达设计理念；原材料利用率高，减少废弃副产品；制造成本不随着制造物品的复杂程度而提升等。目前，全球增材制造业处于导入期之末，成长期之初。行业规模也呈现快速上涨态势。2011年全球增材制造业整体收入近17.14亿美元，而在2015年已达到51.65亿美元，复合增速超过30%。预计2018年，全球增材制造业总收入将超过110亿美元。

（三）物联网在制造业中作用日益突出

物联网是新一代信息网络技术的高度集成和综合运用，是新一轮产业革命的重要方向和推动力量，对于培育新的经济增长点、推动产业结构转型升级、提升社会管理和公共服务的效率和水平具有重要意义。基于物联网的制造服务互联网（云），实现了制造全过程中制造工厂内外人、机、物的共享、集成、协同与优化，通过虚拟网络—实体物理系统（Cyber - Physical System，CPS），整合智能机器、系统和生产设施。通过物联网、服务计算、云计算等信息技术与制造技术融合，构成制造物联网（Internet of Serves），实现软硬制造资源和能力的全系统、全生命周期、全方位的透彻感知、互联、决策、控制、执行和服务化，使得从入厂物流配送到生产、销售、出厂物流和服务，实现泛在的人、机、物、信息的集成、共享、协同与优化的云制造。未来，借助物联网将实现更小尺寸、更快运行、灵活敏捷的端到端解决方案，以及新型低能耗需求的可穿戴设备、高精度传感器的飞速发展。

五、技术创新力度不断加大

（一）产品创新：生产装备和产品的数字化智能化

数字化、智能化技术是产品创新和制造技术创新的共性使能技术，并深刻改革制造业的生产模式和产业形态，是新的工业革命的核心技术。这些技术一方面使数字化制造装备（如数控机床、工业机器人）得到快速发展，大幅度提升生产系统的功能、性能与自动化程度；另一方面，这些技术的集成进一步形成柔性制造单元、数字化车间乃至数字化工厂，使生产系统的柔性自动化程度不断提高，并向具有信息感知、优化决策、执行控制等功能特征的智能化生产系统方向发展。数字技术、智能技术融入制造过程，大大提高了装备与产品的功能，同时也改变了为用户服务的方式。如：在传统的飞机发动机、高速压缩机等旋转机械中心植入小型传感器，可将设备运行状态的信息，通过互联网远程传送到制造商的客户服务中心，实现对设备进行破坏性损伤的预警、寿命的预测、最佳工作状态的监控。

（二）制造过程创新：制造过程的智能化

在产品设计过程中，越来越多的企业采用面向产品全生命周期、具有丰富设计知识库和模拟仿真技术支持的数字化智能化设计系统，在虚拟现实、计算机网络、数据库等技术支持下，在虚拟的数字化环境里协同实现产品的全数字化设计、结构、性能、功能的模拟仿真与优化，极大地提高了企业产品设计质量和一次研发成功率。

在制造工艺方面，采用数字化、智能化的技术，不仅催生了加工原理的重大创新，同时，工艺数据的积累、加工过程的仿真与优化、数字化控制、状态信息实时检测与自适应控制等数字化、智能化技术的全面应用，使制造工艺得到优化，极大地提高制造的精度和效率，大幅度提升制造工艺水平。

（三）管理创新：管理信息化

近年来，信息技术的发展带动了管理的创新，企业组织结构、运行方式发生明显变化，呈现扁平化、开放性、柔性的特点。信息技术的应用使得管理系统形成了一个由人、计算机和网络组成的信息系统，可使得传统的金字塔式多层组织结构变成扁平化的组织结构，大大提高了管理效率；信息技术网络将制造商—生产型服务商—客户置于同一个无边界、开放式协同创新平台，代替了传统的内生、封闭、单打独斗式创新；另外，企业可按照用户的需求，通过互联网无缝集成社会资源，重组成一个高效运作的、柔性的企业，以便快速响应市场。

第二节　主要国家和地区概况

当前，智能制造成为各国的主攻方向。不管是美国的"先进制造伙伴计划"、德国的"工业4.0"，还是法国的"新工业计划"，发达国家制造业发展战略都将智能制造作为发展和变革的重要方向。美国推进信息技术与智能制造技术融合，建设智能制造技术平台，推进智能制造产业化和工程化。德国实施"工业4.0"战略，智能工厂和智能生产是两大主题，德国政府尤其重视工业标准和智能制造基础建设。日本发布的"制造业白皮书"提出要重视工业大数据和工业互联网的应用推广，其"机器人新战略"提出的目标是成为世界机器人创新基地、世界第一的机器人应用国家、迈向世界领先的机器人新时代。韩国以提升制造业的竞争力为目标，促进制造业与信息技术相融合。韩国政府计划在 2020 年之前打造 1 万个智能生产工厂，将韩国 20 人以上工厂总量中的 1/3 都改造为智能工厂。

一、美国

2012 年，美国国家科技委员会发布《先进制造业国家战略计划》，奥巴马随后提出创建"国家制造业创新网络"（NNMI），再次将智能制造作为战略重点提出，以帮助消除本土研发活动和制造技术创新发展之间的割裂，重振美国制造业竞争力。创新网络采用德国弗劳恩霍夫研究所的运行模式，支持新技术新工艺的应用研究，由联邦政府出资一半，地方政府、企业、高校、研究机构等出资一半左右，计划投资 10 亿美元，建设 15 个制造业创新研究所（IMIs）组成的全美制造业创新网络，从而使美国在全球制造业新一轮变革中抢占先机，继续保持领导者地位。

美国先进产业部门近两年经历了制造业部门的减速与能源业部门的衰退，其增长越来越依赖于先进服务业部门。先进产业中机动车零件、机动车、机车车身及拖车、计算机系统设计、软件产品、网页搜索与互联网发布、数据处理及托管，这 7 个行业已成为美国先进产业发展的核心，支撑起了先进产业部门 62% 的产出增长与 65% 的就业增长，未来看也将维持这种趋势。

2016 年 9 月，白宫科技政策办公室（OSTP）发布了公众就人工智能的未来管理及政策提交的意见及建议。关于《人工智能大未来》，OSTP 主要征集了 AI 的法律和管理问题、公益使用、安全和控制问题、社会和经济影响、最迫切的、根本研究、科学和技术培训、跨学科研究等十个主要问题，收集并发布包括谷歌等 5 大科技公司、斯坦福大学等 7 所高校在内的个人、学术界及研究者、非营利组织以及产业界共 161 项回复。2016 年 10 月，奥巴马主持白宫前沿峰会，发布《国家人工智能研究与发展策略规划》，为美国政府资助的 AI 研究和发展划定策略。《规划》提出美国 AI 发展的 7 个战略方向：1. 对人工智能研发进行长期投资；2. 开发人机协作的有效方法；3. 理解和应对人工智能带来的伦理、法律和社会影响；4. 确保人工智能系统的安全性；5. 开发人工智能共享公共数据集和测试环境平台；6. 建立标准和基准评估人工智能技术；7. 更好地把握国家人工智能研发人才需求。

白宫科技政策办公室（OSTP）连续发布人工智能（AI）领域的重要报告和国家战略规划，表明 AI 在美国未来前沿创新中的角色越来越重要，将人工智能提升到了美国国家战略的高度。美国政府认为，未来 AI 技术将继续推动美国和全世界的经济增长，并能够在制造、健康、教育、安防、能源及环境等众多领域提供新的机会和方向，构建新的生产和生活方式。美国政府明确了对人工智能长期投资支持的态度，并提出包括聚焦数据的研究方法（机器学习等）、AI 系统感知、AI 理论和界限、通用 AI、类人 AI 及高能力和可靠性的机器人等重点研究方向。美国政府通过这种讨论—收集信息—发布的模式，能在一定程度上促进公众对人工智能和机器学习的理解。

二、德国

2012 年，德国政府提出高科技战略计划"工业 4.0"，计划投资 2 亿欧元提升制造业的智能化水平，建立具有适应性、资源效率及人因工程学的智慧工厂，在商业流程及价值流程中整合客户及商业伙伴。

德国为了在新一轮工业革命中占领先机，在德国工程院、弗劳恩霍夫协会、西门子公司等德国学术界和产业界的建议和推动下，于 2013 年 4 月推出"工业 4.0"战略，旨在通过采用先进物联网技术，打造数字化工厂，实现从采购、生产到销售和服务的全产业链的数字化。智能制造参考架构确立方面，《德国"工业 4.0"标准化路线图》将制定 CPS 整个体系的参考架构作为"工业 4.0"标准化工作的第一步，正在推动将"工业 4.0"背景下出现的包括CPS 参考架构在内的新概念加入到国际标准中，推进标准的国际化进程。

2016 年 9 月 27 日，德联邦交通部部长多布林特表示，德国拟推出推动德国 5G 发展的战略。该战略分 5 步：第一步，到 2018 年制定 5G 频率商用的框架条件；第二步，建立电信行业与应用行业之间的对话论坛；第三步，推进5G 研究，使德国取得技术上的优势，并共同制定未来国际 5G 标准；第四步是应用项目，如 5G 实验城市，联邦政府可为此资助 200 万欧元，总额超过

8000 万欧元的自动驾驶汽车项目也将促进 5G 发展；第五步是促进基础设施建设，最迟到 2025 年在所有联邦主干道、最少 20 个大城市覆盖 5G。

在多布林特表态的当日，德国三大车企奥迪（大众）、宝马、戴姆勒联合爱立信、华为、英特尔、诺基亚及高通宣布成立"5G 汽车联盟"。德国车企拟与通信企业合作推动物联网和自动驾驶汽车技术发展。该联盟将致力于开发 5G 移动通信技术，并借助该技术使汽车实现信息联通，主导行业标准制定。

三、日本

日本早在 1989 年就已提出发展智能制造系统，并在 1990 年 4 月倡导发起了"智能制造系统 IMS"国际合作研究计划，计划投资 10 亿美元，对 100 个项目实施前期科研计划，包括公司集成和全球制造、制造知识体系、分布智能系统控制、快速产品实现的分布智能系统技术等。受益于此项计划的推进，日本在 20 世纪 90 年代就已经普及工业机器人，目前已在第三、四代工业机器人领域取得了世界领先的地位，希望借助在该产业的高投入以解决劳动力紧缺问题，降低劳动成本并支持未来的工业智能化。

2016 年 10 月，日本"机器人革命倡议协议会"（Robert Revolution Initiative）的中坚、中小企业行动小组举行了第一次会议。"机器人革命倡议协议会"于 2015 年 5 月 15 日成立，由日本政府主导，企业用户、公立研究机构、学会等组成的产学官机器人普及推广组织，是推动日本《机器人新战略》的核心机构。协会的中坚、中小企业行动小组主要负责推进物联网在中坚、中小企业中的进展。本次会议，小组整理了中坚、中小企业的调研情况，形成了 11 项对策，包括筹划案例库、创建量化模型的成本效益计算系统、发展系统集成商、促进物联网企业顾问的应用、工具信息集成、开发 IOT 工具等。

此外，协会于 2016 年 7 月 27 日至 2016 年 8 月 26 日期间开展了中坚、中小企业制造业 IOT 工具（包括应用软件和传感器模块）的征集，并于 2016 年 10 月 4 日公布遴选的 106 件支持工具和解决方案。工具涉及生产现场、产品物联网化、海外业务和人才培养等方面，将帮助中坚、中小企业更好地完成"工业 4.0"。

2016 年 8 月，日本丰田、NEC 和日本理化学研究所等 20 多家日本企业和研究机构将以产官学合作的形式，共同开发用于医疗和制造一线的人工智能（AI）。各方将在东京都内建立研究基地，开发各机构能在各种场合熟练使用的共同的基础技术。此前，日本在 4—5 月期间，由日本经济再生本部、日本政府综合科技创新会议和日本内阁会议先后出台了新一期的《日本再兴战略》《能源环境技术创新战略 2050》《科学技术创新综合战略 2016》等政策文件。这些政策主要侧重于创造新的成长型市场，大力提高生产效率来缓解人口减少压力，为新产业转型升级培养创新型人才。

四、韩国

2013 年初，时任总统朴槿惠提出了实施"创造经济"的发展思路，计划将科技、信息通信技术（ICT）应用到全部产业上，以重塑韩经济增长模式，引领经济走出困境。为此，还专门成立了未来创造科学部。其发布的 9 大国家战略项目正是韩"未来增长动力计划"的具体行动措施。从这些具体的措施中我们可以看出，韩政府高度注重科技、知识在经济增长中的重要性，尤其强调"以人为本"的发展理念。

2016 年 8 月 10 日，韩国召开第二次科技战略会议，确定旨在发掘新增长动力和提升人民生活质量的 9 大国家战略项目。韩国未来创造科学部将在未来 10 年间投入 2.2 万亿韩元（约合人民币 134 亿元）推进这 9 大项目。其中，在发掘新增长动力的 5 大项目中，人工智能最引人关注。到 2026 年，韩国政府计划拥有 1000 家人工智能企业，3600 名人工智能专业人才，并实现人工智能技术水平赶超发达国家；到 2020 年，掌握表情、动作识别、传感器零部件等虚拟现实（VR）和增强现实（AR）产业相关的原创技术；到 2019 年，开发出无人驾驶汽车的核心零部件，并研发相关新技术。另外，在提升国民生活质量的 4 大项目中，韩政府大力发展精密医疗系统，将利用大数据对个人诊疗信息和遗传信息等进行分析，提供量身定制型医疗服务，并将研发治疗癌症等 4 大重症病的新药。

受全球经济减速影响，国际航运市场低迷，较低的运费压制了船东订购新船的需求，全球新船订单量急剧下降，加之韩国造船业结构调整相对迟缓，导致韩国五大支柱产业（半导体、造船、汽车、家电和石油化工）之一的造船业陷入整体低迷，盈利能力持续恶化。2016年上半年，韩国三大造船公司之一的现代重工新船订单同比下降44%，而2016年韩国三大造船公司的到期债务却达到2.5万亿韩元（约合人民币148亿元）。韩国造船业结构调整与转型升级迫在眉睫。韩国政府此次提出的"提升造船产业竞争力方案"不仅突出了短期"帮扶"，而且体现了中期"减负"，且更为注重长期"增质"。

2016年10月31日，韩国政府召开第六次加强产业竞争力有关部门长官会议，公布"提升造船产业竞争力方案"，根据该方案，韩国政府将订购250艘以上的船舶，规模达11万亿韩元（约合人民币652亿元），以应对造船企业订单锐减问题；韩国政府计划到2018年将现代重工、三星重工、大宇造船等三大造船公司的船坞数量从目前的31个缩减至24个，减幅为23%，同时将员工人数从6.2万名裁减至4.2万名，减幅为32%。此外，为加快造船业向高附加值产业的转型升级，韩国政府还计划在未来5年联合民间资本在研发领域共同斥资7500亿韩元（约合人民币44亿元），培养6600名专业人才。

第三节 发展趋势

一、从生产方式看，智能制造、"互联网＋"将成为重要方向

智能制造是基于新一代信息通信技术与先进制造技术深度融合，贯穿于设计、生产、管理、服务等制造活动的各个环节，具有自感知、自学习、自决策、自执行、自适应等功能的新型生产方式。通过信息通信和互联网等技术，把制造自动化的概念扩展到柔性化、智能化层面，形成智能化的产品、装备、生产、管理和服务是智能制造的具体表现形式。智能制造包括智能工厂和智能车间等典型系统，其核心是CPS（信息物理系统）。这一系统通过集成计算、通信与控制于一体，实现大型物理系统与信息交互系统的实时感知和动态控制，使得人、机、物真正融合在一起。目前智能制造最具代表性的应用就是实现了批量化定制生产，主要是在每一个制造环节嵌入多个生产模

块，并通过数字化管理方式从产品下单开始，每一道工序都通过生产模块的无缝切换同每一件产品的生产要求进行匹配，实现按需生产及柔性化生产。例如，德国大众打造的 MQB 平台（横置发动机模块化平台）在汽车生产的主要工序，包括冲压、焊接、涂装等都嵌入多套生产模块，可以支持 60 多种车型批量化定制生产，不仅提升了生产效率，而且降低了单车生产成本。据测算，这一平台可以使单车生产成本下降 20%。

二、从发展模式看，服务化、国际化日渐成为新特点

从全球经济发展的趋势来看，越来越多的装备制造企业从提供产品到提供产品和服务再向提供服务解决方案转变，服务化已成为装备制造业发展的重要方向，装备制造产业呈现出"服务为主导"的发展趋势。目前世界 500 强企业所涉及的 50 多个行业中，有超过 50% 的企业在从事服务业。发达国家普遍存在两个"70%"的现象，即服务业增加值占 GDP 比重达 70%，制造服务业占整个服务业比重达 70%。当前，全球装备制造业服务化趋势表现为 3 个方面：第一，装备制造业价值链中生产服务的绩效在增加。在产品附加值的构成中，纯粹的制造环节占比越来越低，而研发、工业设计、物流、营销、品牌管理、知识产权管理、产品维护等服务占比越来越高。以汽车产业为例，当汽车工业进入发展时期，单纯的汽车制造投资回报率大约为 3%—5%，而围绕汽车的服务投资回报率高达 7%—15%。第二，装备制造企业将部分制造环节"外包"，从而使得企业聚焦于核心业务，并实现专业服务。越来越多生产企业从"以生产为中心"向"以服务为中心"过渡，从重视产品转向产品的整个生命周期。第三，信息技术的发展推动制造业服务化进程的加快。以"互联网＋"为核心的信息技术具有高渗透性、带动性、倍增性、网络性和系统性的特点，能够推动制造业和服务业之间的融合发展。互联网技术的应用，从根本上改变了服务产品无形性、不可存储性、生产和消费同时性等传统属性，使得服务变得有形化、可存储、可贸易，极大地促进了制造业与服务业的关联性和协同性，成为制造企业增强核心竞争力的重要手段。

装备制造业全球化的方式有两种：一是以母国为生产基地，将产品销往其他国家；二是在海外投资建立生产制造基地，自己拥有制造设施与技术，

在国外制造产品，销售到东道国或其他国家，仅限于利用东道国的原材料、人员或资金等。随着信息技术革命的迅猛发展，装备制造企业管理思想与方法发生根本性变化，开始广泛利用别国的生产设施与技术力量，在全球范围建立零部件的加工网络，自己负责产品的总装与营销。原材料调配、零部件采购全球化已成为世界机械制造工业的发展趋势。在这种形式下，现代并购不再一味地强调对抗竞争，以高技术为内涵的行业面对来自技术创新的威胁，使跨国公司走上了联合之路，以形成强大的技术创新能力。装备制造企业间的战略并购，导致了装备工业资源的重新配置，使得世界装备工业的竞争格局出现了协作型的局面。

三、从创新方式看，网络协同创新将成为新趋势

装备制造业的创新包括智能化的产品、装备、生产、管理和服务，主要载体是智能工厂和智能车间。国际领先企业开展了很多尝试，通过利用智能自动技术提升人机互动的效率。如英国航空发动机公司罗尔斯·罗伊斯与微软公司合作，利用后者强大的云计算软件和数据处理能力，推动航空发动机智能化。德国西门子公司凭借先进的装备制造能力，贯通信息化物理网络，该公司的安贝格工厂的大多数制造单元都可以接入网络，自动组装零部件。大型跨国公司系统性地利用智能自动技术，推动了自身和本行业的产品、服务乃至业务模式转型，引领着整个行业的发展。

装备制造业正从单个企业创新向跨领域多主体的协同创新转变。装备产品由大量的子系统和元件构成，其技术深度和宽度具有显著的关联性和集成性。随着信息技术尤其是互联网技术的持续发展和应用，跨领域、协同化、网络化的创新平台正在重组传统的装备制造业乃至制造业创新体系。随着产业分工日益细化，产品复杂程度不断提升，装备制造企业的产品被嵌入复杂的技术网络中，传统创新活动中由单个企业独立研发并主导新技术的机会大大减少，单个企业难以也无法覆盖全部创新活动。供应商、产品用户、产品标准及行业监管机构均参与装备产品的创新和系统集成过程中。需要与高校、科研机构、行业协会及其他企业等联合，开展协同创新，实现创新资源的优化配置，加快创新和产业化。网络化的众包、众创、众筹、

线上到线下等新型创新方式在装备制造业领域密集涌现，成为创新的主流模式。

以中国商飞公司的 C919 大飞机的协同创新网络为例，中国商飞公司通过构建全球性跨领域多主体的协同创新网络，大大提高了飞机研发制造的效率。在 C919 民用大飞机项目中，商飞公司坚持统筹全国乃至全球资源，开展网络化协同创新和研发制造，带动我国民用飞机产业体系的建设和完善。通过市场机制选择国内 9 家企业作为大飞机机体结构供应商、51 家为标准件供应商、16 家为材料供应商，全国共 20 多个省份 200 多家企业及 20 多所高校参与大飞机项目研制，同时还择优选择十几家家国际著名的航空发动机、机载设备及关键系统和部件制造企业作为大飞机供应商，并在其他多领域开展合作交流。

四、从发展格局看，全球装备制造业格局将不断进行调整

制造的智能化将或多或少从集中走向分化，这要求对社会技术体系进行全新设计，将人充分地融入到全新的网络化生产中。数字化融合趋势将改变全球生产格局，每个国家都有目标：德国希望通过技术和经济融合占领工程高地，美国希望将数字创新带入制造以重振制造业，日韩希望在智能工厂和大型制造上有所突破。

第十一章　消费品工业

2016 年消费品行业与受大宗商品价格下降、全球需求疲软、投资环境不确定性增加很大程度上影响的制造业相比增长呈现分化态势。发展中国家与发达国家消费品工业增速继续放缓，发达国家部分消费品行业增长接近停滞甚至多个出现负增长，EIE 及其他发展中国家制造业增速下滑明显，尤其是消费品工业增长低于预期，且增速持续下滑。具体而言，在纺织服装业，意大利纺织服装工业在生产方面增长乏力，销售和纺织服装价格略好于去年，印度的布料增速保持平稳，价格因印度国内需求增加导致纱线价格持续上升，越南受益于经济快速增长，纺织服装工业以及整个制造业呈现出良好的增长态势；在食品工业，法国食品工业生产整体呈下行态势，英国食品工业生产恢复加快好于 2015 年；在医药工业，德国医药总进口总额同比下降，但医药工业生产和销售均好于 2015 年，比利时的医药销售稳步增加，价格保持平稳。

第一节　总体态势

2016 年，大宗商品价格下降、全球需求疲软、投资环境不确定性增加很大程度上影响了全球经济增长。2016 年，全球制造业增速继续下滑，但下滑趋势放缓。2016 年 3 季度，整体制造业仅同比增长 2.4%，低于 2015 年同期 0.3 个百分点。在此背景下，消费品工业整体增长疲软。

与整体制造业相比，消费品行业增长呈现分化态势。2016 年 3 季度，消费品各子行业中，仅食品与饮料、纺织、木材加工（不含家具）、基本药物产品和医疗器械增速高于整体制造业，增速分别为 3.3%、3.1%、2.9%、3.4% 和 4.6%。烟草、服装、皮革与鞋帽、造纸、印刷与出版、橡胶与塑料、家具与其他制造业增速均低于整体制造业，特别是烟草、印刷与出版两个行业，增速为负，分别同比下降8.0%和1.0%。

相比于1、2季度，消费品行业增速变化趋势亦整体呈现分化态势。与1季度相比，3季度除食品与饮料、皮革与鞋帽、医疗器械增速上升，分别增加0.9个、0.2个和0.7个百分点，其他行业增速均逐步下滑，特别是烟草、纺织、印刷与出版、分别同比下降4.6个、1.8个、1.6个百分点。

与2015年相比，2016年3季度除纺织、皮革与鞋帽、木材加工（不含家具）、医疗器械四个行业增速分别高于上年同期0.5个、1.2个、0.7个和1.4个百分点外，其他行业增速均低于上年同期。

表 11 - 1　2015 年至 2016 年前 3 季度全球主要消费品行业产出同比增速

行业	2015Q1	2015Q2	2015Q3	2015Q4	2016Q1	2016Q2	2016Q3
食品与饮料	2.4%	3.0%	3.6%	3.1%	2.4%	2.3%	3.3%
烟草	1.0%	3.5%	-1.5%	8.9%	-3.4%	-2.6%	-8.0%
纺织	2.9%	3.0%	2.6%	2.8%	4.9%	3.8%	3.1%
服装	2.7%	3.0%	3.6%	1.8%	2.1%	1.9%	0.8%
皮革与鞋帽	1.4%	1.0%	0.3%	0.9%	1.3%	1.4%	1.5%
木材加工（不含家具）	1.9%	1.6%	2.2%	2.9%	3.7%	3.5%	2.9%
造纸	0.1%	1.2%	1.7%	1.5%	1.8%	0.7%	1.0%
印刷与出版	-0.5%	-0.8%	-0.8%	-0.6%	0.6%	-0.1%	-1.0%
橡胶与塑料	2.8%	2.9%	3.4%	2.8%	2.6%	2.0%	1.7%
基本药物产品	5.7%	4.4%	5.0%	4.5%	4.8%	4.3%	3.4%
医疗器械	3.4%	4.5%	3.2%	0.9%	3.9%	3.0%	4.6%
家具及其他制造业	4.6%	4.5%	5.4%	3.9%	3.9%	1.9%	1.6%
整个制造业	2.8%	2.5%	2.7%	1.9%	2.1%	2.2%	2.4%

资料来源：UNIDO，2017 年 1 月。

第二节　主要国家和地区情况

一、发达国家情况

在全球制造业持续不景气的背景下，发展中国家与发达国家消费品工业增速继续放缓。具体比较而言，发达国家部分消费品行业增长接近停滞甚至出现负增长，而发展中国家消费品工业增速（除服装行业）明显高于发达国家。

2016年，在整体制造业进一步放缓的背景下，发达国家消费品工业延续不景气态势，部分行业增长停滞甚至负增长，且未来形势不乐观。

2016年3季度，各子行业中食品与饮料、木材加工（不含家具）、橡胶与塑料、基本药物产品、医疗器械、家具及其他制造业增速高于整体制造，增速分别为1.4%、1.9%、0.7%、1.2%、1.2%和0.8%。烟草、服装、皮革与鞋帽、造纸、印刷与出版呈现负增长态势，增速分别为－10.4%、－0.5%、－0.2%、－0.8%和－1.4%。

从区域角度来看，发达经济体消费品工业增长的贡献主要来源于欧盟和美国消费品工业的复苏。欧盟受益于石油价格降低和货币贬值引起的出口增加，消费品工业亦出现恢复增长态势，而美国受益于内需稳步增长，消费品工业增速加快。

表11－2　2015年至2016年前3季度发达经济体主要消费品行业产出同比增速

行业	2015Q1	2015Q2	2015Q3	2015Q4	2016Q1	2016Q2	2016Q3
食品与饮料	0.4%	1.5%	2.8%	1.2%	1.2%	0.9%	1.4%
烟草	－10.4%	－8.1%	－4.4%	0.1%	2.0%	0.6%	－10.4%
纺织	0.9%	－1.4%	－1.5%	－0.5%	1.0%	－0.9%	0.4%
服装	－5.2%	－0.8%	5.0%	0.6%	－4.2%	2.7%	－0.5%
皮革与鞋帽	－2.5%	－6.6%	－4.3%	－3.8%	－2.0%	－2.0%	－0.2%
木材加工（不含家具）	1.1%	0.1%	0.5%	2.5%	3.3%	2.8%	1.9%
造纸	－1.3%	－0.4%	0.0%	0.6%	－0.2%	－1.1%	－0.8%

续表

行业	2015Q1	2015Q2	2015Q3	2015Q4	2016Q1	2016Q2	2016Q3
印刷与出版	−1.2%	−0.8%	−1.6%	−1.1%	0.2%	−1.0%	−1.4%
橡胶与塑料	1.2%	0.9%	1.4%	1.8%	1.1%	0.8%	0.7%
基本药物产品	4.9%	2.8%	4.2%	3.5%	2.6%	2.2%	1.2%
医疗器械	2.6%	4.4%	3.1%	0.3%	0.8%	−0.6%	1.2%
家具及其他制造业	2.1%	0.8%	1.2%	1.1%	3.1%	1.5%	0.8%
整个制造业	1.3%	0.7%	1.2%	0.2%	0.3%	0.2%	0.6%

资料来源：UNIDO，2017 年 1 月。

二、EIE 及其他发展中国家

2016 年，EIE 及其他发展中国家制造业增速下滑明显，尤其是消费品工业增长低于预期，且增速持续下滑。2016 年 3 季度，EIE 及其他发展中国家整体制造业同比增长 4.7%。与整体制造业相比，消费品工业增长分化，其中，食品与饮料、基本药物产品和医疗器械增速高于整体制造业，增速分别为 5.9%、7.0% 和 9.4%，而烟草、纺织、服装、皮革与鞋帽、造纸、印刷与出版、橡胶与塑料、家具及其他制造业增速均低于整体制造业，增速分别为 −7.3%、4.0%、1.2%、2.1%、3.3%、0.3%、3.4% 和 3.1%。

相比于 1、2 季度，3 季度行业增速亦分化明显。与 1 季度相比，烟草、纺织、服装、皮革与鞋帽、造纸、印刷与出版、橡胶与塑料、基本药物产品、家具及其他制造业增速低于 1 季度，而食品和饮料、木材加工（不含家具）、医疗器械增速高于 1 季度。

从区域角度来看，EIE 及其他发展中国家消费品工业增速走低的主要原因是中国和拉丁美洲消费品工业增速下滑。2016 年，经济新常态背景下，中国制造业进一步疲软，增速降至 2005 年以来最低值，拉低 EIE 及其他发展中国家消费品工业整体增速。此外，中国制造业增速的放缓，导致其他向中国出口原料的发展中国家亦面临制造业下滑态势，国内经济增速放缓，需求疲软。尤其是拉丁美洲，许多国家经济陷入衰退，包括阿根廷、智利和巴西，阿根廷和智利受累于石油价格下降，经济呈现负增长，而巴西制造业部门则连续六个季度增速下滑。

表11-3 **2015年至2016年前3季度EIE及其他发展中国家主要消费品行业产出同比增速**

行业	2015Q1	2015Q2	2015Q3	2015Q4	2016Q1	2016Q2	2016Q3
食品与饮料	4.8%	4.9%	4.4%	5.2%	3.9%	4.3%	5.9%
烟草	-2.7%	5.0%	-1.2%	9.8%	-5.4%	-3.7%	-7.3%
纺织	4.2%	4.4%	4.1%	4.1%	6.1%	5.3%	4.0%
服装	5.5%	4.3%	3.1%	2.2%	3.6%	3.1%	1.2%
皮革与鞋帽	2.8%	4.0%	2.1%	2.6%	2.3%	2.6%	2.1%
木材加工（不含家具）	3.3%	4.5%	5.5%	3.7%	4.3%	4.8%	4.7%
造纸	2.6%	4.0%	4.9%	3.3%	4.3%	3.2%	3.3%
印刷与出版	2.9%	-0.9%	3.0%	1.5%	3.4%	2.9%	0.3%
橡胶与塑料	5.4%	6.2%	6.6%	4.4%	5.0%	4.1%	3.4%
基本药物产品	7.4%	7.3%	6.4%	6.3%	8.4%	7.9%	7.0%
医疗器械	7.4%	5.2%	3.7%	4.0%	7.7%	8.1%	9.4%
家具及其他制造业	7.0%	8.1%	9.0%	5.1%	5.4%	2.6%	3.1%
整个制造业	5.3%	5.2%	5.1%	4.6%	4.7%	4.9%	4.7%

资料来源：UNIDO，2017年1月。

第三节　主要国家重点行业情况

一、纺织服装业

（一）意大利

意大利作为全球服装业发达的国家，有着众多全球知名品牌。包括范思哲（Versace）、阿玛尼（Armani）、杜嘉班纳（Dolce Gabbanax）、Missoni、Gucci、杰尼亚（Zegna）、Diesel等。凭借其强大的品牌优势，纺织服装工业在意大利制造业中占据着非常重要的地位。2016年，意大利纺织服装工业企业数量达到43801家，产值491.9欧元，就业人数271961人，分别占制造业的11.0%、6.8%和8.6%。

表 11－4　意大利纺织与服装行业生产指标

	制造业	纺织	服装
企业数量（家）	396422	14359	29442
销售收入（亿欧元）	8675.1	213.9	282.4
产值（亿欧元）	8491	213	278.9
就业人数（人）	3148121	106274	165687

资料来源：Eurostat，2017 年 1 月。

　　意大利是全球重要的纺织行业与服装行业出口大国，纺织与服装均处于全球领先地位。2015 年，意大利纺织行业、服装行业出口分别居全球第三位、第四位。纺织行业出口总额达 152.4 亿美元，其中居于前十的出口国家或地区分别是德国、法国、罗马尼亚、西班牙、英国、美国、中国香港、中国、瑞士和土耳其，累计份额 62.6%。服装行业出口总额达 166.1 亿美元，其中居于前十的出口国家或地区分别是法国、美国、德国、瑞士、中国香港、英国、西班牙、日本、俄罗斯和中国，累计份额 68.1%。

　　2016 年，意大利经济持续低迷，季度 GDP 环比增长分别为 0.3%、0.3%、0.2%。在宏观经济不景气的大环境下，纺织服装行业作为重要的消费品行业，与宏观经济走势密切相关。

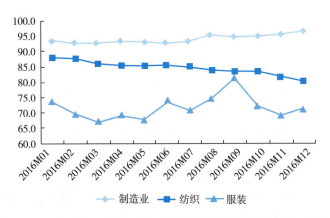

图 11－1　2016 年 1—12 月意大利纺织服装行业生产指数变化情况

资料来源：Eurostat，2017 年 1 月。

　　意大利纺织服装工业在生产方面增长乏力，欲恢复至 2010 年的水平仍需时日。2016 年 1—12 月，纺织服装工业生产指数呈现下滑态势，各月均低于

90，相比上年，整体变化不大。相比整体制造业，纺织服装工业相对更加不景气。2016 年 1—12 月，纺织行业与服装行业均不景气，特别是服装行业。1—12 月，纺织行业生产指数由 88.1 降低到 80.6，而服装行业生产指数在 75 左右波动。

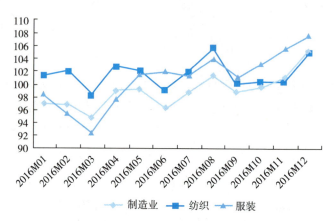

图 11 - 2　2016 年 1—12 月意大利纺织服装行业销售收入指数变化情况

资料来源：Eurostat，2017 年 2 月。

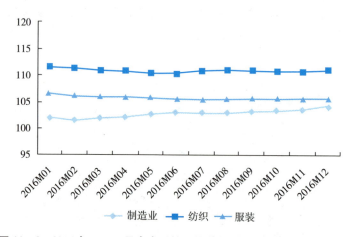

图 11 - 3　2016 年 1—12 月意大利纺织服装行业出厂价格指数变化情况

资料来源：Eurostat，2017 年 2 月。

从销售来看，意大利纺织服装销售略好于上年，且好于整体制造业。2016 年 1—12 月，纺织服装工业销售收入指数整体呈温和上升态势。相比整体制造业，各月销售收入指数均接近制造业同期水平。分行业来看，虽然服装行业销售整体呈现较大波动趋势，但是整体呈上升趋势，并在9月后超过纺织行业。而纺织行业销售已恢复至2010年的水平，呈现平稳上升趋势。分销售目的地来看，国内销售依然延续不景气态势，而纺织服装国外销售已经超过2010年的生产水平，销售收入指数达到111.6。

从价格来看，纺织服装价格变化不大，略好于上年。2016年1—12月，纺织服装价格指数相比2015年同期略有上升。分行业来看，纺织行业与服装行业价格走势与纺织服装工业价格走势相同，都表现为2016年各月变化不大，略高于2015年同期。

（二）印度

作为最大的出口创汇部门之一的纺织服装工业，是印度的重要经济支柱。目前，印度纺织行业就业人数4500万人，产值占工业总产值的20%，增加值占GDP的6%，出口约为总出口的12%。

印度是全球最重要的纺织、服装出口国家之一。2015年，印度纺织、服装出口分别居全球第四位和第六位。纺织行业总出口198.7亿美元，其中前十大出口国或地区分别为美国、中国、阿联酋、孟加拉国、英国、德国、斯里兰卡、法国、意大利、埃及，累计份额为63.1%。服装行业总出口149.1亿美元，其中前十大出口国或地区分别为美国、阿联酋、英国、德国、西班牙、法国、意大利、荷兰、沙特阿拉伯、丹麦，累计份额为76.0%。

表11-5　2015年印度纺织行业出口情况

	出口（亿美元）	占总出口份额
美国	43.9	22.1%
中国	17.8	9.0%
阿联酋	17.1	8.6%
孟加拉	12.7	6.4%
英国	8.8	4.4%
德国	8.4	4.2%
斯里兰卡	5.0	2.5%
法国	4.4	2.2%
意大利	4.1	2.1%
埃及	3.2	1.6%

资料来源：Comtrade，2017年2月。

表 11−6 2015 年印度服装行业出口情况

	出口（亿美元）	占总出口份额
美国	32.5	21.8%
阿联酋	28.4	19.1%
英国	16.1	10.8%
德国	10.1	6.8%
西班牙	7.3	4.9%
法国	6.7	4.5%
意大利	4.0	2.7%
荷兰	3.5	2.3%
沙特阿拉伯	2.5	1.7%
丹麦	2.2	1.5%

资料来源：Comtrade，2017 年 2 月。

进入 2016 年，从生产来看，布料增速保持平稳。4−10 月，纱线产量 37986 百万平方米，相比 2015 年同期增长 7%。其中，棉布、混纺布、化纤布产量分别为 22165 百万平方米、6226 百万平方米和 9595 百万平方米，分别同比增长 5%、4% 和 −6%。

从价格来看，国内需求增加导致纱线价格持续上升，进而拉动原材料棉花价格上升。2016 年 1—12 月，胶纱价格由 224.8 卢比/千克上升到 243.9 卢比/千克，变形纱由 92.8 卢比/千克上涨至 96.2 卢比/千克，棉花价格由 89.9 卢比/千克上涨至 105.2 卢比/千克，而尼龙棉花混纺纱略有下降，由 174 卢比/千克降低到 160 卢比/千克。

从生产方面，受益于经济快速增长，整个制造业及纺织服装工业呈现出良好的增长态势。2016 年，纺织行业与服装行业产量分别同比增长 8.1% 和 5.3%。2016 年 1—12 月，纺织行业生产指数从 139.3 上升到 178.5，服装行业生产指数从 174.6 上升到 190.5。相比于 2015 年，纺织行业与服装行业各月生产指数均高于去年同期，且纺织行业和服装行业生产指数分别比整体制造业高出 2.6 和 5.1。

（三）越南

凭借着原料和劳动力成本优势，纺织行业与服装行业成为越南的传统优势出口部门。2015 年，越南纺织行业总出口 97.5 亿美元，其中前十大出口国或地区分别为美国、中国、日本、韩国、柬埔寨、印度尼西亚、中国香港、加拿大、德国、英国，累计份额为 79.9%。2015 年，越南服装行业总出口 173.4 亿美元，其中前十大出口国或地区分别为美国、日本、韩国、德国、英国、中国、西班牙、荷兰、加拿大、法国，累计份额为 89.7%。

2016 年，越南经济保持稳中有进，GDP 同比增长 6.21%，低于全年预期目标，但是依然高出世界平均水平一倍，位居本地区前列。其中四个季度分别同比增长 5.48%、5.78%、6.56% 和 6.68%。

从生产来看，受益于经济快速增长，纺织服装工业以及整个制造业呈现出良好的增长态势。2016 年，纺织行业与服装行业产量分别同比增长 8.1% 和 5.3%。1—12 月，纺织行业生产指数从 139.3 上升到 178.5，服装行业生产指数从 174.6 上升到 190.5。与 2015 年相比，纺织与服装各月生产指数均高于上年同期，且纺织行业、服装行业生产指数分别高于整体制造业 2.6 个点和 5.1 个点。从主要产品来看，棉织品产量为 321.4 百万平方米，相比上年同比下降 2.6%，化纤织物产量 720.8 百万平方米，相比去年分别同比增长 6.7%，衣服产量 3434.8 百万件，同比增长 6.2%。生产的快速增长带动了就业增长。2016 年越南纺织品与服装的就业指数分别为 106.8 和 103.6。

二、食品工业

（一）法国

法国是欧盟第二大食品市场，其食品工业在制造业中占据非常重要的地位，尤其是食品行业。2015 年，法国食品行业的企业数量、产值分别为 57290 家和 1592 亿欧元，分别占整体制造业的 26.5% 和 20.9%。

表11-7 2015年法国食品工业经济指标

	制造业	食品	饮料
企业数量（家）	216103	54113	3177.0
销售收入（亿欧元）	8535.5	1525.0	274.1
产值（亿欧元）	7610.3	1342.5	249.5

资料来源：Eurostat，2017年2月。

2015年，法国食品出口550.3亿美元，位居全球第四。从出口目的地来看，法国食品主要出口到发达国家，其中前十大出口国或地区分别为英国、德国、比利时、美国、意大利、西班牙、荷兰、中国、日本、瑞士，累计份额为68.8%。

表11-8 2015年法国食品行业出口情况

	出口（亿美元）	占总出口份额
英国	52.5	11.1%
德国	51.5	10.9%
比利时	48.4	10.2%
美国	38.0	8.0%
意大利	36.6	7.7%
西班牙	33.5	7.1%
荷兰	24.8	5.2%
中国	17.0	3.6%
日本	11.8	2.5%
瑞士	11.7	2.5%

资料来源：Comtrade，2017年2月。

2016年，受制于居民消费需求和政府支出增长接近停滞，法国经济依旧增长缓慢，但在投资增长带动下经济略好于上年同期。四个季度GDP增长率分别为0.7%、-0.1%、0.2%和0.4%，出口分别增长-0.2%、0、0.8%和1.3%。

与宏观经济走势类似，食品工业复苏缓慢。从生产来看，法国食品工业生产整体呈下行态势，与制造业整体水平接近。与2015年相比，2016年食品工业略好。2016年1—12月，食品工业生产指数在100左右小幅波动。相比整体制造业，食品工业生产指数均低于整体制造业。具体来说，食品生产情况均接近食品工业整体生产水平，但饮料生产情况则明显好于食品工业整体生产。

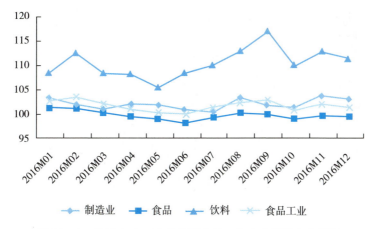

图 11 – 4　2016 年 1—12 月法国食品工业生产指数变化情况

资料来源：Eurostat，2017 年 2 月。

从销售来看，食品工业销售情况略好于上年。2016 年 1—12 月，各月食品工业销售收入指数约为 115，除 3、4、6、7 月外，各月销售收入指数均高于上年同期。同样，食品工业销售情况好于整体制造业。分销售区域来看，国外销售情况显著好于国内销售，且好于上年同期。

从价格走势来看，呈现缓慢上升趋势。2016 年 1—12 月，食品价格出厂价格指数在 110 左右波动，整体呈上行态势。食品与饮料价格均高于整体制造业。

图 11 – 5　2016 年 1—12 月法国食品工业销售收入指数变化情况

资料来源：Eurostat，2017 年 2 月。

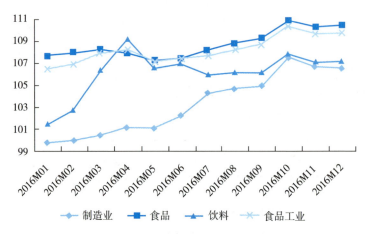

图11-6 2016年1—12月法国食品工业出厂价格指数变化情况

资料来源：Eurostat，2017年2月。

（二）英国

食品工业是英国制造业中的重要部门，特别是食品行业。2015年，英国食品行业的企业数量和就业人数分别为9231家和418178人，分别占整体制造业的7.0%和16.7%。

表11-9 2015年英国食品工业经济指标

	制造业	食品	饮料
企业数量（家）	131059	7496	1735
销售收入（亿欧元）	7052.9	1058.0	—
产值（亿欧元）	6611.0	982.1	—
就业人数（人）	2498438	373983	44195

资料来源：Eurostat，2017年2月。

从出口目的地来看，英国食品工业出口集中度较高，主要集中在欧盟内部的爱尔兰、法国、荷兰和德国四国。2015年，英国食品工业总出口250.9亿美元，其中前十大出口国或地区分别为爱尔兰、美国、法国、荷兰、德国、西班牙、意大利、比利时、中国香港、中国，累计份额为63.7%。

表 11 – 10   2015 年英国食品行业出口情况

	出口（亿美元）	占总出口份额
爱尔兰	43. 3	17.2%
美国	26. 2	10.4%
法国	25. 1	10.0%
荷兰	17. 5	7.0%
德国	15. 8	6.3%
西班牙	9. 0	3.6%
意大利	7. 0	2.8%
比利时	6. 1	2.4%
中国香港	5. 1	2.0%
中国	4. 7	1.9%

资料来源：Eurostat，2017 年 2 月。

2016 年，英国经济持续低迷，下半年受制于投资下降，经济存在下行压力。四个季度 GDP 增长率分别为 – 5.4% 、 – 0.5% 、 – 6.6% 和 – 0.9% 。

食品工业生产恢复加快，价格呈现持续上行态势。从生产来看，食品工业生产好于上年。2016 年 1—12 月，食品增长显著，各月生产指数均高于制造业，生产指数在 105 左右波动。

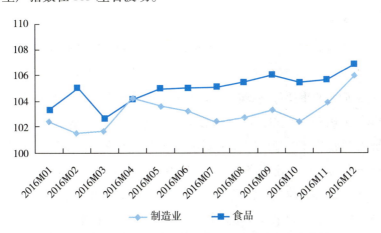

图 11 – 7   2016 年 1—12 月英国食品工业生产指数变化情况

资料来源：Eurostat，2017 年 2 月。

从价格来看，食品价格持续上升。2016 年 1—12 月，食品工业出厂价格指数持续走高，从 106.4 上升到 109.8，而且多个月份均高于上年同期。分产品来看，食品价格扭转了上年下行的趋势，而饮料价格则有一个明显的波动。2016 年 1—12 月，食品出厂价格指数从 107.7 上升到 110.5，饮料出厂价格指数从 101.5 降低到 107.2。

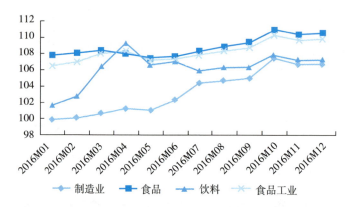

图 11 –8　2016 年 1—12 月英国食品工业出厂价格指数变化情况

资料来源：Eurostat，2017 年 2 月。

三、医药工业

（一）德国

德国是全球第三大、欧盟第一大医药市场，其中 2014 年医药市场规模为 497.0 亿美元。自欧元区债务危机以来，德国医药工业增速持续放缓。德国医药工业是制造业的重要经济部门，企业平均产值显著高于整体制造业。德国是全球第一大医药出口国，占全球总出口的 15% 左右。从出口目的地来看，凭借着产品质量优势，德国医药主要出口到发达国家。2015 年，德国医药总出口 762.6 亿美元，同比下降 5.1%。其中前十大出口国或地区分别为美国、荷兰、英国、瑞士、法国、比利时、意大利、日本、俄罗斯、西班牙，累计份额为 69.3%，同比增长 1.2%。其中美国、荷兰、日本等出口国出口额分别同比上涨 8.6%、8.3% 和 18.6%，其余出口市场出口额同比下降。

表 11 – 11   2015 年德国医药工业出口情况

	2015 年出口（亿美元）	同比增长	占总出口份额
全球	762.6	−5.1%	100.0%
美国	144.3	8.6%	18.9%
荷兰	92.2	8.3%	12.1%
英国	77.9	−2.8%	10.2%
瑞士	52.0	−5.9%	6.8%
法国	40.0	−10.4%	5.2%
比利时	29.9	−6.2%	3.9%
意大利	25.4	−40.2%	3.3%
日本	24.6	18.6%	3.2%
俄罗斯	22.9	−12.0%	3.0%
西班牙	19.3	−12.9%	2.5%

资料来源：Comtrade，2017 年 2 月。

进口方面，2015 年，德国医药总进口 473.8 亿美元，同比下降 6.7%。从进口来源地来看，德国医药主要进口来源地为发达国家。其中前十大进口国或地区分别为美国、荷兰、英国、瑞士、法国、比利时、意大利、日本、俄罗斯、西班牙，累计份额为 85.1%。其中荷兰和瑞士等进口国进口额分别同比上涨 12.5% 和 29.5%，其余进口来源地进口额均同比下降。

表 11 – 12   2015 年德国医药工业进口情况

	2015 年进口（亿美元）	同比增长	占总进口份额
全球	473.8	−6.7%	100.0%
美国	88.9	−1.9%	18.8%
荷兰	87.8	12.5%	18.5%
英国	80.3	−13.8%	16.9%
瑞士	31.1	29.5%	6.6%
法国	26.2	−13.2%	5.5%
比利时	23.1	−29.5%	4.9%
意大利	20.9	−27.9%	4.4%
日本	19.9	−10.0%	4.2%
俄罗斯	13.0	−22.3%	2.7%
西班牙	12.1	−9.7%	2.6%

资料来源：Comtrade，2017 年 2 月。

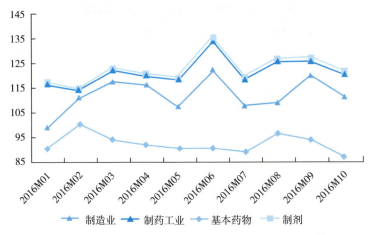

图 11 - 9   2016 年 1—10 月德国制药工业生产指数变化情况

资料来源：Eurostat，2017 年 2 月。

德国医药工业恢复加快，主要经济指标好于 2015 年。从生产来看，制药工业生产明显好于上年。2016 年各月生产指数均高于上年，且除 1 月外，其他各月生产指数均高于 105，其中 6 月生产指数达到了 121.9。从制药工业的结构来看，制药工业生产增加的贡献主要来源于制剂部门，而基本药物部门生产不乐观，不仅没有恢复到 2010 年的生产水平，且低于上年同期。

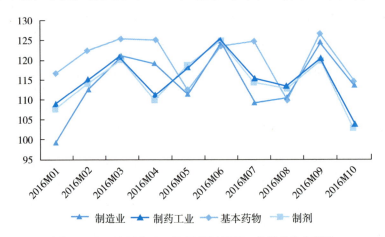

图 11 - 10   2016 年 1—10 月德国制药工业销售收入指数

资料来源：Eurostat，2017 年 2 月。

从销售来看，销售亦好于上年。2016年各月销售收入指数除1月外均高于100，与2015年相比，除11月略低于上年1.9个点外，其他各月均高于上年同期。与整体制造业相比，制药工业销售与整体制造业互有波动。从制药工业的结构来看，与生产情况不同，制药工业销售增加的贡献主要来源于基本药物，而非制剂。与医药工业相比，基本药物销售收入指数除5月、8月外，其他各月均高于同期医药工业。与制剂相比，基本药物多数月份明显高于同期制剂，特别是4月，基本药物销售收入指数高于制剂15.4点。从销售目的地来看，销售收入的增加主要来源于国外销售，而不是国内销售。与国内销售收入指数相比，国外销售收入指数各月明显高于国内，各月均高于20.0点以上。

从就业和产品价格来看，就业情况和出厂价格亦好于上年。就业指数和出厂价格指数各月均高于上年同期。分产品来看，基本药物和制剂出厂价格指数均好于上年，特别是基本药物。

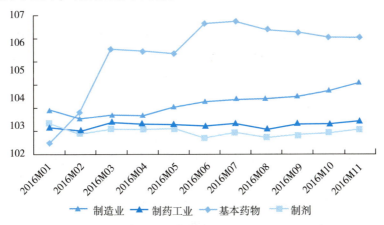

图 11 - 11   2016 年 1—11 月德国制药工业出厂价格指数

资料来源：Eurostat，2017 年 2 月。

（二）比利时

比利时是全球知名的制药产业技术中心和药品分销中心。国内大型药企主要为优时比制药（UCB）、欧米茄制药、杨森制药（1961 年已经并入美国强生集团，属于强生集团的全资子公司）等公司，此外，在比利时大量投资的大型跨国药企有百特、先灵葆雅、辉瑞制药、健赞制药、赛诺菲—安万特、罗氏制药、雅培公司以及葛兰素史克等大型跨国药企。

表11–13　2015年比利时医药工业出口情况

	2015年出口（亿美元）	同比增长	占总出口份额
全球	460.5	−13.3%	100.0%
美国	88.6	0.9%	19.2%
法国	51.4	−27.9%	11.2%
德国	47.9	−26.4%	10.4%
英国	41.9	−20.4%	9.1%
意大利	38.7	5.5%	8.4%
荷兰	15.3	0.5%	3.3%
西班牙	13.0	−11.9%	2.8%
日本	11.9	−17.4%	2.6%
俄罗斯	9.3	−25.9%	2.0%
加拿大	8.3	−25.9%	1.8%

资料来源：Comtrade，2017年2月。

比利时是全球第三大医药出口国，仅次于德国和瑞士。与德国医药工业类似，比利时医药工业出口目的地亦主要为发达国家。其中，出口前十位国家分别为美国、法国、德国、英国、意大利、荷兰、西班牙、日本、俄罗斯、加拿大，占总出口额的70.8%。

进口方面，2015年，德国医药总进口385.6亿美元，同比下降9.1%。从进口来源地来看，德国医药主要进口来源地为发达国家。其中前十大进口国或地区分别为美国、爱尔兰、意大利、法国、德国、瑞士、新加坡、荷兰、英国、加拿大，累计份额为93.1%。其中美国和意大利等进口国进口额分别同比上涨5.5%和7.6%，其余进口来源地进口额均同比下降。

表11–14　2015年比利时医药工业进口情况

	2015年进口（亿美元）	同比增长	占总进口份额
全球	385.6	−9.6%	100.0%
美国	107.4	5.5%	27.9%
爱尔兰	63.1	−3.0%	16.4%
意大利	58.2	7.6%	15.1%
法国	33.4	−36.1%	8.7%

续表

	2015 年进口（亿美元）	同比增长	占总进口份额
德国	25.7	−28.1%	6.7%
瑞士	22.8	−15.5%	5.9%
新加坡	18.6	−10.8%	4.8%
荷兰	15.1	−11.5%	3.9%
英国	7.2	−23.5%	1.9%
加拿大	6.8	−15.6%	1.8%

资料来源：Comtrade，2017 年 2 月。

目前，医药工业产值和就业人数均为整体制造业的 4% 左右。从市场结构和企业结构来看，比利时医药企业以中小企业为主，大企业垄断了医药市场，其中制剂为医药工业的主要产品。

从销售来看，医药销售稳步增加，情况亦明显好于上年。2016 年，医药销售收入指数由 138.8 稳步上涨到 188.0。相比上年，除 1 月和 4 月医药销售收入指数分别低于上年同期 4.2 个点和 3.8 个点外，其他月份均高于去年同期，特别是 9 月该指数高于上年同期 37.4 个点。与整体制造业相比，医药销售呈现良好态势，除 1 月外，其他各月销售收入指数均高于同期整体制造业。

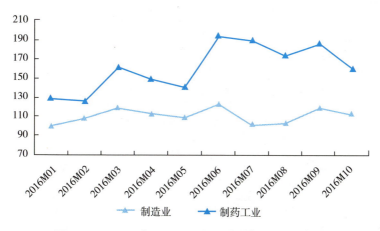

图 11 - 12　2016 年 1—10 月比利时制药工业生产指数

资料来源：Eurostat，2017 年 2 月。

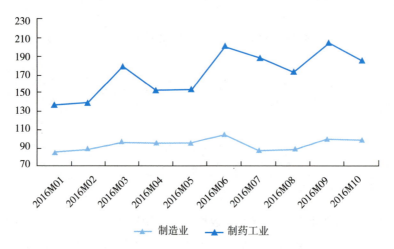

图 11 –13　2016 年 1—10 月比利时制药工业销售收入指数

资料来源：Eurostat，2017 年 2 月。

从出厂价格来看，医药价格保持平稳。2016 年，医药出厂价格指数变化不大，略有走低，但在 107 左右波动。与上年相比，2016 年药品价格整体高于上年同期，各月出厂价格指数均高于上年同期 16% 左右。整体制造业出厂价格持续走高，与药品出厂价格走势不同，但是其整体价格水平仍低于 2010 年水平。

第十二章　电子信息产业

受全球经济、世界各国经济发展态势和各国经济增长差异化的走势影响，2016年电子信息制造业主体动力来源偏离，全球市场规模进一步增长，亚洲和其他新兴经济体市场成为发展新动力，发达国家产业增速放缓。计算机领域，全球PC出货量仍处下滑局面，其复苏依然缓慢，且面临配件供货紧张的问题，亚太市场保持稳定，美国市场增长下降。全球智能手机市场整体增长。全球液晶电视总出货量增长。集成电路市场规模整体呈增长趋势。LED产业巨头调整产品线，中国本土照明企业强势崛起。全球光伏市场强劲增长，传统市场依然保持强劲发展势头，新兴市场不断涌现。受各国政府环保意识的不断增强影响，新能源产业关注度日益增加。消费电子产品市场持续萎缩，技术创新浪潮不断涌现，电子信息产品推陈出新，人工智能和VR/AR成为主旋律。

第一节　总体态势

受全球经济和世界各国经济发展态势对世界电子信息制造业的影响，2016年世界电子信息产业市场规模约为2.3万亿美元，同比增长2.9%。从区域发展格局看，亚洲和其他新兴经济体市场将成为带动全球电子信息制造业发展的新动力来源，美国、欧盟、日本等发达国家和区域的产业增速将有所放缓，各国经济增长差异化的走势将使全球电子信息产业的主体动力来源发生改变。

第二节 细分领域发展情况

一、计算机

全球 PC 出货量自 2012 年开始便持续呈现逐年下滑的局面。2016 年，受第一季度存货量高、Win10 免费升级政策延续等问题影响，出货量依然不理想。2016 年全球 PC 出货量共计 2.697 亿台，比 2015 年减少 6.2%。在消费者市场，受平板电脑和智能手机强力竞争的影响，PC 市场复苏依然缓慢，且面临配件供货紧张的问题。从区域来看，亚太市场延续了稳定态势，较上年有轻微收缩，美国市场的增长略有下降。从厂商来看，2016 年四季度，全球前六大厂商中有四家的全球 PC 出货量出现增长（见表 12 - 1）。前三大厂商的全球市场占有率在第四季度均有增长。其中，联想品牌稳居第一，其在北美洲、欧洲、非洲中东市场的出货量均出现增加，但在亚太、日本则继续面临挑战。惠普、戴尔紧随联想之后。

表 12 - 1 2016 年第四季度全球 PC 厂商单位出货量估算值（单位：千台）

厂商	2016Q4 出货量	2016Q4 市场占有率（%）	2015 年 Q4 出货量	2015 年 Q4 市场占有率（%）	2016 年 Q42015Q4 增长率（%）
联想	15781	21.7	15535	20.6	1.6
惠普	14808	20.4	14204	18.8	4.3
戴尔	10723	14.8	10175	13.5	5.4
华硕	5452	7.5	5960	7.9	− 8.5
苹果	5440	7.5	5321	7.0	2.4
宏碁	4999	6.9	5228	6.9	− 4.4
其他	15408	21.2	18970	25.2	− 18.8
总计	72611	100.0	75384	100.0	− 3.7

注：以上数据包含台式机、笔记本电脑与顶级 ultramobile 机型（例如 Microsoft Surface），但不包括 Chromebook 和 iPad。所有数值均根据初步研究结果所推算出，最终估计值可能有所变动。本统计数据以从销售渠道的出货量为准。

资料来源：Gartner，赛迪智库整理，2017 年 1 月。

二、智能手机

2016 年全球手机市场整体出货量为 15 亿部，下滑 1.6%，但其中智能手机市场增长 4.5%。IDC 数据显示，2016 年全球智能手机出货量总计 14.7 亿部，较 2015 年的 14.4 亿部仅提升了 2.3%，但也创下历史出货量最高的纪录，这得益于中国、美国、巴西等经济体市场表现对整体市场增长的带动。从手机品牌来看，三星手机即使受到 Note7 风波影响，仍然保持智能手机市场的领跑者地位，但其占全球智能手机的市场份额较 2015 年的 22.3% 有所下降，为 21.2%。位列第二的苹果公司，2016 年在智能手机市场的占有率也较同期有所下降，为 14.6%。而位居其后三位的品牌均来自中国，分别是华为、OPPO 和 vivo。值得一提的是，OPPO 和 vivo 的全年出货量和市场份额较 2015 年均成倍增长，显示了强劲的后发实力。

三、家用视听

TrendForce 集邦科技旗下光电研究品牌 WitsView 的最新研究显示，2016 年全球液晶电视总出货量达 2.19 亿台，年增长率为 1.6%。这一是得益于北美通路旺季销售较预期更优，二是受惠于中国大陆房地产市场走热，三是源于大尺寸液晶电视的价格更加亲民，进而提升了全球液晶电视出货量。从品牌角度来看，2016 年位居前五位的液晶电视品牌分别是三星、LG、海信、TCL 和索尼。其中，三星电子和 LG 电子均为韩系品牌，两者在 2016 年出货量分别为 4790 万台、2820 万台，前者在 2016 年的电视出货量与 2015 年基本持平，但后者的电视出货量则同比下降 4.1%，主要原因是 2016 年初 LG 内部组织重新调整，不再过于追求出货量的快速提升，二是将集团的收益与库存控制当作首要任务指标。海信、TCL 均为中国大陆品牌，两家的出货量分别为 1330 万台与 1320 万台，同比增速分别达 3.9% 和 0.8%，正向增长均来自海外市场的出货。排在第五位的索尼是日系品牌，2016 年其电视出货量达 1170 万台，同比下滑 3.7%。

四、集成电路

2016 年，全球半导体行业市场规模整体呈增长趋势。根据 WSTS（World Semiconductor Trade Statistics，世界半导体贸易统计协会）统计，2015 年，全球半导体产业销售额为 3352 亿美元，2016 年全球半导体行业市场规模将继续保持增长，增长率为 0.3%。而近两年的兼并重组活动已经改变了半导体产业的格局，大型厂商在市场占据的比重越来越大。2016 年全球前十大半导体供应商的市场占有率总和为 56%，十年间增加了 11%；全球前二十五大半导体供应商 2016 年的全球市场占有率之和则超过四分之三的市场总额。截至 2016 年第三季度，集成电路领域有三件总金额达 510 亿美元的收购案发生，包括软银（Softbank）收购 ARM、ADI 收购凌力尔特（Linear），以及瑞萨（Renesas）收购 Intersil。另据 IC Insights 预测，世界排名前五的半导体供应商英特尔（Intel）、三星（Samsung）、高通（Qualcomm）、博通（Broadcom）与 SK 海力士（Hymox），2016 年的全球市场占有率之和将会达到 41%，较十年前的 32% 提升了 9 个百分点。

五、LED 产业

全球 LED 产业在遭遇了 2015 年的"寒冬"之后，整体面貌发生较大改观。2016 年，飞利浦、欧司朗、GE 照明、东芝等国际传统 LED 巨头势头下降，纷纷开始调整产品线，而木林森、三安光电、华灿光电等本土照明企业则强势崛起，不断加快海外扩张步伐。同时，产能扩张日趋频繁，亿元级并购不足为奇。然而，在产能扩张与并购加速提升产业集中度的同时，"跑路"与倒闭现象也不断上演，中小企业生存面临严峻的挑战。

六、光伏产业

2016 年，全球光伏市场强劲增长，新增装机容量预计将超过 65GW，同比增长 22.6%，累计光伏容量达到 295GW。传统市场如日本、美国、欧洲的新增装机容量将分别达到 9GW、10GW 和 7GW，依然保持强劲发展势头。新兴市场不断涌现，光伏应用在亚洲、拉丁美洲诸国进一步扩大，印度、泰国、智利、墨西哥等国装机规模快速提升，如印度在2016年将达到5GW。中国电价调整带来的抢装效应影响下，光伏新增装机量将达到32GW，同比增长超过100%，继续位居全球首位，累计装机有望超过75GW，位居全球首位。全球多晶硅产量持续上升，总产量将达到37.5万吨，同比增长10.4%。全球太阳能光伏组件产量约为70GW，同比增长12.9%。

七、锂电池

随着各国政府环保意识的不断增强，新能源产业备受关注，政府不断出台相关政策进行扶持，如美国政府作为全球新能源经济的引领者，持续发力新能源汽车产业。新能源汽车、电动自行车、可穿戴式智能设备、平板电脑、智能手机、移动电源及储能电站的应用和普及将给锂离子电池产业带来史无前例的发展契机，全球锂离子电池隔膜市场将继续稳步发展。随着锂离子电池应用范围的逐步扩大，其规模的相应快速扩张也带动了整个锂离子电池隔膜产业的高速增长。全球锂离子电池隔膜产量在2016年预计将达到16.6亿平方米。

第三节　行业发展特点

一、消费电子产品市场持续萎缩，国内外企业均面临压力

受全球经济低迷影响，全球消费电子产品市场规模进一步萎缩，智能手机销量增速持续放缓，由两位数增长进入个位数增长阶段；平板电脑、笔记本电脑出货量持续衰退。2016年第三季度数据显示，全球PC出货量同比下滑5.7%，已连续八个季度下滑，创业内最长纪录；全球平板电脑出货量同比下降14.7%；全球平板电脑应用处理器市场规模比上年同期下降34%；全球智能手表出货量较上年同期下滑51.6%。苹果、三星等国际品牌和联想等国内品牌受到需求疲软和利润下滑影响，均已减少在相关产品上投入资源，营业收入也受到影响。根据企业三季度最新财报，苹果营业收入同比下降8.9%，三星营业收入同比下降7.5%。

二、技术创新浪潮不断涌现，产业发展出现新契机

在"工业4.0"、工业互联网等产业发展理念的持续引领下，世界各国电子信息技术在广泛交叉和深度融合中不断创新，为产业发展提供了新动能。云计算、大数据正引发计算架构的变化，催生了大量新型服务与新业态；智能硬件、智能网联汽车等新型智能终端加速孕育，特色发展模式不断出现；各国人工智能、虚拟现实、智能感知等一批融合性新兴技术的加速发展，成为技术创新发展亮点，使得移动互联网、物联网、工业互联网等信息技术与传统领域在深度融合的同时，进一步拓展出产业发展空间，一批新的产业增长点快速涌现。全球电子信息产业正在焕发出新的生机和发展活力，产业发展迎来新机遇。

三、电子信息产品推陈出新，人工智能和 VR/AR 成为主旋律

在传统智能终端出货量增速下降的同时，智能化由传统消费电子产品向外延产品扩张，同时，随着新兴技术的发展，电子信息产品越来越多地加入人工智能元素。智能硬件、智能电视、可穿戴设备、智能家居成为产业发展热点，机器人科技为代表的智能产业蓬勃兴起，服务机器人日益普及。虚拟现实技术融合数据获取、分析建模、绘制展现和传感交互四类技术，目前已由"概念阶段"向消费级应用快速演进，谷歌眼镜、索尼 VR 游戏机、脸谱（Facebook）和微软虚拟现实头盔等产品相继推出，吸引全球关注。随着人工智能和 VR/AR 企业级产品的推陈出新，电子信息产业发展将迎来新的时代。

四、投融资并购依旧火爆，企业竞争格局不断演变

纵观2016年，全球电子信息领域投融资热度继续升温、并购规模继续扩大。全球信息技术创新仍然处于迸发期，通信、集成电路等领域出现了颠覆性突破的新苗头，虚拟现实、人工智能、无人驾驶等领域成为产业发展的新热点。为加快技术创新和生态建设，抢占发展先机，国外巨头企业纷纷在新兴领域实施投资融资、战略并购。例如，英特尔投资格兰德芯，加速无线芯

片研发；谷歌大手笔投资开发飞行汽车；恩智浦收购飞思卡尔，成为全球最大的汽车半导体供应商；软银收购 ARM，瞄准 ARM 架构芯片在物联网领域的巨大发展潜力；诺基亚收购 Ventech Europe Portfolio，进军可穿戴设备领域。伴随着投融资和并购重组的加速进行，重点领域的企业竞争将更加激烈，从而改变全球电子信息关键领域的竞争格局。

热 点 篇

第十三章 英国公投同意"脱欧"

脱欧公投是指英国就是否脱离欧盟进行全民投票。受欧洲爆发的债务危机和难民危机事件等影响，英国国内外产生了对欧美和国家内部的极大争议，加入欧盟的初衷受到了民众的质疑与猜忌，脱欧呼声日渐高涨。英国首相卡梅伦就英国与欧盟关系承诺连任后将举行全民公投；2016 年 6 月 23 日，英国正式举行了公投，24 日英国政府正式公布投票结果：支持脱欧派取得胜利；英国开始实施脱离欧盟的程序。英国脱欧行为在短期内有利于，刺激中小企业，增加就业，增强英国经济发展活力，但长期内英国经济贸易将受到损害，其世界影响力和与欧美的贸易往来将大打折扣。未来，脱欧后的英国可能受到欧盟和美国的边缘化对待。

第一节 背 景

英国虽然是欧盟国家，但是拥有自己独立的货币，是非欧元区国家。从而导致英国在欧盟金融事务中难以真正发挥作用，欧债危机、难民危机等事件的冲击使得英国与欧盟利益分歧逐渐增大，加之英国对欧盟的猜疑与不信任导致英国逐渐退出欧盟事务的参与权。与此同时，欧盟其他国家也对英国在欧盟中的"不可靠"日益不满，英国作为欧盟中的大国，应该在融入欧盟和促进欧盟一体化中发挥更加积极的作用，而不是一个拖后腿的角色。在相互作用下，英国国内民众对欧盟的猜疑、不信任以及要求脱离欧盟的情绪日益高涨，英国与欧盟之间联系的基础——相互信任，已经出现裂痕。此外，英国执政党的支持度表现不好，时任首相卡梅伦也希望通过"脱欧"能够获得独立党的支持，也希望以"脱欧"为筹码在欧盟获得更多利益。

第二节　内　容

2013 年 1 月 23 日，任时英国首相卡梅伦就英国与欧盟关系首次发表讲话，承诺在其赢得 2015 年大选后，将就英国"脱欧"问题举行全民公投，由人民真正选择留在欧盟还是退出欧盟。1 月 19 日至 23 日《金融时报》就"明天英国就举行留欧还是退欧公投"进行了调研，共有 2114 名成年人参加，结果显示 50% 的民众对举行全民公投表示赞同，反对者只有 21%；同时有一半人表示赞成英国脱离欧盟；赞成留欧的只有 33%。2015 年 1 月 4 日，卡梅伦表示将公投时间提前至 2017 年底之前举行；2016 年 6 月 23 日，英国正式就是否继续留在欧盟举行了全民公投，24 日结果公布，支持"脱欧"派取得胜利。然而，在公投结果出来后有人在英国议会网站发起了二次公投请愿，签名人数甚至高达 400 万（按照惯例如果请愿签名人数超过 10 万，英国议会就需要考虑对该议题进行讨论）。7 月 9 日，英国政府正式拒绝了举行第二次"脱欧"公投的请愿，明确表示尊重 6 月 23 日的公投结果，将为"脱欧"做准备工作，确保英国人民的利益。7 月 13 日卡梅伦正式辞去英国首相，特雷莎·梅接任。11 月 3 日，英国高等法院裁定，英国政府正式启动"脱欧"程序需要有议会的批准。2017 年 1 月 17 日，首相特雷莎·梅宣布政府就脱离欧盟做好准备，并阐述了英国"脱欧"的具体方案，即首次明确提出"脱欧路线图"。2 月 1 日，英国议会下院通过了政府"脱欧"法案，授权首相启动"脱欧"程序；3 月 13 日，英国议会两院分别批准了由特雷莎·梅政府提出的"脱欧"法案；3 月 16 日，英国女王批准"脱欧"法案，授权首相启动"脱欧"程序，至此，英国正式启动《里斯本条约》第 50 条，展开为期两年的"脱欧"谈判。

第三节　影　　响

一、短期内有利于英国经济发展

就短期内，英国退出欧盟有利于英国经济的发展。首先是英国可以立即节省下每年需给欧盟财政缴纳的 80 亿英镑。另外，可以解放英国经济。英国经济本身发展与欧盟的贸易相关性不是很强，但是作为欧盟国家，英国经济的发展始终受制于欧盟规章的掣肘，脱离欧盟后英国将不再受原有欧盟制度的制约，有利于刺激英国中小企业的发展，增加英国就业，增强经济发展的活力，促进英国经济发展。

二、长期内英国经济贸易将受到损害

从长远看来，作为非欧盟成员的英国，在国际事务中的地位、作用和影响力将下降。与此同时，欧盟与英国的贸易往来将受到打击，原有的财政、贸易等优惠政策将大打折扣，英国伦敦作为全球金融中心的地位也将受到影响，不利于英国经济的稳定发展。另外，随着国际地位和影响力的下降，英国在环境、安全和贸易等众多跨国事务中将被欧盟、美国边缘化，一旦英国脱离欧盟，将有可能成为一个孤立的国家。

第十四章　特朗普赢得美国大选

2016 年第第 58 届美国总统选举将在代表共和党的特朗普和代表民主党的希拉里两位候选人之中决选出美国总统。2016 年 11 月 8 日，美国新罕布什尔州迪克斯维尔山口村的注册选民开始投票，拉开了 2016 年美国总统选举投票的大幕。2016 年 11 月 9 日，美国总统大选投票结果公布，共和党候选人唐纳德·特朗普获得胜利，成为美国历史上首位毫无从政经验的地产商总统。2017 年 1 月 20 日，特朗普宣誓就职美国第 45 任总统。作为美国历史上首位没有从政经验的美国总统，一方面，特朗普的重利益轻情意态度，对中国的外交形成一定的冲动性，特朗普政府将加快对中国在全球战略上的围堵；另一方面，中美之间贸易摩擦可能增多，加剧中国资本外流，从而加大人民币贬值的压力。

第一节　背　景

美国实行总统制，每届总统任期 4 年，可以连任一届，即每 4 年举行一次总统大选。美国各州实行"胜者全得"制度，即在一州获得选民票最多者获得所有选举人票，各州选民通过这种方式投票选举产生总统。因此，在人口众多的州所分得的选举人票就多，总统候选人争夺得更加激烈，例如，人口最多的加利福尼亚州拥有 55 张选举人票，而人口少的阿拉斯加州只有 3 张票，各州选举人票数差距悬殊。2016 年第 58 届美国总统选举，于 11 月 8 日星期二举行，与此同时，第 114 届美国国会也将产生全部 435 个众议院席位、100 个参议院议席；另外，选举人团也将被选出，12 月 17 日选举人团再选举产生总统和副总统。此次美国大选的总统候选人分别是代表共和党的特朗普和代表民主党的希拉里。

第二节 内 容

2016 年 7 月 19 日，美国共和党全国代表大会召开，特朗普被正式提名为共和党的总统候选人，同时大会首次明确支持特朗普关于在美墨边境上修筑围墙的提议；7 月 26 日，美国民主党代表大会召开，希拉里被正式提名为民主党的总统候选人，同时也成为美国历史上首位获得主要政党提名的女性总统候选人。7 月 27 日，维基解密对希拉里"邮件门"的爆料，使得"邮件门"事件再次爆发，引发美国人民的担忧。9 月 26 日、10 月 9 日以及 10 月 19 日，民主党总统候选人希拉里与共和党总统候选人特朗普进行了三场电视辩论。10 月 28 日，美国联邦调查局（FBI）宣布重启对"邮件门"的调查，造成美国人民对希拉里的信任不断下降，支持率也随之下降。11 月 8 日，美国新罕布什尔州迪克斯维尔山口村的注册选民开始投票，拉开了 2016 年美国总统选举投票的大幕。11 月 9 日，美国大选投票结果正式揭晓，共和党总统候选人唐纳德·特朗普获得选举胜利，成为美国历史上首位毫无从政经验的地产商总统。2017 年 1 月 20 日，特朗普宣誓就职美国第 45 任总统。

第三节 影 响

一、特朗普当选美国总统对中国外交的影响

作为美国历史上首位没有从政经验的美国总统，特朗普的外交政策更加具有不确定性。随着中国的崛起，中美之间的结构性矛盾将进一步突出。而以强人自居的特朗普必将强化美国以硬实力为基础的强大自信心，对中国的外交形成一定的冲击，甚至会动用各种手段对中国的问题横加指责，更加注重美国利益而轻信义。同时，特朗普政府将加快对中国在全球战略上的围堵，尤其是加强对亚洲事务的渗透，也将进一步借助国际社会的力量对中国在国

际舞台上发挥作用进行压制，在短时间内对中国的全球战略形成冲击。但是已经开始走进世界舞台中心的中国不会轻易被遏制，反而可以让世界更加清晰地看到中国的崛起，更加对中国在世界舞台发挥更大的作用充满信心。

二、特朗普当选美国总统对中国经济的影响

特朗普当选美国总统对中国经济的影响主要体现在以下两个方面：一是中美之间贸易摩擦增多，增大中国经济下行的压力。特朗普在竞选总统期间为提高选民的支持度曾提出针对中国的贸易政策，当选后将会对部分中国商品提高关税或者设置贸易壁垒，从而使得中美之间的贸易摩擦将不断增多。目前中国经济下行压力较大，中美之间贸易摩擦增多势必会损害中国的利益，加大中国经济发展的困难。另一方面，特朗普当选美国总统可能会加剧中国资本外流，从而加大人民币贬值的压力。特朗普主张削减企业所得税、降低迁回的海外美国企业的税收，甚至声称要迫使苹果等跨国公司将生产线搬回美国，从而将吸引美国海外资金回流，外商对中国的直接投资可能会下降。这种短期内资本流动加大了中国资本外流的程度，人民币贬值的压力将增大。

第十五章　全球 VR 产业进入快速发展期

　　VR 于 2016 年发展迅猛，其带来的巨大市场，也备受许多科技公司重视，经历了数个具有较大影响力事件后的 VR 产业也从年初井喷式的爆发到年底进入较为稳定的"寒冬"期。Facebook 早已收购了 VR 眼镜 OculusRift 品牌，并于 2016 年 3 月推出了消费者版本，尽管售价高达 599 美元，但其销量也达到了 10 万部。其他科技巨头，如微软、Google 等也纷纷涉足 VR 领域，推出自己的产品。三星发布会上被"忽视"的扎克伯格登上了头条，体育、游戏等诸多领域也纷纷与 VR 结合。未来，借助游戏作为切入点的 VR 将开拓至更为广阔的领域，它将在教育、通讯、家居、旅游、购物等方面改变当前人们的行为习惯，其潜力不可估量。

第一节　背　景

　　VR 是虚拟现实的简称，由美国 VPL 公司的创始人拉尼尔于 20 世纪 80 年代提出。VR 设备通过向用户以显示设备作为展示终端，呈现特定的虚拟世界，其呈现方式是通过动作捕捉、运动模拟、位置空间追踪、传感器等设备满足用户与特定的虚拟环境之间进行身临其境的互动体验。VR 不仅仅可以满足对用户在使用过程中的信号实时传输模拟，还可以使用户与虚拟情景发生高度交互。

　　随着 21 世纪互联网技术的更新换代，显示器分辨率、3D 实时建模和显卡渲染效果等技术不断提升促进了 VR 设备的进步发展，可使 VR 设备变得更加轻便和精细，大幅度提升用户体验效果。Facebook 公司早已在 2014 年以 20 亿美元的价格收购 Oculus，以发展 VR 设备，除此之外，如三星、谷歌、索尼、HTC 等电子巨头企业，也均宣布公司近年进军 VR 设备行业的发展计划。

第二节　内　容

2016 年被誉为 VR 元年，从 VR 井喷式的爆发到年底进入较为稳定的"寒冬"期，期间经历了数件对整个 VR 行业产生极大影响的事件。

2016 年 2 月，VR 在 2016 年度第一次被较多人关注。三星 S7 系列新品发布会的主持人要求在座的观众戴上 Gear VR 体验一段 VR 视频，扎克伯格在体验过程中意外现身发布会现场，然而旁边头戴 VR 头盔的记者却一点儿都没注意到扎克伯格的出场和上台。

同月，Magic Leap 在新一轮融资中获由阿里巴巴集团领投，华纳兄弟、摩根士丹利、摩根大通等多家机构跟投的共计 7.935 亿美元的天量投资。Magic Leap 累计融资 14 亿美元，市场估值约为 45 亿美元。虽然 Magic Leap 于 2016 年 12 月因 The Information 的一条新闻被推上了风口浪尖，因新闻指出公司所有公开发布的非常神奇的演示视频都是特效而已，而导致公司信誉扫地，但也不能否认金融和科技巨头们对于 VR 产业的关注，VR 产业自身也吸金能力和发展潜力十足。

2016 年 3 月，中国阿里巴巴拓展 VR 在电商领域的发展可能，宣布成立 VR 实验室，并启动"Buy＋"计划。其目标是建立全球最大 3D 商品库，引领未来虚拟世界购物体验。愚人节当天，阿里巴巴推出 VR 购物产品"Buy＋"的宣传片引爆网络，并于 9 月启动"Buy＋"的线上测试。360 度全方位购物环境可让用户沉浸其中，更加真实地掌握衣服的物料、细节和质量，拓展了 VR 在电商领域的发展广度。

3 月 28 日，Oculus 创始人 Palmer Lukey 亲自带着一台意味着 VR 里程碑式的 Oculus Rift 产品飞去了拉斯维加斯，交给全球第一位用户。虽然此后 Oculus Rift 也遇到了组件短缺等问题，并导致出货多次被推迟，但这也意味着 Oculus Rift 正式开售，使 VR 达到了新的发展阶段。

同在 2016 年 3 月，VR 在中国新闻行业得到一定普及。在 2016 年全国两会报道现场，各大媒体记者纷纷拿出 VR 拍摄设备进行素材采集。新华社官网专门开辟 VR 报道专区，新华四川做线下的报道内容 VR 体验活动，财新传媒出品国内首部 VR 纪录片。据不完全统计，在央视、人民日报、新华社、乐视、优酷土豆等媒体和网站对中国 2016 年的两会进行报道的过程中，都融入了 VR 技术作为采访的新方式。

2016 年 4 月 5 日，首批预订并成功完成尾款补交的中国大陆用户开始陆续收到 Vive 消费者版。HTC Vive 中国区总经理汪丛青还亲自把消费者版 Vive 送到了三位用户手中。第一个收到的是网络红人 @ 性感玉米，第二位是刚刚入选 NBA 篮球名人堂的姚明，第三位是女演员朱珠。美国时任总统奥巴马也在 4 月德国汉诺威的科技行业展会上与德国总理默克尔一同试玩了 VR 眼镜。奥巴马惊叹，虚拟现实带来了"一个全新的世界"。

2016 年 5 月，谷歌在 I/O 大会上展示了 VR 虚拟现实平台：Daydream VR。行业人士普遍认为移动 VR 才是行业发展的大趋势，其中手机 VR 将占据相当重要的位置。但由于系统原因，现有安卓手机都几乎无法满足 VR 低延迟等要求，因此，人们普遍希望谷歌像做安卓一样做一款适用于 VR 的系统。

2016 年 7 月，VR 通过 AR 技术试水，在游戏领域的尝试和发展再进一步。一款"前沿 AR 元素 + 成熟的 LBS 技术 + 超级 IP"的宠物养成对战类 RPG 手游《Pokémon GO》发布，其自从澳大利亚新西兰区域首发之后，迅速开始全球扩散。发布后，在用不到一个月时间获得接近 5000 万的日活跃用户，仅用 63 天就在全球范围收获 5 亿美元，成为史上赚钱速度最快的手游。

2016 年 8 月，在里约奥运会中，VR 技术首次运用在体育领域，通过 VR 技术转播了奥运会开、闭幕式和每天一场关键赛事。

2016 年 10 月 13 日，索尼在北京召开发布会，正式向全球同步发售 PS VR，昭示 VR 与传统游戏设备的契合进一步融洽。PS VR 依托于市场销量已达 4000 万的 PS4 游戏主机，市场销量潜力大好。根据游戏和 VR 分析公司 SuperData Research 的最新估算，PS VR 的预期销量将近 75 万台，远多于 HTC Vive 的 45 万台和 Oculus Rift 的 35 万台。

IDC 市场研究公司预计的公开数据显示，2016 年全球 VR 设备出货量将超 900 万台，等于 2015 年 35 万台货量的 25 倍。预计到 2020 年，VR 设备的出货量可达 6480 万台，展现了巨大的市场潜力。

第三节 影　响

VR 最主要的影响是在游戏领域，作为最早介入 VR 应用领域的行业，VR技术的引进使游戏带给人们的视觉效果爆棚，改变了人们传统的行为习惯，以游戏作为切入点影响各个领域的技术更新。

虽然多数 VR 内容也大都与游戏相关，但实际上 VR 技术未来可广泛地应用于人类生活的方方面面，GreenlightVR 最新的一份报告指出，其消费者对虚拟现实的兴趣除游戏之外，还愿意在旅游、娱乐、活动、家居设计和教育上使用 VR，VR 将对新闻、教育、医疗保健、成人行业、宗教、娱乐、太空探索、博物馆等领域将带来前所未有的影响和变化，并驱动这些领域的技术快速的更迭。

VR 在电影方面将观影体验提升到一个新高度；在教育培训方面，VR 可以用于建立模拟学习情景、实现模拟训练；在通信方面，VR 可以通过电话连接到每个人，让我们的会议、远程办公更高效，也可能会大幅度减少商务旅行；在体育方面，使用 VR 眼镜可以减少长途跋涉去看现场，在家里用 VR 也能感受到一样的氛围。

第十六章　美国发布《国家人工智能
研究与发展策略规划》

美国总统办公室于 2016 年 10 月 12 日发布了《为人工智能的未来做好准备》和《美国国家人工智能研究与发展战略规划》两份重要报告。《为人工智能的未来做好准备》探讨了人工智能的发展现状、应用领域以及潜在的公共政策问题；《美国国家人工智能研究与发展战略规划》从对人工智能研发进行长期投资、开发人机协作的有效方法、正确理解和积极应对人工智能可能引发的伦理、法律和社会影响、保证人工智能系统的安全性、开发人工智能共享公共数据集和测试环境平台、建立人工智能的各项标准和基准评估和培养国家人工智能研发人才七个战略角度和两个具体问题提出了美国人工智能的优先发展方向和建议。《美国国家人工智能研究与发展战略规划》作为美国人工智能的发展战略规划手册，全方位展示了美国想要成为全球人工智能领域主导者的野心，重点关注了中国人工智能的研发情况，从多个层次彰显了中国的技术地位和美国想要超越的决心。

第一节　背　景

2015 年，美国政府在人工智能（AI）相关技术方面的研发投入约为 11 亿美元。AI 在制造、物流、金融、通信、交通运输、农业、销售、科技等领域得到了应用。此外，AI 在提高教育机会、更好地改善人类生活质量、提高国土安全等方面具有积极的作用。

第二节　内　　容

《国家人工智能研究与发展策略规划》是由美国人工智能工作小组制定的，该小组是由美国国家科技委员会的网络和信息技术的研究和开发会附属委员会经美国国家科技委员会的附属委员会的要求，给跨部门工作小组分派关于机器学习和人工智能的任务。

报告称，该跨越联邦政府协调的人工智能规划将有助于美国利用人工智能计划的全部潜能来强化美国的经济及改善美国的社会。美国人工智能研发战略计划确定了联邦资金资助的不论是发生于在政府内部还是外部的人工智能研究的目标，比如，在学术界发生的研究，应由联邦政府提供资金。

该计划主要制定了七大方面的策略：

策略一，对人工智能研发进行长期投资。在人工智能的下一代重点技术进行持续投资将推动发现和深入了解，并使美国保持在人工智能领域的世界领导者地位。

策略二，开发人机协作的有效方法。大部分人工智能系统将与人类合作以达到最佳绩效，而非代替人类。需要开展充分研究，从而达到人类和人工智能系统之间的有效交互。

策略三，正确理解和积极应对人工智能可能引发的伦理、法律和社会影响。报告期望能够在遵循人类基本的正式或非正式道德标准基础上发展人工智能技术，正确地研究并理解人工智能可能引发的伦理、法律和社会影响，并研究可适用伦理、法律和社会目标的人工智能研发方法。

策略四，保证人工智能系统的安全性。应该提前保证人工智能系统的可控性、明确性和充分理解其安全操作方式，确保在人工智能系统被广泛使用之前不会出现隐患，且需进一步研发以应对人工智能系统所存在的威胁，设计可靠、可依赖的、可信任的系统。

策略五，开发人工智能共享公共数据集和测试环境平台。训练数据集资源的质量、数据深度和准确度会对人工智能的性能产生极大的影响，研发人员只有开发出高质量、高深度和高准度的数据集和测试环境，才能够可靠地进入进入其中使测试和培训资源成为可能。

策略六，建立人工智能的各项标准和基准评估。人工智能技术的发展所必需的是标准、基准、试验平台和社会参与，这些将指导及评估人工智能的进展。需要进一步的研究以形成一系列可评估技术。

策略七，培养国家人工智能研发人才。只有拥有强大的人工智能研发团队才能满足该技术的高速发展需求，对当前和未来对研发人才的需求充分理解，才能确保有足够适配的团队去应对报告计划中的研发战略方向。

第三节　影　响

《国家人工智能研究与发展策略规划》全方位展示了美国想要成为全球人工智能领域主导者的野心，报告制定了一个极高水平的框架以确定人工智能发展所需的科学和技术，并对研发投入进行追踪，保证投入的效果最大化。与此同时，框架基于人工智能对社会和全世界长期转型的影响能力的考量，确定了联邦资金资助的人工智能研发的优先顺序。

除了美国之外，欧洲、中国、日本和新加坡等多个国家和地区的政府也陆续将人工智能作为未来展现国力的重要战略方向。中国国务院总理李克强曾多次谈到过中国政府对人工智能和机器人产业的大力扶持。

《国家人工智能研究与发展策略规划》的重点关注对象之一是中国的人工智能研发情况，报告从多个层面展示中国的人工智能技术发展状况，阐述了中国在论文数量和质量上已经全面超越美国，已经跃居深度学习和神经网络研究世界第一。同时，在展现各大企业、高校等机构深度学习水平的标志性竞赛 ImagNet 比赛中，中国的研究团队 2016 年包揽了全部大项冠军。不仅如此，美国人工智能促进会（AAAI）评选的院士中，中国人的数量也在增多。众多国际顶尖的人工智能学术会议，录用论文几乎半数都出自华人学者。综合体现了中国的影响力。通过报告，全面体现了中国对世界人工智能发展的重大影响。报告不仅规划了未来美国人工智能领域的发展方向，也全面地增加了中国人工智能领域在全世界的影响力。

第十七章　日本央行正式实施负利率

受通胀放缓、失业率提升、工业产出下滑、零售跌落等影响，自 2015 年 12 月日元逆势走强，日元在 2016 年又创下四年内最大的连续两个月的涨幅。2016 年 1 月 29 日，日本央行意外宣布实施负利率政策，央行表示从 2016 年 2 月 16 日正式开始将商业银行存放在日本央行的超额准备金存款利率从 0.1% 降至 -0.1% 的，维持货币基础年增幅 80 万亿日元的计划，推行的负利率政策将同质化和量化宽松（QQE）政策一并实施。未来，日本可能会根据实际需要进一步下调负利率。实行负利率政策可以促进日本国内投资和消费，推动日元贬值，但以固定利率为主要收入的金融机构的收益将受到挤压，政策对银行构成负面影响，可能加速避险行为发生。

第一节　背　景

日元自 2015 年 12 月逆转走强以来，日本国内面临诸如通胀放缓、失业率提升、零售跌落、工业产出下滑和出口降幅达 3 年内最高等诸多问题，虽制造业活动性和消费者信心因日本贸易赤字转为盈余而变得更为乐观，但由于中国经济持续放缓让日本股市出现了巨幅震荡，日经指数跌落 10%，以及日本国内的商品价格大跌，当前决策者的忧虑程度远超 2015 年。

2016 年，日元兑美元创下近四年最大的两个月涨幅，交易所已让交易员于央行利率决定前对日元升值戒慎恐惧。

第二节　内　容

　　由于全球的原油价格持续低迷，影响日本国内的经济增长和物价提升，所以日本央行决定将在保持当前每年高买 80 万亿日元（约合 6600 亿美元）资产规模的基础上，下调存款利率至 −0.1% 水平，用来激发民间银行向实体经济通过融资手段注入更大资金，刺激日本经济增长，快速实现通胀目的。

　　日本央行强调调整为负利率此举仅适用日本央行往来账户（非个人存款账户），推行的负利率政策将同质化和量化宽松（QQE）政策一并实施，可能会根据未来实际需要进一步下调负利率。

　　由于日本通货紧缩再次来袭，政府还决定将日本 2% 的通胀目标实现时间进一步延长至 2017 财年。且将 2016/2017 财年的核心 CPI 的升幅预期从 1.4% 下调至 0.8%，维持 2017/2018 财年 1.8% 的升幅预期。

第三节　影　响

一、促进日本国内投资和消费，推动日元贬值

　　欧洲实行负利率政策的方式并不少见，比如自 2014 年 6 月起欧洲中央银行（ECB）一直实现负利率政策，所有金融机构将多余资金转存至央行均会被收取手续费，瑞士和瑞典的利率也均为负。

　　实行负利率政策会使借款人向放款人支付的利率需由放款人向借款人支付。负利率政策有利于促进金融市场的扩大，并使得借款人从中获益，有助于推动地区的购房需求和设备投资等。同时，对持有巨额借款的国家财政也有许多益处，且能刺激国家居民的个人消费。

　　除此之外，负利率政策还能够促使部分凭借赚取利差获利的投资者抛售日元，直接推动日元贬值，助力货币经济的良性发展。

二、对银行构成负面影响，可能加速避险行为发生

负利率政策存在几个方面的缺点。

首先，以固定利率为主要收入的金融机构的收益将受到挤压。如果金融机构在向融资对象支付利率时，无法使存款利率也同时进一步为负，将出现负利差。

其次，对投资资金会造成一定的负面影响。民间金融机构在出售国债后收回的资金存入央行的收益回报将因负利率政策而变少，这一结果可能会致使基础货币的资金供应量增加变得愈加困难，基础货币的资金供应量不足将对因流动性过剩而持续存在的世界金融发展产生负面影响。

最后，负利率政策将会加剧快速避险行为发生。美国在 2014 年 8 月的 4.07 万亿美元基础货币为峰值，中国在 2015 年 3 月的 4.5 万亿美元为峰值，但两国的基础货币随后均开始减少。截至 2015 年 12 月，日、美、欧、中的基础货币合计环比减少 0.7%，下降至 12.85 万亿美元，较 2015 年 12 月之前转为下降。基础货币资金的减少被视为 2016 年初以后的市场动荡的原因之一，在这种背景下，日本央行实行负利率后将面临加快避险（抛售股票）行为的不利影响，如果日本国内缺乏可靠的、有较高收益的投资项目，那么投资者抛售股票将银行存款变现的趋势将更为加强，结果导致日本的国内经济可能会继续迟缓。

第十八章　韩国"干政门"重创韩国经济

2016年10月，韩国媒体曝光了总统朴槿惠的"闺蜜"崔顺实的女儿郑尤拉被梨花女子大学"破格"录取的新闻，一经发布引发梨花女子大学全体师生的强烈抗议。随着媒体的不断曝光，陆续挖出"闺蜜"崔顺实干涉韩国总统朴槿惠在外交、文化、经济政策等多个领域的决策。因此丑闻的披露，韩国首尔市中心爆发了近万人的大规模集会，群众要求朴槿惠下台并查明揭露干政事件的真相。

2016年12月9日下午，韩国国会宣布对总统朴槿惠因"干政门"事件弹劾动议案而发起投票表决，共计299人参与投票，其中234人同意弹劾，投票结束后，紧接着总统朴槿惠被停止一切执行职务，并交由国务总理黄教安替代主政。

2017年3月10日，韩国宪法法院针对时任总统朴槿惠的弹劾案件进行宣判，通过对其的弹劾，朴槿惠失去了司法豁免权，成为韩国历史上首任被弹劾、罢免的国家总统。

"干政门"政治事件将严重影响韩国经济发展，其所带来的不确定因素引发韩国国内金融市场的动荡，未来韩元将会继续走弱，且韩国股市的变数陡升。

第一节　背　景

朴槿惠"闺蜜"崔顺实的女儿郑维罗在韩国梨花女子大学2015年招生报名时间到期后，凭借亚运会马术团体赛金牌以"马术特长生"资格"破格"录取。郑维罗在入学就读后，校方不仅在出勤方面对其要求宽松，对郑维罗的成绩管理方面也给予特殊关照，而且在郑维罗经常旷课、部分科目未交作业的情况下仍通过其全部考试。事件曝光后，郑维罗 2016 年 10 月 31 日通过梨大网络学籍管理系统提交了退学申请。

这必然会引起其他学生的不满，一些学生开始调查郑维罗的背景，发现郑维罗的母亲是韩国总统朴槿惠的好朋友。消息传开后引起公愤，100 多个学生、教授发表联合声明，要求校长辞职。2016 年 10 月 24 日，JTBC 电视台发布朴槿惠被人暗中操控的重磅新闻，新闻指出背后的操纵者就是朴槿惠的"闺蜜"崔顺实。崔顺实被指涉嫌参与审阅总统的各类讲稿，并曾接触青瓦台中与国防、经济、外交、韩朝关系等关键的国家机密文件。除此之外，崔顺实还被指控涉嫌介入 K 体育财团和 Mir 财团创立事件，参与其中并募筹基金约合人民币 4.74 亿元，并通过其位于韩、德两国的多家公司挪用公款，将财团私有化，引发轩然大波。

第二节　内　容

2016 年 10 月 25 日，时任韩国总统朴槿惠向全体国民发表了关于"闺蜜"崔顺实审阅、修改总统演讲稿的致歉讲话，在讲话中她承认崔顺实曾对她给予审阅、修改总统演讲稿等很多帮助，比如在 2012 年总统竞选中崔顺实曾就演讲与公关事务对朴槿惠提出建议，且她仍不时于 2013 年发表就职演说后向崔顺实征求意见。

2016 年 10 月 27 日，国务总理黄教安号召严查"干政门"事件，以消除国民对该事件疑虑，随后韩国大检察厅宣布彻查事件始末及真相，设立由首尔中央地方检察厅检察长李永烈负责的特别检察组。

2016 年 10 月 30 日，总统府秘书室长、民政首席秘书、宣传首席秘书等 8 名核心幕僚向总统朴槿惠提出辞呈，朴槿惠在接受辞呈后紧急进行对总统府的相应改组。"干政门"事件关键人物崔顺实也从英国伦敦乘坐英国航空公司航班返回韩国，并于 10 月 31 日 23 时 40 分被韩国检方紧急批捕。

2016 年 11 月 2 日，朴槿惠提名卢武铉就任总统期间的幕僚金秉准作为新任总理的人选，青瓦台对外宣称接下来行政职责将更多交由金秉准负责，总统朴槿惠将退居二线。

2016 年 11 月 15 日，青瓦台前秘书郑虎成的手机中被韩国检方发现有关韩国总统朴槿惠"闺蜜"崔顺实干政的相关短信。

2016 年 11 月 17 日，韩国国会全体会议通过成立"干政门"事件的特别调查团法案。

2016 年 11 月 19 日，韩国全国 46 个地区纷纷爆发数十万民众要求总统朴槿惠下台的大型示威活动，要求总统对"干政门"事件负责。这是韩国国内继"干政门"事件被媒体曝光后的第四次大型示威。

2016 年 11 月 26 日，韩国民众为抗议"干政门"事件，参与大型集会游行的人数突破 200 万，再创大型集会规模之最，国内反对声浪持续高涨。这是"崔顺实干政事件"曝光以来，韩国第五次大型示威。

2016 年 11 月 29 日，朴槿惠第三次就"干政门"事件出面向国民发表讲话，她表示将据韩国政界的日程安排和法律的规范程序适时辞去其总统职务，并交由国会决定缩短总统任期等去留问题。

2016 年 12 月 9 日，韩国国会宣布对总统朴槿惠因"干政门"事件弹劾动议案而发起投票表决，投票的 299 人中有 234 票同意。总统朴槿惠将被宣布停止全部执行职务，交由国务总理黄教安替代其主政。通过弹劾案后，议案将交付韩国宪法法院进行最终裁决，若宪法法院最终裁决弹劾案成立，朴槿惠将被取消总统职务，并于取消职务后的 60 天内举行新一届总统大选。

2017 年 3 月 6 日，独检组公布最终调查结果，确认朴槿惠涉嫌滥用职权、强迫、强迫未遂、泄露公务机密等 8 大嫌疑，还有收受贿赂、滥用职权（三项）和违反医疗法等 5 项嫌疑，共涉嫌 13 项罪名。

2017 年 3 月 10 日，韩国宪法法院就朴槿惠总统弹劾案做出判决，宣告通过弹劾，朴槿惠紧接着被罢免总统职位，成为韩国首任遭弹劾而被罢免的总统。

第三节　影　响

干政事件对韩国资本市场带来不小的影响。

一方面，美国加息等世界范围的举措本就促使韩元持续走弱，而韩国国内"干政门"政治事件所带来的不确定因素引发韩国国内金融市场的动荡，受此事件影响，为规避未来可能带来的潜在负面影响，投资者和机构的资本都可能进行外流，韩元将会继续走弱，且韩国股市的变数陡增。

2016年10月25日，朴槿惠发表了国民致歉书，次日韩国股市开盘跳水逾30点，大盘指数大跌1.14%。预计随着"干政门"事件的持续发酵，韩国金融市场的投资者情绪将可能受到政局发展不可预期等因素的负面影响，这也将加大韩股的下行压力。截至11月2日收盘，韩股已经跌破2000点，报1978.94点。汇率方面，韩元走弱的可能性进一步增强。

第十九章　印度"废钞令"

继印度总理莫迪专门组建了针对腐败等问题的团队，出台如反腐败法案等一系列反腐政策后，于2016年11月8日晚，莫迪政府针对反腐败再祭出一大杀招，印度总理莫迪临时发表电视讲话，代表政府和中央银行宣布停止流通印度的500和1000卢比面值的大额货币，将投入流通新版的2000和500元卢比面值的大额货币。"废钞令"颁布的十分突然，印度各家银行都没有事先得到通知。莫迪表示，突然颁布政策是为了防止持有大额现金者者事先做出反应应对。虽然废钞令对腐败有一定遏制作用，但政策影响了印度地方经济发展，造成民众生活不便，且冲击了印度的零售业、企业和建筑房地产业三大行业。不过，在废钞令实施的过程中，也促进银行业和电子支付业快速发展。

第一节　背　景

在"废钞令"颁布之前，印度流通有500和1000卢比面值的大额货币和10、20、50和100卢比面值的小额货币等。由于印度的日常交易大多数依赖现金，超过九成的人都采用现金交易的方式消费，且500和1000卢比面值的纸币约占流通货币总值的86%，总计约14万亿卢比。除此之外，印度国内仅有13.4万家银行网点和21.5万台取款机（其中40%存在故障），包括农民在内的许多印度民众都未开通个人银行账户。

印度总理莫迪的执政初衷是希望消除印度国内的社会腐败，建立一个清正廉洁的政府，莫迪认为印度当前社会的黑钱和腐败问题是阻碍国内经济发展的最大阻碍，莫迪于2014年上台后就专门组建了针对腐败等问题的团队，出台如反腐败法案等的一系列反腐政策，并展开就非法海外账户持有人的摸底和黑钱追回工作，同时要求印度央行和相关调查机构严格审查海外账户信息，大力推进官员财产公开。为了打击腐败和"黑钱"，这次"废钞"事件，也是莫迪政府针对反腐败祭出的一大杀招。

第二节　内　容

2016年11月8日晚，印度总理莫迪发布了一则重磅消息，消息宣称为打击"黑钱"、假钞，遏制社会腐败和恐怖主义资金，将停止流通印度市面上的500和1000卢比大额面值纸币，但民众仍可将旧版纸币存入银行。

莫迪希望通过"废钞"达到应对假钞、应对印度国内严重的"黑钱"、腐败和逃税现象和推动建设"无现金社会"。据印度媒体报道，此次突然决定废除旧币的保密工作十分严格，只有包括总理莫迪在内的4人才知道这一行动，"废钞令"是为了达到切实的反腐目的才保持着隐秘性，目的就是打持有"黑钱"的人群一个措手不及。

除此之外，根据保守估计，印度目前有近7亿卢比的伪钞在国内流通，"废钞令"宣布停用大额纸币还有助于打击犯罪活动。

第三节　影　响

一、影响地方经济发展，造成民众生活不便

印度各地银行由于新发行货币供应不足导致暂停了换旧钞的业务，造成了民众生活和企业持续发展的不便，由于ATM机取款额严格限制和部分机器无法正常使用等原因，在印度要求民众在存入旧钞需根据额度大小提交身份、地址信息以备核查等复杂手续基础上，造成了民众将已被废止的500、1000卢比钞票存入银行的严重困难，"废钞令"使民众的正常生活受到显著困扰。

印度前总理辛格和多个政党均对"废钞令"提出尖锐批评以表达对政策

的抗议，认为"废钞令"将明显拖累印度国内经济的增长。各政党成员不仅进行游行表达抵制情绪，而且最大反对党国大党副主席拉胡尔·甘地更是多次同民众在 ATM 机前一起排队取款表明其反对态度。

与此同时，国际游客也因印度换钞服务机构有限或换钞业务停止等问题受到"废钞令"冲击，美元、人民币等各类国际货币与卢比的兑换都受到影响，导致很多缺乏准备的国际散客一时面临有钱花不出的窘境。

另外，印度的部分工厂也由于资金不足而受到停、减产的威胁，商铺也相继受政策冲击而关门停业，新德里的零售店铺客源同样发生锐减，许多顾客因没有新货币而赊账致使现金进货的店铺未来的进货大受影响。

二、"废钞令"冲击印度三大行业

印度的三大行业发展受到"废钞令"的冲击。第一是零售业。自 2016 年 11 月 9 日正式废除 500 和 1000 卢比纸币后，街边摊和零售商店受到了直接冲击，日常交易没有人支付零钱现金，这样的情形持续了近一周。第二是企业。印度企业受"废钞令"冲击，陆续发生资金链断裂问题，运输卡车和工人皆因没有现金供给而停止运营、工作，各行业下游企业因销售业务停滞而无法支付价款。第三，是建筑房地产业。印度的经济有九成以上依靠现金往来，建筑业和房地产行业因高度依赖现金流直接受到"废钞令"冲击，产业的供需链在冲击下发生断裂而导致难以为继。在"废钞令"的冲击下，对印度 GDP 贡献达 30% 的建筑房地产业将难以持续，在未来两个季度，印度 GDP 可能因受政策冲击下挫 2% 。

三、促进银行业和电子支付业发展

印度的人口基数庞大，但银行业的发展由于大量资金都未纳入到其正规系统中去，所以其发展长期不尽如人意，所以包括银行家、政治家和一系列新兴企业家在内，不少人都对"废钞令"的实行表示支持。印度的电子商务产业极其羡慕中国在此产业上的飞速进步，电子商务产业的良性发展正需要健全的金融系统作为基础。

印度的这次"废钞令"间接加快了印度网络数字化支付的进程，许多移动支付公司趁机扩张。"Paytm"是印度版"支付宝",由印度最大移动支付公司 Paytm 开发。当前,印度的小商户使用移动钱包或银行卡交易以应对"现金荒"的举措推动一大批致力于发展移动支付技术的金融科技公司发展了起来,这些金融科技公司趁"废钞令"时期抢占市场,扩大使用用户数量。在印度跻身仅次于中国的全球智能手机第二大市场和印度国内互联网用户迅猛增长的背景下,从金融科技公司的角度来看,"废钞令"将全面开启印度数字化支付的革命浪潮。

第二十章　美的收购库卡机器人

　　美的集团在 2015 年 8 月获得了库卡机器人 5. 4% 股份后，为进一步实现自身技术升级和开拓市场，2017 年 1 月 10 日，美的宣布，通过境外全资子公司完成对库卡机器人的要约收购，以总金额约 37. 07 亿欧元收购库卡集团3760. 57 万股股份，约占库卡集团已发行股本的 94. 55%，这也是近年来中国企业规模最大的海外收购交易之一。同时，美的集团承诺将保持库卡集团的独立运营，其现有的总部地点和管理层不变，并帮助库卡开拓中国市场。美的通过收购库卡成功进入汽车制造业，成为众多汽车制造业厂商的上游供应商，客户包括众多著名车企，库卡汽车领域的业务超过库卡业务的三分之一；库卡收购的成功为中国机器人企业跨国并购树立了典范，引领中国机器人制造业的新发展。

第一节　背　　景

　　1898 年，库卡公司在奥格斯堡建立，其主要业务是室内及城市照明，但是业务的不断发展使库卡开始涉猎焊接工具及设备、大型容器等，1966 年，库卡成为欧洲市政车辆的市场领导者。1973 年，库卡研发出第一台工业机器人。当时，库卡脱离原有家族的控制，成为独立公司。1995 年，库卡机器人有限公司在德国巴伐利亚州的奥格斯堡宣布成立，成为世界领先的工业机器人制造厂商。主要专注于为工业生产过程提供自动化解决方案，其客户主要是汽车制造领域，是世界四大机器人制造商之一，目前库卡机器人在美国、巴西、日本、韩国等国家以及欧洲拥有销售和服务中心。而随着美的集团发展战略的需求开始进军机器人市场，美的将通过并购机器人生产商跨越式进入机器人市场并取得技术等优势，库卡机器人则成为美的的并购目标。

第二节 内 容

早在 2015 年 8 月，美的集团就已经获得了库卡 5.4% 股份，与此同时美的并没有放松脚步，2016 年 2 月，美的将所持库卡的股份提升至 10.2%。5 月 18 日，美的集团正式通过了议案，即通过美的境外全资子公司以每股 115 欧元的价格完成全面要约收购库卡机器人至少 30% 的股份。6 月 28 日，美的宣布已经与库卡达成约束性投资协议；7 月 3 日，库卡最大的股东东福伊特公司正式宣布以约 12 亿欧元的价格转让所持有的 25.1% 的库卡股份；20 日，美的宣布对库卡要约股份已经达到 72.18%，美的持有的库卡股份已经达到 85.69%。然而，美的对库卡的要约收购需要经过欧盟、德国、美国等的反垄断审查，甚至得通过德国联邦经济事务和能源部的审议与美国外资投资委员会（CFIUS）和国防贸易管制理事会（DDTC）的审查。2017 年 1 月 1 日，美的集团宣布，在美国政府监管机构批准后，美的将完成对库卡集团的收购。2017 年 1 月 10 日，美的宣布，通过境外全资子公司完成对库卡机器人的要约收购，以总金额约 37.07 亿欧元收购库卡集团 3760.57 万股股份，约占库卡集团已发行股本的 94.55%，这也是近年来中国企业规模最大的海外收购交易之一。同时，美的集团承诺将保持库卡集团的独立运营，其现有的总部地点和管理层不变，并帮助库卡开拓中国市场。

第三节 影 响

一、美的正式进军汽车制造业

在历时 8 个多月后，美的正式完成对库卡的完全要约收购，耗资 37.07 亿欧元，持有 94.55% 股份。其主要的影响是美的通过收购库卡成功进入汽车制造业，成为众多汽车制造业厂商的上游供应商，同时库卡的客户包括特斯拉、奔驰、宝马、保时捷、奥迪、通用、福特汽车等众多车企，库卡汽车领域的业务超过库卡业务的三分之一。数据显示，2015 年库卡销售收入达到29.66 亿欧元，同时在全球汽车领域机器人市场中位居首位，是库卡的主要营业收入。伴随着美的对库卡完成收购要约，美的集团正式进军汽车制造行业，开启新的发展阶段。

二、引领中国机器人制造业的新发展

自 2013 年起，中国已经成为全球最大的机器人市场，国际机器人联合会（IFR）的数据显示，2015 年中国市场机器人销售量增长高达 16%，达到 6.6 万台，依然在全球机器人市场中排名第一，其中绝大部分是工业机器人。然而，中国自己生产的机器人却很少，技术也比较落后。美的收购库卡对中国机器人制造业发展具有深远影响，同时中国企业对意大利机器人企业的收购也开始兴起。库卡收购的成功为中国机器人企业跨国并购树立了典范，同时也带动中国企业开始涉猎汽车制造业的上游产业链体系，为中国创新、智能制造产业升级打下最坚实的基础。

第二十一章　韩国三星手机爆炸事件

2016 年 8 月 24 日，全球首起三星 Note7 手机在使用过程中发生爆炸事件曝光，自 2016 年 9 月开始全球陆续出现三星 Note7 爆炸事件，包括澳大利亚、美国等，其中美国收到 92 起手机燃烧报告，三星手机爆炸们事件开始发酵，多家航空公司陆续禁止乘客携带三星 Note7 手机搭乘航班，三星公司被推上风口浪尖，展开了维持数月的召回和补偿行动。2017 年 1 月 23 日韩国三星正式公布三星 Note7 手机爆炸原因。韩国三星电子的"爆炸门"事件严重损害了韩国三星手机，甚至是三星集团在全球的品牌形象，三星品牌信任遭受危机。作为韩国最大电子企业的三星，"爆炸门"事件后，股价、业绩双双下挫，韩国经济发展受到"爆炸门"的冲击，经济下行的压力将增大。

第一节　背　景

三星电子成立于 1938 年，是韩国三星集团旗下最大的子公司，也是韩国最大的电子工业公司。作为韩国唯一入选全球最有名的 100 个商标者，三星电子是韩国民族工业的象征。近年来，以苹果 iPhone 为代表的全球智能手机市场发展迅速。为抢占全球智能手机市场，2016 年 8 月 2 日，三星在纽约、伦敦和里约同步发行了 Samsung Galaxy Note 7，并以出色的设计和顶级配置为主要特色，定位为与苹果 iPhone 7 抗衡的旗舰产品，随后该产品在美国、加拿大、澳大利亚、韩国等 10 个国家和地区全面上市。但是 8 月 24 日全球首起三星 Note7 手机在使用过程中发生爆炸事件曝光，随后多起类似事件相继曝光，三星手机"爆炸门"事件开始发酵，三星公司也被推上风口浪尖。

第二节　内　容

2016 年 8 月 24 日，韩国三星 Note7 全球首次发生爆炸事件，然而 31 日韩国再次出现三星 Note7 爆炸事件，韩国三星宣布推迟 Galaxy Note 7 的出货时间。但是 9 月 1 日，三星 Note7 在中国市场正式上市，截至 9 月 2 日，韩国发生 35 起 Note 7 电池燃烧事故。三星公司决定在 10 个国家暂停 Note 7 销售，但不包括中国市场。自 9 月开始全球陆续出现三星 Note 7 爆炸事件，包括澳大利亚、美国等，其中美国收到 92 起手机燃烧报告，9 月 8 日，美国联邦航空管理局建议乘客不要在飞机上使用 Note 7 手机。9 月 14 日，三星决定首次召回 1854 台 Note 7 手机。10 月 5 日，美国西南航空公司的一架客机因三星手机燃烧造成客机火灾。10 日，三星决定暂定 Note 7 手机生产，并建议 Note 7 手机用户关闭手机。11 日，三星宣布从中国市场召回全部已销售的 190984 台 Note 7 手机；13 日，决定从美国市场召回全部已销售的 190 万台 Note 7 手机；14 日，三星发表声明对召回的手机用户实施补贴。12 月 5 日，第三方承包商 Instrumental 发表报告指出，三星 Note 7 手机爆炸是由手机本身设计问题导致的。2017 年 1 月 23 日，韩国三星正式公布三星 Note 7 手机爆炸原因，主要原因是电池问题，电池 A 主要是因为负极板受到挤压所致，而电池 B 由于铜箔熔化，则是真正的事故源头。

第三节　影　响

一、三星品牌信任遭遇危机

韩国三星电子的"爆炸门"事件严重损害了韩国三星手机，甚至是三星集团在全球的品牌形象。在事件发生之初，三星电子首先是不承认手机电池存在问题；随着"爆炸门"的迅速蔓延，三星电子声明手机爆炸起火的原因是其供应商锂电池的质量问题。但是更换电池后的三星手机依然发生了多起爆炸起火事故，这已经不单单是手机电池的问题，说明手机的其他方面依然存在质量问题。作为全球高端智能手机的著名品牌手机厂商，面对如此严重的手机质量问题，不是仅仅依靠召回或者停止销售就能解决问题，就能弥补消费者受到的伤害的。三星需要认真调查手机爆炸起火的真正原因，及时向社会公布，对消费者做出真挚道歉并对受到伤害的消费者进行合理赔偿，否则三星品牌在全球将遭受严重损害。

二、韩国经济受"爆炸门"影响

三星作为韩国最大的电子企业，在韩国经济中占有相当大的比重，对韩国经济的发展具有重要影响作用。福布斯数据显示，2015 年三星集团销售总额占韩国 GDP 的比重超过22%，某种程度可以说三星集团支撑着韩国经济的发展。在"爆炸门"发生后，三星投资者出现恐慌性抛售三星股票，同时，2016 年 11 月，受到全球停售、停产以及扩大召回等负面消息的影响，三星电子股价暴跌 8.04%，创下了三星电子 2008 年以来最大的单日跌幅，对三星电子造成的损失将超过 170 亿美元。因此，2016 年韩国经济发展必将受到"爆炸门"的冲击，韩国经济下行的压力将增大。

三、中国应深刻吸取"爆炸门"的教训

中国手机市场有大量的三星手机用户，是三星集团重要的消费市场。然而在事件发生后，三星宣布召回部分涉事手机，却没有从中国市场召回，这损害了中国三星手机消费者的合法权益，对三星手机的品牌信誉是极大的伤害。在媒体、消费者的一再要求下，三星集团才正式道歉并召回中国市场的涉事手机，但是对品牌信誉的损害却无法挽回。与此同时，中国的手机生产制造商应该吸取教训，提高手机质量，加强监督，真正维护消费者的合法权益，创造中国的手机品牌。中国企业应该以三星"爆炸门"事件为鉴，警钟长鸣。

第二十二章　G20 杭州峰会

2016 年 9 月 4 日至 9 月 5 日，主题为"构建创新、活力、联动、包容的世界经济"的二十国集团首脑峰会（G20 峰会）在杭州召开。此次峰会下设四个主要议题：创新增长方式、更高效全球经济金融治理、强劲的国际贸易和投资、包容和联动式发展，通过了《二十国集团领导人杭州峰会公报》，进一步明确了二十国集团合作的发展方向、目标、举措，达成了推动世界经济增长的杭州共识，为构建创新、活力、联动、包容的世界经济描绘了愿景。此外，峰会上还一致通过了《二十国集团创新增长蓝图》、同意继续推动国际金融机构份额和治理结构改革、建立全球首个多边投资规则框架、推动包容和联动式发展，让二十国集团合作成果惠及全球。G20 杭州峰会指明了世界经济发展新方向，峰会公报向世界传递中国智慧、中国方案、中国经验，"杭州共识"从制度上保障二十国集团的行动计划。

第一节　背　景

二十国集团（G20）是国际经济合作论坛，主要是财长和央行行长的会议机制，于 1999 年 12 月 15 日至 12 月 16 日召开第一届暨成立大会；为应对国际金融危机，于 2008 年正式升级为国家领导人峰会。2014 年 11 月 15—16日，二十国集团领导人第九次峰会在澳大利亚的布里斯班召开。国家主席习近平应邀出席峰会并发表题为《推动创新发展　实现联动增长》的重要讲话。在讲话中，习近平指出："中国经济将继续保持强劲、可持续、平衡增长势头，每年增量相当于贡献了一个中等发达国家的经济规模。作为 2016 年二十国集团领导人峰会主办国，中国愿意为推动世界经济增长作出更大贡献、发挥更大作用。"2015 年 2 月，我国杭州正式获得 2016 年 G20 峰会的举办权，同年 11 月 16 日，在土耳其举办的第十届 G20 峰会上，国家主席习近平正式宣布第十一届二十国集团领导人峰会将于 2016 年 9 月 4 日至 9 月 5 日在杭州举办，即 G20 杭州峰会。

第二节　内　容

2016 年 9 月 4 日第十一次 G20 国家领导人峰会在杭州开幕，峰会主题为"构建创新、活力、联动、包容的世界经济"，下设四个主要议题：创新增长方式、更高效的全球经济金融治理、强劲的国际贸易和投资、包容和联动式发展。创新增长方式：巩固世界经济复苏势头，提升中长期增长潜力；更高效的全球经济金融治理：完善国际金融架构以应对外来挑战，推进金融部门改革，发展绿色金融，完善国际税收制度，落实防腐共识；强劲的国际贸易和投资：加强贸易和投资机制建设，支持多边贸易体制，促进全球贸易增长，促进包容协调的全球价值链发展，加强国际投资政策合作与协调；包容和联动式发展：2030 年可持续发展议程，优化二十国集团发展合作议程，基础建设和互联互通，可获得、可负担、可持续的能源供应，增加就业，粮食安全与营养，气候资源，消除贫困，支持非洲等发展中国家工业化。

G20 杭州峰会最后达成了五项共识，即"杭州共识"[①]：

1. 峰会通过了《二十国集团领导人杭州峰会公报》，进一步明确了二十国集团合作的发展方向、目标、举措，就推动世界经济增长达成了杭州共识，为构建创新、活力、联动、包容的世界经济描绘了愿景；

2. 峰会一致通过了《二十国集团创新增长蓝图》，决心从根本上寻找世界经济持续健康增长之道，紧紧抓住创新、新工业革命、数字经济等新要素新业态带来的新机遇，并制定一系列具体行动计划；

3. 同意继续推动国际金融机构份额和治理结构改革，扩大特别提款权的使用，强化全球金融安全网，提升国际货币体系稳定性和韧性；

---

① 习近平：《在二十国集团领导人杭州峰会上的闭幕辞》，http：//news. xinhuanet. com/fortune/2016 - 09/05/c_ 129270557. htm。

4. 重振国际贸易和投资这两大引擎的作用，构建开放型世界经济，共同制定了《二十国集团全球贸易增长战略》，重申反对保护主义承诺，扭转全球贸易增长下滑趋势，制定了《二十国集团全球投资指导原则》，这是全球首个多边投资规则框架，填补了国际投资领域空白；

5. 推动包容和联动式发展，让二十国集团合作成果惠及全球，发起《二十国集团支持非洲和最不发达国家工业化倡议》，制定创业行动计划，发起《全球基础设施互联互通联盟倡议》，决定在粮食安全、包容性商业等领域深化合作。

表 22 - 1   1999—2016 年历届 G20 会议及首脑峰会

进程		时间	地点	主题
第 1 次会议		1999. 12. 15—12. 6	德国柏林	第一届暨成立大会
第 2 次会议		2000. 10. 24—10. 25	加拿大蒙特利尔	应对全球化的挑战
第 3 次会议		2001. 11. 16—11. 18	加拿大渥太华	打击恐怖主义融资
第 4 次会议		2002. 11. 22—11. 23	印度新德里	打击恐怖主义融资
第 5 次会议		2003. 10. 26—10. 27	墨西哥莫雷利亚	金融危机防范与应对
第 6 次会议		2004. 11. 20—11. 21	德国柏林	全球化背景下促进稳定与增长以及区域一体化
第 7 次会议		2005. 10. 15—10. 16	墨西哥洛斯卡沃斯	加强全球合作：实现世界经济的平衡有序发展
第 8 次会议		2006. 11. 18—11. 19	澳大利亚墨尔本	建设和维持繁荣
第 9 次会议		2007. 11. 17—11. 18	南非开普敦	确保世界金融市场稳定
第 10 次会议	第 1 次峰会	2008. 11. 8—11. 9	美国华盛顿	全球复苏，金融监管
第 11 次会议	第 2 次峰会	2009. 4. 1—4. 2	英国伦敦	改革国际金融体系
第 12 次会议	第 3 次峰会	2009. 9. 24—9. 25	美国匹兹堡	国际金融体系改革和全球经济失衡
第 13 次会议	第 4 次峰会	2010. 6. 27—6. 28	加拿大多伦多	推动世界经济全面复苏
第 14 次会议	第 5 次峰会	2010. 11. 11—11. 12	韩国首尔	跨越危机携手成长
第 15 次会议		2011. 2. 18—2. 19	法国巴黎	
第 16 次会议	第 6 次峰会	2011. 11. 3—11. 4	法国戛纳	应对欧债危机、促进全球经济增长、加强国际金融监管、促进社会保障和协调发展

续表

进程		时间	地点	主题
第 17 次会议	第 7 次峰会	2012.6.18—6.19	墨西哥洛斯卡沃斯	加强国际金融体系和就业、发展、贸易
第 18 次会议		2013.4.18—4.19	美国华盛顿	
第 19 次会议	第 8 次峰会	2013.9.5—9.6	俄罗斯圣彼得堡	国债发行和管理体系的现代化
第 20 次会议	第 9 次峰会	2014.11.15—11.16	澳大利亚布里斯班	促进私营企业成长，增加全球经济抗冲击性和巩固全球体系
第 21 次会议	第 10 次峰会	2015.11.15—11.16	土耳其安塔利亚	共同行动以实现包容和稳健增长
第 22 次会议	第 11 次峰会	2016.9.4—9.5	中国杭州	构建创新、活力、联动、包容的世界经济
第 23 次会议	第 12 次峰会	2017.7.8—7.9	德国汉堡	塑造一个相互连通的世界

第三节　影　响

一、G20 杭州峰会指明了世界经济发展新方向

当前，世界经济发展动力不足、需求缺少刺激点以及金融市场动荡等问题困扰着世界经济的稳定健康发展，而杭州峰会的召开为世界经济发展指明了新方向，规划了新路径，注入了新动力。杭州峰会通过了《二十国集团创新增长蓝图》《二十国集团全球贸易增长战略》，制定了《二十国集团全球投资指导原则》，发起了《二十国集团支持非洲和最不发达国家工业化倡议》以及《全球基础设施互联互通联盟倡议》等，在全球增长中长期动力、世界多边贸易投资规则以及全球投资治理等方面，从根本上解决世界经济的持续健康发展道路，为世界经济的发展夯实了制度基础。

二、峰会公报向世界传递中国智慧、中国方案、中国经验

2016 年 9 月 5 日杭州峰会闭幕，同时《二十国领导人杭州峰会公报》正式对外发布，这是中国首次举办 G20 峰会，也是中国首次向世界传递中国智慧、中国方案、中国经验。中国通过将"构建创新、活力、联动、包容的世界经济"作为杭州峰会的主题，使各国在创新增长方式、完善全球经济金融治理、促进国际贸易和投资、推动包容和联动式发展等方面达成共识，并将付诸行动。同时，中国合作共赢、贡献包容的理念使杭州峰会形成了具有执行力的会议公报，传递出我们的目标是"让增长和发展惠及所有国家和人民，让各国人民特别是发展中国家人民的日子都一天天好起来"的美好愿景。

三、"杭州共识"从制度上保障二十国集团的行动计划

G20 杭州峰会为中国从世界边缘走向全球治理的核心提供了大舞台，世界经济的发展也迎来的中国智慧。中国"创新、协调、绿色、开放、共享"的五大发展理念、"一带一路"倡议都充分展现出中国的大国风范。而峰会达成的 G20 "杭州共识"为二十国集团经济发展指明了任务和方向，二十国集团也将以杭州峰会为起点，真正付诸实际行动，积极落实杭州峰会各项成果，能够引领世界经济的稳步发展，促进世界经济复苏和可持续发展。

展望篇

第二十三章　世界工业发展的有利因素

全球科技创新不断催生新业态新模式，以互联网为代表的新一代信息技术向网络化、智能化、泛在化方向发展，推动产业结构向高级化演进。信息技术与制造技术深度融合对传统制造业产生颠覆性、革命性影响，重大装备和产品的智能化日益突出，数字车间、智能工厂广泛推广，智能制造正在引发全球制造业深刻变革。能源、金属等大宗商品价格趋稳，通货膨胀压力缓解，有利于新兴经济体工业生产的复苏。新一轮全球产业转移和要素重组加速发展，劳动密集型产业向东南亚、南亚和非洲等具有成本优势的地区转移，高端制造业加速回流欧美。发达国家"再工业化"和落后国家加快工业化进程将引发全球产业格局的深刻调整，加剧各国产业竞争，但是对提高全球工业整体发展水平带来积极影响。

第一节　全球科技创新不断催生新产业新模式

受国际金融危机以及一些宏观周期性因素的影响，世界经济在"新平庸"中增长。经济衰退往往孕育着新兴产业发展的重要机遇。全球正在被新一轮科技革命和产业变革引领的浪潮推入一个新兴产业高速蓬勃发展的关键时期，主要发达国家及一些新兴国家纷纷加强新兴产业领域战略布局，力争通过发展新技术和新产业来为国家创造新的经济增长点。新能源、信息、智能制造、生物等领域相互融合并进和不断突破创新，这些技术方向是支持产业变革最重要的一环。新一代信息技术已向着智能化、网络化和泛在化的方向不断发展，融合了新能源、新材料、生物等技术，推动目前的信息技术产业结构向着更为高级的阶段演进，成为提升核心竞争力的技术基点，为全球工业增长提供了新的增长动力。促进技术创新与金融资本和商业模式的深层次结合，催生出信息技术领域的经济新增长点和行业的就业、创业空间。

第二节　大宗商品价格回升有利于
新兴经济体经济复苏

随着大宗商品价格趋稳，通货膨胀压力缓解，发展中国家商品出口将增加，工业生产形势将有所好转。世界银行在最新一期《大宗商品市场前景》报告中预测，2017年能源、金属等大宗商品价格将出现较大幅度上涨。世界银行这份报告将2017年原油价格预测维持在每桶55美元，比2016年上涨29％。在假定供应进一步收紧和中国及发达经济体需求旺盛的情况下，金属价格预测从2016年10月期报告预测的4％上调至11％。农产品价格预计2017年整体上涨幅度在1％以下。根据世界贸易组织（WTO）最新公布的经济数据，在所有新兴市场中，大宗商品出口占俄罗斯出口总量的比例达到70％左右，其次是巴西（51％）、印度（35％）、印度尼西亚（35％）。随着国际油价的上涨，巴西、俄罗斯、印度尼西亚等新兴国家经济将摆脱通货膨胀的压力，继续实现缓慢复苏，有利于工业生产的持续扩张。

第三节　产业转移加快全球产业格局调整

新一轮全球产业转移和要素重组飞速发展，主要突出表现在两个方面，一方面，随着中国制造业原材料成本、土地成本、环境成本和劳动力成本上升，劳动密集型产业继续向东南亚、南亚和非洲等具有成本优势的地区转移。另一方面，今后一个时期内，高端制造业将继续回流欧美。美国新任总统特朗普提出"买美国货、雇美国人"，推动制造业回归，并成立了制造业委员会，特别是美国将采取一系列减税举措，将加快制造业回流的速度。美国麻省理工学院的研究表明，33％的海外美国企业考虑将制造业务回迁本土。波士顿咨询公司的研究报告估计，美国制造商生产的产品只比在中国的平均成本高 5% ，而到了 2018 年，预计美国制造的成本反而要比中国制造的成本低 2%—3% 。目前，惠而浦、福特汽车等制造业组装业务已部分回迁美国。发达国家"再工业化"和落后国家的工业化进程将引发全球产业格局的深刻调整，加剧各国产业竞争，但是对提高全球工业整体发展水平带来积极影响。

第四节　智能制造引领全球制造业深刻变革

目前互联网领域伴随着智能终端、移动互联网、物联网、云计算、大数据等一批新技术的研发和自身产业化不断取得重大突破，其跨界融合的整体趋势日渐明显。特别是互联网在智能制造、交通和家居以及传统工业领域等已经迈入了高速的发展期，已经逐渐从过去的纯粹概念走向了现实。互联网企业与其他企业，比如制造、生产和服务企业之间的边界日渐模糊。企业的制造生产也从逐渐从将传统的产品制造作为业务核心转为向外输出包含丰富内涵的产品和服务。互联网技术领域的不断发展、进步，已经开始对传统制造业的发展方式产生革命性、颠覆性的影响。通过产品生产全生命周期过程中设备间的逻辑互联，实现快速、高效、个性化、多样化的产品供应，形成柔性的生产方式和合作方式。随着新一代信息技术的突破和扩散，重大装备和产品的智能化日益突出，数字车间、智能工厂建设正在全球推广。从某种程度上讲，智能制造正成为全球制造业发展的大趋势。美国、德国、日本、中国等都推出了面向未来的先进制造战略，智能制造正在引发全球制造业新一轮的深刻变革。

第二十四章　世界工业发展的不利因素

近年来，全球政治的"黑天鹅"事件层出不穷，法国、意大利、德国都将进入大选之年，在英国脱欧和美国总统大选之后，这些国家经济政策的不确定性加大对全球经济造成了较为严重的冲击。美国加息预期扰动国际金融市场，随着美元走强，非美元货币纷纷贬值，全球金融波动和危机的风险在上升。有效需求不足制约全球投资增长，产能过剩导致大量企业对外投资意愿降低。发达国家政府因债务规模不断扩大，缩减公共投资规模，发展中国家投融资渠道不畅，限制了投资规模的扩大。全球范围内的贸易保护主义倾向加剧，美国宣布退出 TPP 谈判，欧洲大选面临民粹主义的挑战。在发达国家逆全球化思潮的冲击下，全球贸易规则将进行深化调整，多边贸易体制和全球自由贸易面临严峻挑战。

第一节　"黑天鹅"事件影响经济复苏前景

近年来，全球政治的"黑天鹅"事件层出不穷，对地缘政治和全球经济发展造成了较为严重的冲击。以 2016 年为例，欧洲难民危机、英国退出欧盟、美国特朗普当选总统等系列事件频频扰动全球经济金融体系，日益趋多的意外事件打破了世界经济发展的政策稳定性。2017 年，欧洲的意大利、法国和德国都将步入大选之年，但这些国家的经济政策在英国"脱欧"和美国总统大选之后变得充满变数。在逆全球化和民粹主义加重趋势背景下，全球经济增长面临增长乏力、难民危机和恐怖主义等多重挑战，风险增多，将直接或间接的影响欧美地区各国的经济复苏情况。据标准普尔预测，欧元区的GDP 将于 2017 年因英国"脱欧"而降低 0.8%。

第二节　美国加息扰动全球金融市场

发达经济体目前实行的宽松货币政策所带动的大规模跨国资本流动，虽然为国际金融市场输入巨大的廉价资本，但却极易造成一些国家的外汇市场大幅震荡，甚至会频繁引发金融市场的货币危机。国际市场自2016年11月以来对美联储加息的预期逐渐加强，国际资本再次从新兴经济体大规模流向美国，导致美元指数飞速猛涨，反而使新兴经济体等其他国家的货币指数大幅度贬值。这种货币指数的变化状况将伴随着美国经济的反复波动和美联储加息预期的变化而不断出现，国际金融市场也将受此影响，产生不断震荡。美元指数在2017年将依旧保持强劲的态势，美元汇率处于上升通道之中。根据高盛的预计，美元将在未来12个月内对发达经济体的货币贸易加权汇率造成影响，可能还会增长约7%。与此同时，随着美元走强，世界非美元货币纷纷贬值。随着美国货币政策收紧，美联储将会继续加息，全球的金融市场亟待增强抵御风险的能力，但目前全球金融的治理机制尚不能够适应新的发展需求，难以通过有效手段解决国际金融市场的频繁动荡和资产泡沫积聚等问题。随着资本趋于流回美国资本市场，全球金融波动和发生危机的风险在上升。

第三节　有效需求不足制约全球投资增长

投资疲软是世界经济增长放缓的最主要原因。全球主要发达和发展中国家都显现出投资疲软的趋势，这主要是由于全球需求下降导致企业投资动力不足，经济和政治的不确定性加大了投资风险。近些年，全球的重点行业产能过剩问题成为推动世界工业发展的重要阻碍，且表现出程度高、行业广、持续时间长等特点，导致大量企业盈利能力大幅下滑，对外投资意愿降低。此外，自2010年以来，发达国家政府因债务规模不断扩大，缩减公共投资规模。发展中国家资本市场欠发达，投融资渠道不畅，限制了投资规模的扩大。

同时，投资疲软或将对中长期的劳动力增长和创新技术发展产生不利影响，导致生产率增长迟缓，制约了企业进一步提升盈利空间，降低了对外投资意愿。

第四节 贸易保护主义抬头制约自由贸易发展

根据英国经济政策研究中心发布的《全球贸易预警》报告，在经济全球化和产业供应链国际化的宏观背景下，全球经济增长正呈显著放缓态势，贸易保护主义抬头也日趋严重，历史经验证明，若全球化的发展出现了倒退，那么目前实施的贸易和投资保护只会为经济增长带来"双输"的负面结果。美国宣布退出TPP，加大对周边邻国的施压力度，试图通过双边框架重新签订自由贸易协定、加大知识产权保护力度以及将汇率问题常态化等途径迫使对方向美国产品和服务开放市场，可见，美国的国际和国内政策在特朗普就任美国总统以后出现了较大幅度的调整。美国不仅采取常见的"双反"调查贸易保护措施，还频繁使用更为隐蔽的贸易保护手段打压其他国家产品，尤其是隐蔽性很强的贸易限制和投资限制措施比较多。法国、德国、意大利等国家的大选也面临民粹主义的挑战，贸易保护主义抬头趋势有所加剧。全球贸易规则在以发达国家为主的逆全球化思潮的冲击下将进行深化调整，多边贸易体制和全球自由贸易面临严峻挑战。

第二十五章 世界工业发展趋势特点

受限于各国政策变动和结构调整的影响，世界经济正处在动能转换的换挡期，传统增长引擎对经济的拉动作用减弱，大数据、云计算、人工智能、3D 打印、等新的经济增长点尚未形成规模，预计 2017 年世界工业仍将处于低速向好增长态势，欧美发达国家工业生产经过长期的调整，开始进入缓慢复苏的轨道，新兴经济体产业结构调整持续推进，工业增长速度将有所加快。全球贸易规则正在深刻变革，呈现以双边代替多边的趋向，全球贸易争端加剧，总体贸易额略有下滑。跨国大型并购活动下降，投资增长的潜力空间有限，全球对外直接投资略有增长，与此同时，中国对外投资力度持续加大，"一带一路"沿线国家成为跨国投资热土，一批国际产能合作和基础设施互联互通项目将加快实施。

第一节　世界工业保持维持低速向好增长态势

近年来，全球经济在复苏中仍显脆弱，增长动力明显不足。根据 IMF 发布的《世界经济展望报告》，考虑到欧洲政局不稳、美联储加息、全球贸易保护主义抬头等诸多原因的影响，全球经济仍将在低位徘徊，预计 2017 年全球经济的增长率仅为 3.4%。受惠产出及新订单扩张均加速的利好影响，2016年 12 月，摩根大通全球制造业采购人经理指数上升至 53.8，为 2014 年以来的最高水平。中国、英国和美国的制造业产出正稳步回升，预计全球工业生产将继续回暖，但是受限于各国政策变动和结构调整的影响，世界经济正处在原有传统的增长引擎无法快速拉动增长进行动能转换的换挡期，虽然人工智能和 3D 打印等新兴技术不断出现、发展，但新的经济增长点尚未真正形成。2017 年世界工业预计仍将处于由低速向高速增长的整体态势，全球制造业 PMI 指数继续维持在 50 以上。

第二节　欧美发达国家工业生产形势持续好转

新一轮的全球产业转移和要素重组正加速发展着，世界主要国家同样正在推进结构性改革的道路上不断前行。发达国家加快了产业结构调整步伐，纷纷启动"再工业化"战略，重视对新产品新技术的培育，推动工业复苏的势头不断加快。美国供应商管理协会发布的数据显示，2016 年 12 月，美国 ISM 制造业 PMI 为 54.7，环比上升 1.5 个点。其中，产出指数为 60.3，环比上升 4.3 个点；就业指数为 53.1，环比上升 0.8 个点；新订单指数为 60.2，环比上升 7.2；原材料库存指数为 47，环比下降 2 个点。在订单向好和库存降低的背景下，美国工业有望保持继续扩张，预计 2017 年美国工业生产将会出现稳定增长态势。日本 2016 年 12 月 PMI 终值高于初值 0.5 个点，为 52.4，且高于 11 月的终值 51.3。这已是 PMI 指数连续第四个月高于荣枯分界线，且是自 2015 年 12 月以来最快的活动扩张速度，日本出口、工业生产和消费者支出最近显示出复苏的迹象。但欧元区 12 月 Markit 综合 PMI 终值为 54.4，创下 2011 年 5 月以来新高，自 2016 年第四季度虽然重拾扩张势头，但是受英国"脱欧"、法国大选、难民危机等因素的影响，欧盟工业生产面临很大的波动。与此同时，受订单增加的影响，德国工业将进一步复苏。总体而言，发达国家工业生产经过长期的调整，开始进入缓慢复苏的轨道，预计 2017 年发达国家工业生产形势将持续向好，部分国家高端制造业回流趋势将进一步加快。

第三节　新兴经济体工业增长明显加快

新兴经济体得益于大宗商品价格缓慢回升、国家经济政策调整和改革的成效逐步显现两方面原因，过去其经济增速大幅下降的势头得到抑制，经济发展总体呈现缓中趋稳的态势。2016 年以来，金砖国家虽然经济有所回暖，但是受限于新订单增速放缓的影响，工业生产呈现较大波动。随着大宗商品价格逐步企稳，巴西、俄罗斯经济形势将有所好转，工业生产形势明显改观。2016 年印度工业增长保持强劲增长势头，印度中央统计办公室（CSO）发布的数据显示，2016 年 11 月，印度工业生产指数（IIP）同比增长 5.7%，为近 13 个月以来的最高值，但由于没有进行完整的基础工业化，工业产业结构相对较为单一，基础设施落后使得经济可持续发展能力欠缺，印度工业持续扩张受到很大限制。与此同时，受益于低廉的劳动力成本和政府的大力扶持，东盟国家正在成为跨国制造企业转移的热点地区，菲律宾、越南、印尼、马来西亚等国家借助外资投入的持续增长，正在加快推动劳动密集型产业发展，工业生产将实现持续扩张。新兴经济体的经济增长虽然呈现向好趋势，但仍然将要面对各种潜在的风险和挑战，比如，收入分配差距扩大引发社会不稳定、劳动生产率增速放缓、外汇市场大幅波动、债务水平攀升、保护主义抬头等问题。除此之外，主要发达经济体变数较大的经济政策和各类地缘政治所造成的风险等问题均不容忽视，预计 2017 年新兴经济体不断深化结构调整，工业增长速度将有所加快。

第四节　全球贸易争端加剧，总体贸易额略有下滑

受发达国家贸易保护主义抬头的影响，TPP、TTIP 等区域自贸协定受阻，全球自由贸易陷入新一轮低迷状态。随着发达经济体出现逆全球化倾向，以 TPP、TTIP、TISA 为代表的自贸协定谈判陷入僵局。新兴国家正在推动新的区域性经济组织，全球贸易规则正在深刻变革，出现了以双边代替多边的趋向。发达国家将进一步掀起对新兴经济的贸易救济调查，中美、中欧、美欧之间的贸易摩擦将不断增多，全球贸易战有可能不断上演。2016 年 10 月，国际货币基金组织（IMF）在《世界经济展望》报告中指出，2017 年全球贸易量在全球经济持续低速增长的整体态势下的增速约在 2.5% 左右，大大低于 2008 年之前全球贸易增长 7% 的速度，贸易收缩成为常态。预计 2017 年全球贸易将受到发达国家货币政策变化可能带来不确定的全球金融环境以及英国"脱欧"对欧洲贸易格局所造成的变化之影响，将呈现较为微弱的增长势头，增长预期在 1.8%—3.1%。

第五节 全球直接投资略有增长，"一带一路" 沿线国家成跨国投资热土

受全球经济增长疲软以及世界贸易增长乏力等因素影响，跨国公司削减资本开支，同时影响其利润再投资规模，企业间大型并购活动下降。联合国贸易和发展会议（贸发会议）发布的报告称，2016 年，全球 FDI 流入量 1.52 万亿美元，较 2015 年降低 13%；流入发达经济体的 FDI 总量为 8720 亿美元，较 2015 年的历史高位降低 9%；流入发展中经济体的 FDI 总量受经济增长放缓和大宗商品价格下跌影响，为 6000 亿美元，较 2015 年降低 20%。受全球政治不稳定性的影响，未来 FDI 流动的不确定性仍然很大，投资增长的潜力空间有限，预计 2017 年全球 FDI 将保持小幅上升趋势。与此同时，中国加大了对外特别是"一带一路"沿线国家的投资力度，这些地区已成为我国企业投资的热点。据统计，我国企业 2016 年前 11 个月在境外开展直接投资高达 1617 亿美元，较 2015 年同期增长 55.3%，其中 2016 年对"一带一路"沿线 53 国的直接投资额达 133.5 亿美元，占同期总额的 8.3%，一批技术研发、加工制造和资源开发等领域的投资、并购成功实施。在我国的大力推动下，"一带一路"倡议得到了欧亚国家的积极响应，中哈、中巴、中泰等产能合作日益深化，激发了沿线地区经济发展的活力。2016 年 11 月，联合国大会决议首次将"一带一路"写入在册，彰显出"一带一路"中合作共赢理念所彰显出的强大感召力和广阔发展前景。随着"一带一路"沿线国家不断改善政策环境，加强基础设施建设，预计 2017 年"一带一路"沿线国家将吸引更多全球直接投资，一批国际产能合作和基础设施互联互通项目将加快实施。

后　记

　　《2016—2017 年世界工业发展蓝皮书》由中国电子信息产业发展研究院赛迪智库世界工业研究所编撰完成，旨在梳理世界主要经济体工业发展概况及最新发展动态，探讨、展望全球产业新格局与新趋势。

　　本书由樊会文担任主编，赵树峰、任宇担任副主编，分综合篇（任宇）、区域篇（朱帅、苍岚、丁悦、任宇、郝文娇、王子健）、行业篇（赵树峰、郝文娇）、热点篇（李鑫、王子健）、展望篇（陈永广）。同时，本书在研究和编写过程中得到了工业和信息化部各级领导及行业协会和企业专家的大力支持与指导，在此表示衷心的感谢。

　　当前，全球经济复苏进程缓慢，不稳定、不确定性因素在增多。我国经济正处于新旧动能接续转换、结构转型升级的关键时期。扎实推进"一带一路""中国制造 2025""互联网＋"等国家重大战略，深化制造业和互联网融合发展，改造提升传统产业，培育壮大新业态新模式，努力实现工业平稳增长和提质增效，是当前我国工业发展的重要任务。在此，希望我们的研究能够为探索中国特色新型工业化道路提供一些国际视角的思考。由于研究能力有限，本书在编写过程中的疏漏和不足之处在所难免，诚恳希望得到来自政府领导、行业专家和企业的批评与指正。